政治学与国际公共管理丛书

21世纪西方政党与民主政治

陈金英 著

上海人民出版社

目　录

1

绪　论

　　2017 年 2 月 22 日,美国《华盛顿邮报》的网站上,出现了一句"民主在黑暗中死亡"的口号。一周后,这一口号出现在了该报的印刷版上,引起了其他新闻机构和媒体人士的激烈争论。一个月前,共和党总统候选人唐纳德·特朗普在华盛顿举行就职典礼,正式成为美国第 45 届总统。特朗普的当选对许多美国人来说,是个情感和认知的双重冲击。民主党人无法理解被特朗普击败的事实,即使在共和党内,许多人也感到很难为总统大选的胜利欢呼雀跃。在此之前,特朗普的身份是一名成功的商人。在政治上,特朗普在民主党和共和党之间来回摇摆,直到 2012 年第三度加入共和党才最后成为其中一员。2012 年,特朗普曾经积极活动以赢得共和党总统大选的候选人提名,质疑奥巴马是否出生在美国,但中途宣布退出了共和党的提名。当特朗普 2015 年 6 月再次宣布参加总统大选时,美国人并没有把他当回事。最初共和党人也没有认真对待特朗普的参选。但是,事情很快发生变化,包括前总统老布什之子、前总统小布什的弟弟杰布·布什、得克萨斯州共和党参议员特德·克鲁兹,共和党派系"茶党运动"的政治新星、佛罗里达州联邦参议员马尔科·卢比奥等更资深的共和党参选人无法阻挡特朗普的风头,先后退出总统提名竞争。在竞选过程中,特朗普丑闻不断,而且毫不掩饰他对美国三权分立体制、女性选民、穆斯林、媒体自由的攻击,并通过各种煽动性的口号制造美国白人和少数族裔的对立。但是,特朗普最终当选。大学政治学系的教授沮丧地发现,无法再向学生讲授有关美国政党政治的经典理论和学说。美国的政党政治肯定在某些地方出问题了。

　　时间回到 2016 年 6 月 24 日,英国"脱欧"公投结果揭晓。计票结果显示,参与投票的英国人中有 51.89% 主张脱离欧盟,48.11% 主张留在欧盟。这场决定英国是否继续留在欧盟内部的公民投票,最终以支持英国脱离欧洲占多数而结束。但就在投票结束的第二天,近 200 万的英国人在英国议会网站上发起请愿,要求进行第二次公投。英国人似乎在脱离欧盟后才意识到要弄清楚"欧盟"到底对英国意味着什么。大量投票给"脱欧"的英国人后悔投票支持"脱欧"。在公投最终结果公布 2 小时后,谷歌网站上"如果我们离开欧盟会发生什么"搜索量增加 2.5 倍;在公投结果公布 4 小时后,"我们国家属不属于欧盟"搜索量猛增 24.5 倍;在公投结果公布 6 小时后,英国人搜索的最热门问题是"离开欧盟意味着什么",紧随其后的几个热门话题则分别是"欧盟是什么""欧盟有哪些国家""欧盟有多少个国家"等关于欧盟的基本知识。脱欧公投背后反映的是英国精英阶层和低收入阶层,南部的英格兰、威尔士和北部的苏格兰,西北部的北爱尔兰等地区对于欧盟成员身份认知的分裂,这次公投还激发了苏格兰民间对独立的诉求。保守党一手推动了全民公投的产生,支持"留欧"的保守党首相卡梅伦在大选前反复警告英国人脱离欧盟的风险,却不得不接受由自己推动的公投所导致的脱欧决定。如果说政党是要在分裂社会中制造共识,那么该如何解释政党不仅无法达成共识反而制造了新的政治分裂呢? 如果说全民公投是人民意志的直接表现,是民主的最高形式。那么,当人民的意志看上去并非理性和审慎表达的结果,民主又意味着什么?

发生在英国的脱欧事件和特朗普当选美国总统决不是当代西方国家政党政治中的孤立现象。在 2017 年的法国总统选举中,从社会党中脱离出来的埃马纽埃尔·马克龙成立共和国前进党,表示要走"跨越左右阵营之分"中间路线。在首轮投票中,马克龙获得 23.9% 的有效选票,极右翼政党"国民阵线"(2018 年改名为"国民联盟")候选人玛丽·勒庞和极左翼组织"不屈的法国"候选人让-吕克·梅朗雄分别获得 21.7% 和 19.2% 的有效选票。传统左右翼政党的候选人得票不足三分之一,法国政党政治传统的中左—中右二元格局被打破。就在马克龙当选的第二年,为履行《巴黎气候协定》,减少石化能源消费量,同时扩大财政来源,法国政府宣布提高燃油税。这个看上去似乎并不起眼的决定,成了此后持续超过半年的社会骚乱的导火索。从不满政府增加燃油税中诞生的黄马甲运动将斗争的矛头从反燃油税扩展到了对法国政治、社会体制的广泛质疑,运动的参与者不满足于提高最低工资,或是恢复奥朗德政府设立但被马克龙取消的巨额财产税,而是呼吁实现罗尔斯式的社会公正、社会正义,在政治方面弥补"民主赤字",改革现行政治制度。这场以反对现行建制及其掌权者的社会运动,得到了除马克龙所在的执政党以外的政治势力的支持。法国的政党政治和民主政治究竟出了什么问题呢?

在目睹了英、美、法三个老牌资本主义民主国家近年来政党政治的乱象后,再看看更广泛的欧洲国家,也能发现当代西方政党政治最新动向的普遍性。在德国,一群经济学家在 2013 年 2 月 6 日成立了"反欧元团体"。在此基础上,极右翼的另类选择党(Alternative fur Deutsch-land, AfD)诞生并迅速崛起,把矛头指向默克尔政府的难民政策,提出了反难民、重设边境管控等政治诉求。2017 年联邦议院大选后,它成为德国的第三大党并进入联邦议院;2018 年进入 16 个联邦州的州议院;2019 年图林根州议院选举中,另类选择党获得 23.4% 的选票,跻身该州第二大党;在 2021 年的德国大选中,该党获得 10.3% 的选票。选择党要求德国脱欧,以及废除欧元。他们同样拒绝移民以及应对气候变化的措施。在西班牙,左翼民粹主义政党"我们能"(Podemos)党在2014 年横空出世,一年后就在议院大选中获得 20.7% 的选票,成为议院第三大党。在希腊,2008 年金融危机催生了右翼民粹主义政党"独立希腊人"(The Independent Greeks)的出现。该党反对希腊与欧盟、国际货币基金组织之间的贷款协议,强烈呼吁保持基督教、希腊民族的首要地位和家庭价值观,要求对滥用公共资金的人进行惩罚,并没收其资产。"独立希腊人"还采用激烈的民粹主义言论,呼吁恢复希腊宪法规定的主权,强调直接民主措施。2015 年,"独立希腊人"加入激进左翼联盟联合政府。同一时期左翼的自由路线党和右翼的希腊解决方案党这两个新的民粹主义政党,都表现出坚定的疑欧主义立场。

在以福利国家著称的北欧国家,民粹主义政党蓬勃发展。在芬兰,带有明显左翼特征的芬兰人党(The True Finns),因明确反对欧盟在欧洲债务危机中出台针对希腊和冰岛的纾困措施,获得了许多芬兰人的支持。芬兰人党在 2011 年议会选举中获得 19.1% 的选票,超过芬兰传统中的左翼政党芬兰社会民主党,成为议会第三大党。在 2015 年大选中,芬兰人党获得 17.7% 的选票,成为议会第二大党,参加了联合政府。在瑞典,右翼民粹主义政党瑞典民主党宣称瑞典接受伊斯兰移民是错误的,因为这些移民不会将自己视为瑞典人,不会成为瑞典历史和文化的一部分,是瑞典的威胁。该党在竞选宣言中提出:"在我们瑞典,瑞典只能是瑞典人的瑞典,而不能成为其他民族的国家;瑞典的居民只能是瑞典人而不能是其他国家的人。"瑞典民主党在 2010 年和 2018 年的两次选举中都突破了进入议会的门槛。在挪威,进步党最初是反对政府干预的自由主义政党,后来转变为以反对外来移民为主的民粹主义政党。在丹麦,民粹主义政党人民党也高举反对外来移民的大旗,在 2011 年、2015 年的大选中分别获得了 12.3% 和 21.1% 的选票。人民党通过连续对三届少数派政府予以支持来影响丹麦政府的政策,最显著的是推动丹麦政府开始对外来人口实行更加严格的法律规定。在冰岛,2008 年金融危机催生了一个以反建制为主要诉求的民粹主义政党——公民运动。

从上述可见,自 21 世纪以来,尤其是 2008 年金融危机以来,在欧洲大陆,形形色色的极左和极右翼政党、反体制政党、民粹主义政党出现在政治舞台上。有的迫使主流政党放弃或改变重大政策立场,有的则进入政府直接参与制定政策。欧洲政党政治的传统版图发生了重大改变,传统的左右翼政党轮流执政的格局难以维持,欧洲国家的民主政治也在不同程度上发生变化。

第一节　政党的改变早就开始了

美国和欧洲政党政治自 2008 年金融危机以来的变化在西方学术界引发了新一轮关于政党研究的高潮。主流政党势力下降,传统的左右翼政党主导政党竞争的格局被打破,来自左右两翼的民粹主义政党不断出现、发展壮大,政党竞争的碎片化、极端化趋势明显。许多西方学者都对政党政治与西方民主的前景忧心忡忡。研究民主的学者对政党政治的发展提出了警告。亚当·普沃斯基(Adam Przeworski)在《民主的危机》中,提到了当前西方国家民主危机的三重表现,包括传统政党体制的衰退、右翼民粹主义的兴起和民主支持率的下降。[1]他说,人们目睹的是第二次世界大战后一成不变的旧政党体制即将崩塌,而稳固的新的制度模式尚在襁褓之中。[2]哈佛大学的斯蒂芬·列维茨基(Steven Levitsky)和丹尼尔·齐布拉特(Daniel Ziblatt)在《民主是如何死亡的》(*How Democracy Die*)中警告特朗普当政时的美国,认为美国民主规范的削弱根源于极端的党派两极化——这种两极化超越了政策差异,演变成了种族和文化方面存在的冲突。[3]政党研究的专家更是忧心忡忡。理查德·卡茨(Richard Katz)和彼得·梅尔(Peter Mair)将发达民主国家政党制度的危机归结为政党的卡特尔化。[4]耶鲁大学政治学教授弗朗西斯·罗森布鲁思(Frances Rosenbluth)和伊恩·夏皮罗(Ian Shapiro)在《责任政党:从自身拯救民主》一书中,对过去几十年来各国政党推行的民主化改革进行检视和批判,提出要恢复人们对代议制民主的信心,必须加强代议制民主的核心制度——政党——的权力。[5]

西方学者关于政党危机的批评和反思并不是最近几年出现的新现象。早在 21 世纪初,西方政治学界的政党研究充斥着大量关于政党制度衰落的讨论。2000 年,政治学家拉塞尔·道尔顿(Russell Dalton)和马丁·瓦滕伯格(Martin Wattenberg)认为,"今天越来越多的证据表明,政党在塑造先进工业民主国家的政治方面的作用正在下降。许多成熟的政党的成员数量减少了,当代公众似乎对党派政治越来越怀疑"[6]。在 2001 年出版的《政党与民主》一书中,施米特写道:"西方国家政党最大的变化是政党丧失了在利益代表和利益整合方面的卓越功能。政党的意识形态不断弱化,几乎不能够为选民提供富有想象力和感染力的政治认同。政党与社会的联系越来越少,利益整合的能力在削弱,而各种各样的利益集团和社会运动则在选举过程之外获得了代表和动员民众的机会,成为政党的竞争者,侵蚀了政党整合利益的能力。"[7]在选民日益冷漠和成员减少的情况下,政党似乎是一个过时的组织,在"后政治"社会中残留下来的遗物。[8]

21 世纪初期西方学者关于政党衰落现象的讨论大致集中在如下几个方面。第一,政党获得的公众信任度不断下降,成为公共机构中公民信任度最低的机构之一。政党成员的数量不断下降成为欧美发达国家的普遍现象。第二,政党的领袖变成专注于权谋的职业政客而不是为公众服务的政治家,人们不再期望从政治人物身上看到道德和信念。第三,不同政党的纲领正变得越来越相似,它们之间的相互攻击和斗争则变得越来越严重。第四,议会中严肃的政党辩论变得少见,在普遍被认为重要的政策问题上,共识却难以达成。第五,主流政党在选民中的吸引力不断下降,各种边缘性的政党尤其是持极端立场的政党却在不断壮大,传统的竞争模式正在瓦解。基于此,政党研究的大家彼得·梅尔断言,我们正处于"政党民主时代"消逝的年代。[9]他认为,许多现象,例如选民的动荡和广泛的"反政治情绪"的兴起,指向的都是政党的衰落。[10]

事实上,如果再将时间线拉长,可以发现西方学者关于政党今不如昔的感叹恐怕还要追溯到更早的时候。在 20 世纪五六十年代西方政党发展的鼎盛时期,学者所称的"全方位政党"这种新型政党在欧洲开始出现,政党就开始变得和过去越来越不一样了。一方面,虽然政党在政府过程中变得越来越重要,但是作为组织的政党却变得不如从前。政党失去了对公民的吸引力,党员的人数和认同政党的选民认识都显著下降,政党的身份变得无足轻重。在另一方面,政党的活动方式也变得像一个经营机构。政党不再依靠党员的党费维持日常开支和参加竞选,而是要么依靠国家的政治资金,要么依靠利益集团或商业组织的捐款。这些捐款人就像是公司的大股东,那些仍然给政党提供小额捐款或党费的党员则像是股票市场上的散户。党员和党的领袖固然也要和选民接触,但是不再是传统的上门、邮件联系,甚至也不再依靠大型的政治集会,更多的是依靠电视、媒体等方式和选民联系。当政党要了解人们想什么、需要什么或者对某项重要政策的态度时,党的各级组织或领袖也不再是通过开会或者定期和选民、团体见面座谈的方式来了解的。政党雇佣民意调查机构和专业人员,通过民意测验来完成这一工作。有的时候,选民的立场或态度变成民意测验中的各种数字,"1"代表非常不满意,"5"代表非常满意。在选举的时候,政党也时不时需要组织一些大规模的聚会。就像我们经常在电视中看到的,候选人会选择那些自己不会被砸场子的地方,召集选民,喊一些口号,在现场热烈的气氛和口号声中,宣称自己听到了人民的声音。但是,这些聚会的次数是非常有限的,聚会的地点、时间是专业人员精心挑选的,候选人的发言稿是专业人员精心撰写的。这些专业人员或许根本不是党的成员,他们参与这些工作仅仅是因为善于策划大规模的活动,或者善于制造舆论、操控媒体,然后得到了一纸为政党服务一定期限的合同。当选举结束,合同期满,他们的工作就完成了。他们关心的是候选人现场演讲的气氛是否热烈,公共舆论是否按照预期的方向发展,候选人的得票率是否足以当选。至于党的意识形态、政策,都在他们关心的范围之外。而政党领袖,特别是候选人,就像参加选秀的选手,他们时刻关心自己在摄像机面前的形象是否光鲜靓丽,关心自己所说的话能够带来多少个百分点的支持率,关心观众是否喜欢自己。政党,特别是作为一群有共同意识形态并且为追求国家利益而组成的团体,对他们来说,太陌生了。

当然,并不是所有的政治学家都认为,上述变化意味着政党的衰落。实际上,从1951年莫里斯·迪韦尔热(Maurice Duverger)出版《政党:在现代国家中的组织与行为》,提出干部型政党到大众型政党的区分,到1966年奥托·基希海默尔提出"全方位政党"的概念,再到1995年理查德·卡茨和彼特·梅尔提出"卡特尔党"一说,政党变化的这种连续的轨迹直接意味着政党组织形态的变化,并不必然意味着政党的衰落。在迪韦尔热那里,大众型政党取代干部型政党是选举权扩大的必然结果。基希海默尔的"全方位政党"是战后西方国家经济发展和社会结构演变的结果。直到此时,政党仍然被看成社会中的一部分,政党是社会阶级结构或其他社会分裂结构的结果。然而,到了全方位政党时期,政党已经不再只是社会的一部分,而是构成了国家的一部分,政党成为同时嵌入社会和国家的中间行为体。在这一变化过程中,人们关注政党组织结构的变化以及由此导致的某些功能的变化。某些功能下降了,某些功能变得更加重要了。问题是,那些下降了的功能会在其他变得更重要的功能领域得到补偿吗?从什么时候开始,政党某些功能的下降开始和政党的衰落联系在一起了呢?政党衰落的标准究竟是什么?是党员数量的下降和政党对选民吸引力的下降吗?如果只是从党员的数量来看,西方政党的衰落几乎从 20 世纪 60 年代就开始了。但是如果我们从政党的活动来看,显然自 20 世纪 60 年代以来西方政党在许多方面开疆拓土,变得更加重要了。那么仅以党员数量来衡量政党的重要性,是否存在某种认识上的偏差呢?

理查德·卡茨和彼得·梅尔 1995 年发表的那篇开创性的文章《不断变化的党组织模式与政党民主:卡特尔党的出现》的贡献不仅在于提出了"卡特尔政党"的概念和类型划分,更重要的是他们提出了传统政党类型学的两个缺陷,一是将大众型政党看作政党的标准类型;二是忽略了政党与国家的关系。因而他们认为,说政党面临着挑战比政党面临着衰落更加准确。卡茨和梅尔的这一结论直到现在仍然具有启示意义。如果我们不能对什么是标准的政党进行定义,我们就不能下结论认为今天的政党和历史上的政党相比,是更加成熟了还是衰落了。否则,我们也只能借用梅尔的说法,应该将政党解剖为三个部分,分别是选民中的政党、政府中的政党和党的中央组织,衰落的只是选民中的政党。[11]西方政党研究中关于政党衰落、政党危机的讨论绝大多数是和选民中的政党面孔的变化有关。

然而,在现实中,无论对选民,还是对政府,或是对党的中央组织,政党是个整体。美国并没有三个民主党或三个共和党。如果构成政党的某些部分衰落,其他部分更加强大了,是否可以说政党衰落了呢?当代西方国家政党与选民关系的弱化,是否就意味着政党面临着危机呢?

第二节　政党异化,而非衰落

在本研究看来,与其说西方衰落了,不如说西方政党异化了。政党在资本主义民主形成的过程中,逐渐脱离其早期被认为有害于国家的派系特征,演变为埃德蒙·柏克(Edmund Burke)所说的基于共同的原则为提高民族福祉而结成的组织；在资本主义民主发展的过程中，随着选举权的扩大，政党发展成沟通国家和社会的桥梁；最终在资本主义民主成熟后，随着民主从"人民的统治"演变为"定期选举选择由谁来统治"，政党也异化为竞选的工具。当代西方国家政党政治的危机正是这种异化的结果。

政党最初形成于资本主义民主早期议会中的派别，最早可以追溯到18世纪的英国。当时议会中围绕某些重要的领袖分成不同的政治派别，并开始影响选举结果并以此组建政府。这种派别主要是基于议会中的领袖人物而形成的小团体，尽管意识形态和政策路线也在其成员间发挥了纽带的作用，但主要还是通过个人权威、情感、亲疏等关系维系在一起。此时政党的发展还处于雏形，并因其具有派系特征而受到不少人的指责，被认为是有害于国家或政治秩序的。但许多政治家已经开始为这种新的政治组织进行辩护，并将其与传统的基于狭隘的权力斗争的派阀、派系区别开来。

乔万尼·萨托利（Giovanni Sartor）将与孟德斯鸠同时代的亨利·博林布罗克（Henry Bolingbroke）视作广泛讨论政党的第一位重要学者。博林布罗克虽然仍然将政党视作政治中的邪恶，而且宗派是所有政党中的最恶者，但是认为，17世纪的反映"原则和路线真正区别的""的"民族政党"和他那个时代"不再关心民族利益"而"屈从于个人利益"（这才是宗派的真正的特点）的政党是有真正的而不是有名无实的区别的。[12]换句话说，博林布罗克区分了政党和宗派，开始清晰且雄辩地为两者的区别辩护。此后，大卫·休谟（David Hume）先后在《论普遍意义的政党》（Of Parties of in General）和《论英国的政党》（Of Parties in Great Britain）中讨论了政党。休谟区分了"个人宗派"和"真正的宗派"，而"真正的宗派"又可以细分为"源自利益的宗派""源自原则的宗派"和"源自情感的宗派"三类。其中，"源自原则，特别是抽象思辩的原则的政党只是现代才有的，并且也许是人类事务中出现的最不寻常的、最无法解释的现象"。[13]萨托利认为，在休谟那里，政党和宗派仍然联系在一起，但休谟认为政党不可避免，源自原则的政党是在政治场合中出现的新实体，并指出了政治原则要和宗教原则相区分，这为此后柏克关于政党的论述铺平了道路。[14]

1770 年,埃德蒙·柏克(Edmund Burke)在《对当前不满原因的若干思考》一文中正式区分了政党和宗派。他从哲学上为政党正名,认为"政党是人们为通过共同努力以提高民族福利,并根据某种他们共同认可的原则而结成的组织";政党"遵循这种宽宏大量的正当准则坦荡荡的去争取权力与卑劣地、偏私地去奋力捞取权势和利益之间的差别,不难分别"[15]。在柏克这里,政党最终沦为宗派的论点不再成立,否则政党也就不成其为政党了。柏克认为,"在一个自由的国度里,必然有政党存在着"[16]。在他看来,政治联合是必然的。公共事务中的很大一部分措施是与某些重大的、主导性的、普遍的政府原则相联系的,人们在这些原则上具有共同的认识是必然现象。在现实中,总是存在着在所有重大公共问题上志同道合从而在公共事务上联合起来的政治家。政治家形成或加入根据这些普遍原则建立起来的组织就是必然的。这种组织就是政党。此外,政治家借助国家的权力和权威,将其所追求的方案付诸实施,必须采取联合行动。政党则提供了政治联合的最大统一性和稳定性所要求的一切。此外,柏克还认为,人们在单独行动时往往会出现行为的反复,但是在集体行动中却能够受到组织的德性的约束。由于政党是基于共同的原则建立,同时又以提高民族福利为目标,因而代表了公共意志,和那些受宫廷私意支配、反对人民公意的宗派有着本质上的区别。

柏克对政党的论述至少从两个方面为政党的出现和地位奠定了基础。第一,柏克明确区分了政党和宗派,将政党视作是人们基于共同价值理念形成的团体。这使得政党在西方民主发展史上,最初具备某种程度的价值理性。这种价值理性与西方民主制度发展初期所具有的理想价值是一致的。资产阶级在反对专制王权的斗争中建立起了民主制度,它所宣扬的自由、平等的口号具有划时代的意义,从中诞生的政党也成为这种自由、平等理念中的应有之义。第二,政党是在西方民主制度确立和巩固的过程中产生的,政党政治是在西方政治发展已经解决根本性的政治冲突、不存在根本性的宪政危机的情况下开始运作的。从博林布罗克、休谟到柏克的年代,正是议会和王权之间的斗争逐渐在宪法上得以解决，新兴资产阶级取得对封建土地贵族、教士阶层的权力斗争的胜利，西方代议制民主逐渐形成的过程。政党政治也从早期被视作宗派斗争而不具有道德和法理上的合理性，到后来被人们承认。随着代议民主制的巩固，政党作为三权分立体制运作的重要组成部分，在西方代议制民主中的地位逐渐确立下来。然而，正是在这一过程中，政党的角色、功能也在不断演化，最终脱离其价值理性，成为一个纯粹具有工具理性的组织机器。

在柏克为政党正名大约一个世纪以后，美国学者詹姆斯·布赖斯（James Bryce）在 1888 年发表的《美利坚联邦》中详细描述了政党机器在美国是如何运作的。政党脱掉了"政治中的邪恶"的面孔，成为政治中不可缺少的存在。1921 年，布赖斯在《现代民主制度》一书中写道："政党是不可避免的。没有哪个自由国家会没有政党。没有国家能够证明，没有政党，代议制政府将怎样运作。政党使大量选民从混沌中理出秩序。"[17]到第一次世界大战之前，政党研究的两位奠基人奥斯特罗戈尔斯基（George Ostrogorsky）和罗伯特·米歇尔斯（Robert Michels），尽管观点不一样，但都关注政党的组织发展。此时，政党已经成正式为西方民主制度中的组成部分了。1942 年，谢茨施耐德（E. E. Schattschneider）在其著作《政党政府》中热情地写道："政党的兴起是现代政府的显著标志之一。实际上，政党主要扮演了政府的缔造者，尤其是现代民主政府的缔造者的角色。"[18]《政党政府》一书并非仅仅关注政党，更着眼于现代民主的理论与实践，尤其关注美国政党政治中的两党制特征、压力集团、政党组织内部权力分配。与奥斯特罗果尔斯基和米歇尔斯对政党组织结构的关注相比，谢茨施耐德更加关注政党如何作为次体制进入民主政治并在其中运作。在关于如何定义政党的问题上，他认为，政党可以根据其目的和达到目的的手段来加以界定。首先，政党是一种努力获取权力的组织。权力在这里定义为对政府的控制。其次，政党对权力的追求必须通过在政体的框架内通过和平的手段来加以实施。更为明确的是，政党政治的独特手段是一种与选举众多具有支配权的主题相关的策略。[19]谢茨施耐德认为，政党只能根据其对权力的角逐来定义而不可能根据其他东西来定义，并批评埃德蒙·柏克从共同价值理念这一角度来定义政党。在他看来,追求权力才是政党中所有成员的共同特征,无论他们是被政治理想还是被政治利益所驱使。[20]

谢茨施耐德关于政党只能从权力来定义的观点契合了精英民主理论的需要。在此前后西方政治思想领域兴起的精英民主理论抛弃了古典的"人民的统治"的概念,认为民主是精英集团通过竞取选票来实施统治的政治。大规模民主的需要,导致政党的出现。政党简化了普通选民的选择,政党利用了人民有效权力被限制的事实,在人民被要求发声时,作为人民问话者的政党设计了问题并提供了答案。[21]正因为如此,谢茨施耐德在定义政党时,又明确指出,政党不是支持政党候选人的选民集合。基于美国政党的经验,谢茨施耐德认为成千上万的党派支持者和政党之间没有任何权利义务关系。同时,谢茨施耐德也反对将政党看成党派支持者组成的集团,因为这意味着政党的内部过程必然走向米歇尔斯所说的寡头化。政党是民主政府最重要的手段,而政党的寡头化趋势这种非民主的倾向与其是相互冲突的。要解决这种事实和理论的难题就是承认政党本质上是"一群由党派选民支持着的政客管理的政治企业"。[22]

谢茨施耐德的政党观的本质特征是在重建民主理论的基础上讨论政党的。谢茨施耐德批判了早期政治学者对于政党的忽视,认为其根本原因就在于早期的政治学家在讨论民主时,其出发点是将民主等同于人民的统治,所以全部的讨论都集中在人民是否以及如何获得管理公共事务的能力。由于认为人民能够自我行使统治的权力,能够自我组织政府,所以在权力的所有者和行使者之间并不需要额外的组织。在这一定义内讨论民主,政党自然被人们忽略了。政党隐藏在传统的民主定义和现代政府理论、人民主权和政府的中间地带。要把政党挖掘出来,首先就必须修正民主的定义。这一工作既然已经由帕累托、莫斯卡、米歇尔斯和熊彼特等思想家完成,政党也就从基于"共同价值理念"、为了促进"民族福祉"而组织起来的这些抽象概念中脱离出来,成为由"控制政府"和"政客管理"的"政治企业"这些具体概念描绘的对象了。

谢茨施耐德对政党的热情得到了此后一代又一代政治学家的响

应。埃德蒙·柏克提到的政党包含的价值理念不再受到重视，人们更关注政党是什么以及做了什么。政党开始从一个具有共同价值理念的组织变成一个为了控制政府而存在的政治企业。1951 年迪韦尔热的经典著作《政党》一书出版。在书中，他写道："1850 年，除了美国外，几乎没有哪个国家知道有现代意义上的政党……而到了 1950 年，政党在几乎所有文明国家中发挥作用。"[23] 有意思的是，尽管迪韦尔热有关精英型政党和大众型政党、政党制度与选举制度关系的论述已经成为政党研究中的经典，他却没有在政党的定义问题上花费太多笔墨。事实上，迪韦尔热没有去讨论什么是政党。在他那里，无论是英国的保守党、美国的民主党，还是苏联的共产党，所有以政党的名义运作的政治组织毫无疑问都是政党。正是因为对于政党的这种开放态度，迪韦尔热关于政党的研究展现了自 1850 年至 1950 年以来政党在世界范围发展的历程，展现了政党在不同国家不同环境下形成的不同组织形态和权力结构。

如果说谢茨施耐德还在为究竟应该是从柏克所说的共同价值理念的角度还是从对权力的角逐的角度来定义政党而争论，那么对政党的概念进行彻底改革、告别柏克传统的，则是安东尼·唐斯（Anthony Downs）在《民主的经济理论》中对政党的分析。在 1957 年出版的这本书中，唐斯对政党定义如下："在最广泛的意义上，一个政党就是一个由一些谋求通过合法手段控制国家机器的人组成的联盟。所谓联盟，我们指由个人组成的集团，这些个人具有共同的目的，并相互合作以实现他们的目的。所谓国家机器，我们指政府在执行它在劳动分工中的专业化任务时能运用的物质的、法律的和制度的工具。所谓合法手段，我们指按时举行的选举或合法的影响力。"[24] 政党从早期的价值共同体演变为竞选机器。

1967 年，利昂·爱泼斯坦在《西方民主国家的政党》一书中，继承了谢茨施耐德从功能角度来理解政党的传统。他甚至提出，无论任何群体，无论它的组织多么松散，只要它在一个特定的标签下参加竞选政府公职，就可以被称作政党。[25] 爱泼斯坦甚至拒绝讨论政党的意识形态，而代之以政党的"纲领"。在他看来，纲领离政策距离要近一些，意识形态几乎等同于"教条",传递的是更一般性的价值体系的意义,固定的长期目标、理论化的甚至是僵化的立场。[26]爱泼斯坦所说的,正是此时西方大多数政党发展的事实,即开始避免与某一种意识形态联系在一起。这部分是源于第二次世界大战后意识形态的争论在欧美国家淡化,部分也反映了政党和更加一般性的价值目标的分离。此时,正值大众型政党发展的鼎盛时期。与工业化时代造就的社会结构相结合,大众型政党有着数量庞大的基层党员、专职的党干部和自下而上严密的组织结构,党的领袖通过制度化的渠道由党员推举产生并向党员负责。政党和工会、商会、教会等各种组织建立了联系,渗透到社会的各个领域。传统的精英型政党也开始走向公众,建立自己的组织结构。

1976 年,乔万尼·萨托利关于政党研究的经典《政党与政党制度:一种分析框架》出版。在梳理了"政党"一词在词源和政治学中的发展史后,萨托利提出一种关于政党的合理化解释。这一解释包含三个前提条件:政党不是宗派;政党是整体的部分;政党是表达的渠道。[27]基于这三个前提条件,萨托利的政党是服务于集体的福祉而非竞争者个人的私利,连接人民和政府;是为整体(普遍的利益)而执政,对整体采取非不偏私的立场;是执行表达功能的表达工具。在萨托利看来,正是由于政党通过表达人民的要求而代表人民,为表达、沟通和实践被统治者的要求提供了渠道,政党最终从议会中的派别发展到代表机构和表达工具,并最终确立起了其在民主制度下的基本功能、角色和地位。

在萨托利研究政党的年代,西方政党正在经历从大众型政党向全方位政党的转变,后者在组织结构上延续了大众型政党的模式,但党员、党组织和党的领袖的关系发生了改变,政党的意识形态模糊,党的目标也不再是维护社会特定利益群体的利益,而是充当国家和社会之间的掮客和经纪人。[28]萨托利关于政党是沟通国家和社会桥梁的说法准确地捕捉到了全方位政党功能的变化。他似乎有意扭转关于政党认识的工具性视角,尝试将政党与政治体系的整体联系起来,认为首先存在一个负责任的政府,其次有真实的选举,然后才出现作为次体系的多个政党的建立。这个顺序是不可逆的,因为仅仅有选举和参与,没有一个立宪的和负责任的政府,是根本无助于产生以政党为基础的政治实体。[29]然而,萨托利从民主来研究政党的讨论没有继续下去。在他后来那本被誉为民主理论研究权威的《民主新论》中,萨托利几乎没有讨论政党。在萨托利之后,政党作为沟通国家和社会的桥梁这一说法不断被后来的研究者所继承,但它主要是从功能上而非价值理念上来说的。

1995 年,理查德·卡茨和彼得·梅尔提出了"卡特尔政党"的概念。基于对西欧政党发展新趋势的考察,他们发现,西欧国家主要政党的党员数量下降,职业官僚和专业技术人员地位上升,政党日益依靠大众媒体进行政治沟通、依靠国家资助获得资金来源,导致政党逐渐脱离社会融入国家,不再是社会和国家之间的链接机制,而是成为国家的一部分。这种新的政党形式被他们称为卡特尔政党。[30]卡特尔政党没有意识形态,没有价值原则,已经成为纯粹的选举机器。时隔 20 多年后,卡茨和梅尔在他们新出版的《民主和政党的卡特尔化》一书中,进一步修正了卡特尔政党的定义,认为与历史上出现的精英型政党、大众型政党、全方位政党相比,卡特尔政党视政治为职业;是典型的资本密集型政党,主要的资源来自国家,有权获得各种主要沟通渠道;普通党员和党内精英相互独立彼此分离,党员与党组织之间不存在权利义务关系;政党诉诸社会支持的依据主要是对政府的有效管理;在性质上,卡特尔政党就是国家的代理人。[31]卡茨和梅尔虽然批判卡特尔政党,并将发达民主国家政党制度的危机归结为政党的卡特尔化,试图从政党和民主的关系中同时挽救政党和民主,但他们在定义政党时继承的仍然是谢茨施耐德而非柏克的传统,即从对权力的追逐的角度而非价值理念的角度来定义政党。

回顾西方政党及其概念的发展史,可以发现,在西方代议制民主的历史上,政党经历了从早期议会中围绕领袖人物形成的小团体发展成为议会外的大众型政党、全方位政党并最终走向卡特尔政党的过程。在这一过程中,政党自身发生了异化,从早期柏克所说的基于共同价值观、为了维护民族福祉而结成的团体发展成为管理和控制国家的机器;从最初具有价值理性的组织异化为纯粹的工具理性的组织。过去半个多世纪以来,西方学者有关政党危机的言论既言过其实,又言不符实。如果政党仍然不过是动员和组织选举的工具、控制和管理国家的机器,那么当代西方政党在选举的精细化管理和专业化运作方面,在国家权力的行使方面远远超出了历史上的政党。政党不是衰落了,而是变得更加强大和不可缺少了。但是,如果仍然将政党视作具有崇高使命的价值共同体,那么当代西方政党面临的不仅是主流政党势力下降、政党政治民粹化、极端化等冲击,而是既无价值理念更不能形成价值共同体的危机和挑战。

第三节 基本框架

本研究沿袭了政党研究的社会学传统,探讨外部社会环境对西方政党和政党政治发展的影响。事实上,自第二次世界大战后,随着选举权的普及,美国和欧洲国家影响政党制度发展的制度总体上已经定型。特别是最近 20 年来,影响欧洲和美国政党和政治制度的选举制度、国家结构形式、三权分立制度都非常稳定。相反,政党外部的社会结构则发生了巨大的变化,资本主义经济发展、族群结构的变化和技术革命都对欧洲和美国的政治发展产生了深刻的影响,改变了政党及政党政治的运作模式。

如前所述,西方政党发展的历史是政党从基于共同价值理念和为了增进民族福祉而形成的组织,不断发展演变乃至异化为参与和组织选举的工具,管理和控制国家的机器。当纯粹为追求权力而存在,政党就失去其内在的价值理念和道德使命,失去调节和整合外部社会结构的自主意识和自主能力,成为完全受到外部社会结构制约和支配的代理人。本书正是从这一视角出发,研究当代西方国家资本主义经济、族群结构变迁和信息技术发展对政党及政党政治带来的冲击,并从政党与民主的关系中,分析当代西方国家政党政治和民主制度面临的挑战。

本章作为导论部分,从近年来欧美国家政党及政党政治发展的最新动向出发,回顾西方学者自 20 世纪以来关于政党衰落的讨论,认为当前发生在欧美国家政党政治中的这些变化,只不过是半个多世纪以来西方政党所经历的变化的延续。在梳理政党自出现到其被承认、最终发展成为西方代议制民主中的构成部分这一历史后,可以发现当代西方国家的政党并不是衰落,而是从柏克时代基于共同价值理念和为了增进民族福祉而形成的共同体,演变异化成为组织和参与选举的工具、管理和控制国家的机器。

第一章是本书的分析框架。首先论述研究当代西方政党政治的意义。政党是西方代议制民主的重要构成部分,研究政党政治是观察和分析欧美国家政治发展的重要途径。欧美国家的政党和政党制度一直以来也被认为是发展中国家政党及政党制度借鉴和参考的重要依据,发生在欧美国家政党政治领域的这些变化也被认为是发展中国家未来可能面临的事实,因而关注当代西方国家的政党对于比较政党研究也具有重要意义。其次,回顾西方学术界先后从政党组织结构、经济不平等、文化变迁等角度对当代西方政党政治发展动向的提供的各种解释及其意义,从政党与民主发展的复杂关系中,认为影响当代西方国家民主制度的三大要素——资本、族群和技术——也直接改变了政党及其政党政治的发展。本研究也从资本、族群和技术这三个方面分析当代西方国家的政党及政党政治。

第二至第四章分别讨论在资本、族群和技术变革的背景下,西方国家政党及政党政治的发展动向。第二章讨论资本对于欧美政党及政党政治发展的影响。资本是资本主义的基础,资本的逻辑摧毁了专制王权的统治,建立起代议制民主制度,并推动西方民主制度在全球范围的扩张。同样,资本的自我克制和调节也推动西方民主通过普选、自由竞争和一人一票等走向形式上的自由、平等,阶级冲突缓和,福利国家出现。但是,资本的逻辑始终是支配西方民主发展的根本,20 世纪 80 年代以来新自由主义的盛行正是资本开始挣脱束缚、支配市场和社会的结果。由于资本的扩张和不受制约,西方国家的政治受到资本、大利益集团的操控。在这一背景下,政党也毫无例外受到资本的影响,政党越来越依赖金钱并受到金主的控制,政党企图实现不同阶级和阶层之间联合的功能下降。随着选举变得更加昂贵,政党要么转向大资本和大利益集团,要么转向国家以寻求公共财政。其最终结果都是使政党脱离普通大众、社会。

第三章论述族群对于西方政党和政党政治发展的影响。种族构成及族群关系是影响国家建设和民主政治发展的重要因素,也是许多发展中国家政党政治发展中的主要议题。欧美国家代议制民主发展的历史在相当长的时间里并未受到族群问题的困扰。族群问题被认为是发展中国家政党政治研究中才存在的现象。但随着过去几十年来欧美国家移民结构的改变,文化多元主义带来的移民文化对主流文化和价值观的冲击,特别是在难民危机的冲击下,族群成为影响欧美国家政党政治的重要因素。一方面,一些打着"反对外来移民、反对少数族裔保留其文化"旗号的政党获得社会的支持,在族群问题上采取极端的立场,撕裂现有的政治共同体。另一方面,主流政党坚持人权和自由民主的原则,允许少数族群自由选择保留其文化价值观和生活方式的权利,这就必然造成少数族群文化对主流文化的冲击,削弱政治体系的共同价值观。与此同时,反移民政党的极端立场可能诱发社会采取针对少数族裔的歧视和暴力,这又要求主流政党和少数族群呼吁采取更加积极的保护措施或肯定性行动,从而为反移民政党提供更多口实,西方政党和政党政治在族群问题上陷入了循环。

第四章论述技术对于欧美政党及政党政治的影响。技术是工业革命和资本主义兴起的推动力。一方面,技术的发展带来印刷品的传播、交通和通讯水平的改善,使得政党进行大规模的政治沟通和政治动员成为可能。另一方面,技术在现代公共政治中的渗透使得专家尤其是技术专家在政策过程中获得了更大的权威。作为政策制定者的政党,其议程设置和政策制定的能力在下降。进入 21 世纪以来,数字技术的发展使政党越来越倾向于利用网络信息技术手段、借助技术专家来了解公共舆论、设定政策立场,其结果是政党疏远了与其支持者的关系。同时,数字技术也使政党领袖和公众的直接沟通成为可能,政党的组织和内部民主机制被削弱。上述两方面的变化都降低了政党代表和整合社会的能力,而政党在如何利用数字技术重塑自身乃至激发民主的活力方面,还没有看到有效的路径。

第五章讨论在资本、族群和技术的冲击下,当前欧美政党政治发展面临的问题。具体来说,包括在资本的驱动下欧美国家的阶级政治在政党政治中回潮,各国人口构成的变化尤其是白人和少数族群、外来移民在政治上的分裂，导致政党竞争的极化。阶级政治与族群政治的结合，使得欧美国家身份政治盛行；政党政治中的复杂经济和社会议题被简单归结为身份差异，从而降低了政党政府的治理绩效。互联网技术的发展又鼓励了大批依赖技术空间生存的民粹主义政党的出现，为传统的主流政党带来了挑战。在美国，民主党和共和党的分裂达到了前所未有的程度，政党政治的金钱化、两极化现象已成为美国政治分裂的重要根源。在欧洲，族群结构的变动及其隐藏的阶级冲突打破了过去欧洲人在欧洲一体化、民主化等问题上的一致性，传统主流政党的号召力下降，形形色色的民粹主义政党不断崛起。欧洲原有的社会凝聚力和共识在下降，民粹主义势力崛起。

第六章论述西方政党在面临资本、族群结构、技术冲击时的自我调适。在面临外部冲击时，西方国家的政党从两个方面寻求出路。政党一方面转向国家，寻求国家以弥补由于政党脱离社会带来的人力和财力资源的不足；另一方面，政党也转向社会，不断开放自己的组织结构，通过将选择候选人和领导人的权利开放给普通党员和社会大众，弥补社会联系减弱导致的合法性不足。前者导致政党成为国家的一部分，政党结成卡特尔同盟，政党政府的竞争和更替变成政党之间的共谋；后者在表面上赋予了普通党员和公众以权力，却在实质上剥夺了党的中层组织（包括党的积极分子和中层精英）的权力，进一步削弱了政党内部的参与和问责机制。

最后是结论部分，旨在讨论当代西方政党政治和民主的关系。民主催生了政党，政党推动了民主发展；政党政治受到民主政治发展的制约，同时又塑造了民主政治的运行。在西方民主不断演进的过程中，政党从最初邪恶的宗派发展到柏克所说的基于共同价值理念为增进民族福祉而联合起来的组织，再演变为组织和参与选举、管理和控制国家的机器。当代西方民主制度遭遇的问题和政党面临的挑战既相互塑造又相互强化。在资本、族群和技术的冲击下，如果西方民主制度不能实现价值的回归，政党也就不可能走出所谓复兴道路。这大概就是当代西方政党与民主的前景。

注释

1. ［美］亚当·普沃斯基:《民主的危机》,周建勇译,上海人民出版社 2022 年版,第74 页。

2. 同上书,第 77 页。

3. Steven Levitsky and Daniel Ziblatt, *How Democracies Die*, Crown, 2018, p.12.

4. Richard S. Katz and Peter Mair, "Changing Models of Party Organization and Party Democracy: The Emergence of the Cartel Party", *Party Politics*, Vol.1, No.1, Jan., 1995, pp.5—28.

5. Frances McCall Rosenbluth and Ian Shapiro, *Responsible Parties: Saving Democracy from Itself*, Yale University Press, 2018.

6. Russell J. Dalton and Martin P. Wattenberg, eds, *Parties without Parti-sans: Political Change in Advanced Industrial Democracies*, Oxford University Press, 2002, p.3.

7. ［美］菲利普·施米特:《政党今非昔比》,载［美］拉里·戴蒙德、［美］理查德·冈瑟编:《政党与民主》,徐琳译,上海人民出版社 2012 年版,第 69—92 页。

8. Colin Crouch, *Post-democracy*, Cambridge, Polity, 2004.

9. Peter Mair, *Ruling the Void: the Hollowing of Western Democracy*, Verso books, 2013, p.2.

10. Ibid., pp.3—8.

11. Peter Mair, *Party System Change: Approaches and Interpretations*, Clarendon Press, 1997, p.124.

12. ［意］G.萨托利:《政党与政党体制》,王明进译,商务印书馆 2006 年版,第 16—17 页。

13. 同上书,第 21 页。

14. 同上书,第 21—22 页。

15. ［英］埃德蒙·柏克:《自由与传统:柏克政治论文选》,蒋庆等译,商务印书馆2001 年版,第 148—149 页。

16. 同上书,第 146 页。

17. James Bryce, *Modern Democracy*, Macmillan, 1921, Vol.I, p.119.

18. ［美］谢茨施耐德:《政党政府》,姚尚建、沈洁莹译,天津人民出版社 2016 年版,第44 页。

19. 同上书,第 72、73 页。

20. 同上书,第 72 页。

21. 同上书,第 84 页。事实上,在早期的政党研究者中,包括谢茨施耐德,并没有将大众的选举民主视作绝对的政治正确。而自民主化研究以来,选举民主俨然和多党竞争成为了绝对的好东西。

22. 同上书,第 88、89 页。

23. Maurice Duverger, *Political Parties, Their Organization and Activity in the Modern State*, translated by Barbara and Robert North, Wiley, 1959, p.xxiii.

24. ［美］安东尼·唐斯:《民主的经济理论》,姚洋、邢予青、赖平耀译,上海世纪出版集团 2010 年版。

25. ［美］利昂·爱泼斯坦:《西方民主国家的政党》,何文辉译,商务印书馆 2014 年版,第 15 页。

26. 同上书,第 331 页。

27. ［意］G.萨托利:《政党与政党体制》,第 52 页。

28. Otto Kirchheimer，"The Transformation of the Western European Party Systems"，in Joseph La Palombara and Myron Weiner，eds.，*Political Parties and Political Development*，Princeton University Press，1966.

29. ［意］G.萨托利:《政党与政党体制》,第 48 页。

30. Richard S. Katz and Peter Mair，"Changing Models of Party Organization and Party Democracy: The Emergence of the Cartel Party".

31. Richard S. Katz and Peter Mair，*Democracy and the Cartelization of Political Parties*，Oxford University Press，2018，p.141.

第一章

资本、族群和技术：当代西方政党的三重结构

自 20 世纪 60 年代西方政党开始出现党员数量下降、政党意识形态淡化、政党组织衰落的趋势以来，关于西方政党的危机与挑战的讨论就是政党研究始终关注的话题。21 世纪以来，西方国家内部政治、经济和社会结构发生变化，国家治理出现各种困境，代议制民主的功能部分失调，政党和政党政治的发展出现新的特点。本章重申在比较视野下研究西方政党的意义，回顾西方学者对当前西方政党政治危机和挑战的解释，提出当代西方政党政治运行的外部结构——资本、族群和技术——三要素的分析框架。

第一节　为何要研究西方的政党？

政党几乎是当代世界各国政治中最重要的组织。当今世界约 200 个国家和地区中，有 180 多个国家和地区实行政党政治。各种类型的政党组织形态、规模大小、历史长短不一。据学者统计，全世界各国现存的政党有 6 200 多个。到 2021 年，在全世界超过百年历史的政党有 66 个。[1]许多政党虽然很少或不再发挥传统意义上作为沟通国家和社会的桥梁的功能，但仍然是我们观察和理解当代世界各国政府和政治最重要的工具。研究西方政党在近 20 年来发生的变化，无论是在理论和现实方面都具有重要意义。

第一，现代政党发源于西方，西方国家的政党仍然是当代世界各国政党的重要参考对象，研究西方政党的发展对我们理解世界各国的政党具有重要意义。现代政党最早起源于 19 世纪的英国和美国，最初作

为议会中围绕重要领袖人物而出现的小团体，在选举和责任内阁制度的形成过程中逐渐发展成为具有大规模组织和动员功能的团体。直到19世纪以前，世界各大陆上各个王朝、帝国或者部落，其统治者和政府的形式各不相同，几乎不存在一个在全世界各个角度都能观察到的政治组织。然而，政党自诞生之日起，在不到两百年的时间里就迅速扩张到全世界，成为绝大多数国家都拥有的一种现象。在人类政治社会发展的历史上，似乎很难找到一个政治组织，能够在如此短的时间里被全世界接受并具有共同的特征。在殖民体系扩张并最终瓦解的过程中，几乎所有被纳入现代化过程的殖民政府或新独立的国家，其重要的政治发展阶段最初几乎都是以成立一个在政治上追求某个目标的政党而开始的。世界各国的政党虽然名称、意识形态、组织结构、运行方式各不相同，但几乎都以早期英美国家的政党为基本的参照物，那就是组织选举、组建政府。它们在许多方面，也将西方政党发展过程中的那些变化视为值得参照或借鉴的重要内容。研究西方政党对我们理解世界各国政党，尤其是政党的比较研究具有重要的借鉴和参考意义。

第二，研究西方政党近20年来的变化有助于我们更好地认识当代世界政党政治的复杂现象。如前所述，西方政党是在资本主义发展早期阶段，议会中的权贵人物逐渐在选举和组建政府的过程中形成的政治组织。西方政党在其漫长的发展历史中，绝大多数是作为一种政治斗争的工具而存在的。早期的政党所运行的政治和社会环境和当代世界有很大区别。例如，选举权的开放程度很低，国家和政府的功能非常有限，政治参与主要局限在少数有产者，资本主义经济的增长未受到社会公平、环境保护等压力的影响。特别是，政党作为议会或政治中的派别，受到绝大多数政治家和政治势力的警惕乃至敌视。在这种情况下，政党的功能、性质、地位都是特定的。在此后的100多年里，西方的政党尽管在形式、功能方面和其早期阶段相比有很大的改变，但其发展始终存在着路径依赖问题。也就是说，西方政党是在不同的历史时间段里，随着外部政治经济社会环境的改变而不断调整自己的组织结构和功能，从一个早期仅限于议会中的权贵人物、动员和组织能力有限的团体演变成一个企图代表社会中绝大多数、以赢得选举为首要目标的组织。但是,非西方国家的政党,尤其是第二次世界大战后新独立国家出现的政党,从一开始就是在一个完全不同的环境中出现的。

当非西方国家的政党出现时,这些国家中的绝大多数在经济上都处于落后状态,社会总体上还处于传统结构中,在政治上却是在一夜之间实现了普选权。政党几乎从一开始就必须面对全社会,而不仅仅是一小部分政治精英的内部事务,政党一成立就迅速面临传统秩序瓦解、新的社会结构不断分化的压力。社会中不断分化出来的利益团体(无论是出于阶级的分化形成的利益团体还是基于宗教、文化或种族等形成的利益团体)纷纷要求在政党中开展活动。从政党政府的角度来看,与早期欧美国家的政党政府几乎很少关注增长和分配的功能相比,非西方国家的政党政府从一开始就面临着增长和分配的双重压力。可以说,非西方国家的政党从一开始就像是一个新生婴儿,身处险境之中。无论政党在成立之初对自身的蓝图设计有多么美好,都不可避免地在外在环境的压力下不断适应和调整。其结果可能是政党保持了原有的模样但变得更加强大,也可能是政党面目全非同时也变得不堪一击。无论是哪一种路径,其发展模式一定和西方国家政党的发展是不同的。

然而,在当代世界,西方政党却似乎忘记了它们在历史上不同时期的发展经历,忘记了它们悠久的历史、强大的意识形态地位、成熟的统治技巧是在近两百年的时间里逐渐形成的。西方政党指望非西方国家的政党从一开始就在各方面表现得成熟自信和有条不紊,最好和它们现在一模一样。而在非西方国家,许多政党及其领导人也有意或者无意地以西方政党的当下阶段作为自己的参照物,采取了很多脱离本国政党生存和发展环境的措施,最终给政党自身带来了灾难。即使在当代社会,很多非西方国家的政党和领导人仍然将西方的政党作为模仿的对象。他们认为,发生在西方政党中的这些变化未来有一天也是可能发生在自身所在政党身上的。正因为如此,非西方国家的政党及其政党政治才出现了各种各样的复杂现象。事实上,西方的政党不是先天就成熟的,西方的政党也不是万能的参照物,研究西方政党近 20 年来的变化,对于我们理解非西方国家的政党具有重要的意义。

第三,研究非西方国家政党近 20 年来的变化,有助于我们认识当代西方国家政府和政治的发展动向。21 世纪以来，西方国家的政治在很多方面表现出了传统上被认为是发展中国家政治中的特征。一是政治家个人在国家和政治中的地位上升，无论是总统制国家还是议会制国家，领导人比过去显得更加重要。虽然西方国家宣称，其政府和政治的运转主要依靠一套成熟的制度，权力的运作不太容易受到领导人个人的影响，领导人决定国家命运只是威权国家才会有的现象，但实际上，近年来西方国家的舆论界和普通民众，常常把当前面临的各种问题尤其是重大危机的解决寄希望于强有力的领导人，即使在英美这样民主政治传统悠久的国家也是如此。例如，在美国，特朗普的当选被认为是导致美国民主死亡的原因；特朗普的四年总统任期被视作美国种族仇恨加剧、民粹主义兴起的根源之一。在英国，退出欧盟被归结为保守党首相卡梅伦不负责任的公投政策的结果。

二是政党竞争和选举在法律边缘"打擦边球"的现象以及其他各种乱象增多。2016 年美国大选时，互联网上流传着 1984 年美国总统大选时里根总统与蒙代尔电视辩论中的一段视频。当时的主持人质疑里根年迈不适宜当总统时，里根幽默地说："我希望你能知道，在这场竞选中我不愿把年龄当作一项资本。我不打算为了政治目的而利用我对手的年轻和缺乏经验。"这句看似轻松的答话实则有弦外之音：我有足够的阅历可以胜任总统一职，同时还指出了对手的弱点——年轻和阅历不深，显示了长者的宽容和仁厚——不打算利用对手的弱点，同时表达了他对竞选总统的胸有成竹和从容不迫。蒙代尔后来表示，当时他已明白，他的当选希望到此为止。[2] 这段视频成为美国政治辩论史上最为人津津乐道的一幕。美国人之所以重温这段辩论的视频，是因为他们意识到那个尊重对手的政党政治年代已经不存在了。竞选充满了恶意中伤，选举不在于在政策辩论中超过对方，而是要让对手名誉扫地。2000 年小布什当选总统过程中围绕着佛罗里达州的计票和最高法院的最终裁决，给美国人上了一堂生动的政治课，当 2020 年特朗普的支持者闯入白宫、特朗普宣称大选的胜利被偷走及此后围绕着投票改革的争议时，美国人看到的只有混乱和闹剧。

三是政党政府运行的不稳定上升，重大的社会运动或政治危机常常以难以预期的方式发生,而政党政府似乎无力应对。2009 年,美国公众发起一场反对奥巴马政府的经济刺激计划和医疗改革方案,主张政府要减小规模、缩减开支、降低税收、弱化监管的"茶党运动"。在 2011 年"占领华尔街"运动中,美国人通过互联网组织起来,要把华尔街变成埃及的开罗解放广场,反对美国政治的权钱交易、两党政争以及社会不公正。2018 年,以巴黎为核心并蔓延到法国全境的"黄马甲"运动,最初的直接起因只是政府希望改革燃油税的征收以应对气候问题,最终却发展成为法国人反抗不平等的政治运动。"黄马甲"运动是法国巴黎 50 年以来经历的最大规模的政治骚乱。领导人个人何时成为了问题的根源?制度为什么不能发挥作用?社会运动和危机为何频繁爆发而政府却无力应对?要理解当代西方国家政治中的这些现象,有必要研究这些国家的政党。分析政党说了什么、政党做了什么、政党不能做什么以及为什么,是打开西方国家政治和社会发展动态的钥匙。

第四,研究西方政党可以重新审视西方民主制度的运行发生了什么改变。一讲到民主,必然会追溯到古希腊城邦时代的民主政治,其特征是公民直接参与城邦的立法和司法活动,公民大会享有最高权力、公共职务的任职者通常采取抽签、直接选举等方式来产生并且轮流执政。尽管当时包括柏拉图、亚里士多德等在内的思想家并不将民主政体视作最理想的政体形式,但是到 13 世纪当摩尔贝克的威廉(William of Moerbeke)首次将亚里士多德的《政治学》翻译成拉丁文时,他选择了"Democratia"一词来翻译"人民的统治"概念,此后"民主"成为欧洲政治学说的中心概念。在此后的几百年里,"民主"一词始终与人民的统治联系在一起。而政党也是在民主的这意义体系下诞生的。最初人们排斥和厌恶政党,因为政党总是和部分联系在一起,这对于作为整体的人民的利益是有害的。在意识到政党的存在不可避免之后,人们对于政党的性质有了新的认识。我们今天在谈到政党的定义时,常常会追溯到埃德蒙·柏克。的确,柏克对政党的定义包含了当时的思想家对政党的最好期待,即政党是一群人为实现国家利益而联合起来的组织。直到 20 世纪,"民主"一词才从这种抽象的人民的统治中脱离出来,成为一个总体上仅具有程序性的概念。熊彼特关于民主不过是人民有权每隔几年决定由谁来统治的开创性思想，改变了民主的本质和内涵。恰恰也是在这之后，人们对于政党定义的讨论也更多围绕着政党的功能展开，即使是对其目的进行讨论，这个目的也主要是关于政党的现实目的而非抽象的价值目标。因而，从历史的角度来看，民主和政党的演变具有内在联系。如果我们对政党前后历史的演变有更多的理解，对西方政党为何变成今天这样，我们也就能够更好地认识当代西方国家的民主为何是现在这样。

从现实来看，研究政党也是观察西方民主的重要途径。政党通常被认为是沟通国家和社会的桥梁。尽管理查德·卡茨和彼得·梅尔一再强调，当代政党作为沟通国家和社会桥梁的机制已经大不如从前，但我们仍然找不到一个组织像政党这样从社会中产生，同时又如此深刻地嵌入国家的结构。政党是唯一有意愿且有能力与社会各阶层各群体建立联系的组织，更是唯一能够全方位的提供政府公职人选和政策纲领的组织。政党的领袖担任国家领导人，政党的候选人成为议会中的立法者和行政部门的内阁成员，政党的法案经议会表决成为国家的法律，政党甚至还决定了司法部门的构成。在现代西方国家，几乎找不到多少权力部门是由政党之外的独立机构和独立人士来运营的。如果领导人不能维护宪法和法律，议会不能正常运转，内阁不能作出决策，那一定是政党出了问题。甚至当我们说如果社会陷入动荡、经济陷入危机，那也或多或少是政党政府的统治出了问题。弄清楚政党发生了什么，我们也就更容易弄清楚西方民主发生了什么。

第二节 当前关于西方政党政治演变的解释

近几十年来，关于政党衰落的言论似乎已经成了一种陈词滥调。虽然唱衰政党的言论一直不绝于耳，但从政党在国家和政府过程中的作用来看，丝毫没有政党可能被其他政治组织取代的迹象，西方政治学界已经不再哀叹政党的衰落，转而寻求解释政党发生的改变。因为如果我们认定某种组织形态衰落了，那么这在很大程度上是认为这种组织形态的地位在下降，甚至有可能消亡。当代西方国家的政党，无论从哪方面来看,我们都无法得出政党即将消亡的结论。

那么,究竟应该如何看待当代西方国家政党政治的上述变化呢?政党变得更加的个人化、商业化、专门化,政党的意识形态变得更加极端化和缺乏包容性,政党之间的斗争变得更加激烈而难以取得共识。该如何解释最近几十来年西方政党政治领域发生的变化?西方学术界大体上存在文化变迁、经济结构演变和政党组织结构这三种不同的解释路径,其中文化变迁和经济结构属于政党的外部环境,组织结构属于政党的内部因素。

第一种解释视角是从文化的角度来讨论政党政治的变化。罗纳德·英格尔哈特(Ronald Inglehart)的早期著作《静悄悄的革命》(*The Silent Revolution*)最早开辟了这一新的研究视角。他发现,发达工业社会中,人们的价值观发生了重大的代际转变,这种价值的转变是更广泛的文化变革过程的一部分。文化变革正在逐步改变这些社会的政治、经济和社会生活。具体来说,教育的普及、识字率的提高、大学教育的扩张培养了新一代更具有独立意志、更加强调自由与民主和平等精神的选民。他们在政治上不再愿意根据他们的父母的立场来选择支持哪个政党,同时也不愿意通过政党及其政治人物来表达自己的政治诉求。相反,他们根据自己的价值观和立场来决定支持哪个政党或候选人,他们甚至宁可绕过政党,通过其他途径或直接和政府对话。另外,城市化和经济繁荣一方面带来了更大规模的社会流动,人们与某个特定政党的联系开始减弱,甚至对政党所说的那一套东西不感兴趣。因为他们觉得,与其将自己的命运和政党联系在一起,不如靠个人努力。即使对政党感兴趣,他们可能也对那些主张人权、性别平等、环境保护的新政党更加感兴趣。无论从哪个方面来看,上述变化都导致了西方国家的选民与传统主流政党的疏离。[3]

时隔 30 年后,英格尔哈特仍然坚持了其对于文化价值观演变与政党政治发展之间的关系。2019 年,英格尔哈特和哈佛大学政治学教授皮帕·诺里斯(Pippa Norris)出版《文化反弹:特朗普、英国脱欧和威权民粹主义》(*Cultural Backlash: Trump, Brexit, and Authoritarian Populism*)一书,提出了"文化反弹说",重申是保守主义的文化价值观的反弹带来了当代西方国家民粹主义及其政党的兴起。在英格尔哈特和诺里斯看来，后工业社会的结构变化——经济的繁荣、大学教育的扩张、性别平等、城市化——带来了自 20 世纪六七十年代开始的自由和后物质主义价值观领域的一场静悄悄的革命。后物质主义价值观更加强调环境保护、和平运动、民主和人权、性别平等、世界大同主义，尊重性少数、移民和少数族群。保守主义者（多数为没有受过大学教育的、工人阶级、白人男性、宗教信仰更强烈、来自农村的选民），仍然坚守传统的价值观，感到他们已经被社会和道德价值的无声革命所疏远，被他们深深排斥的文化潮流抛在身后，成为美国社会学家阿莉·拉塞尔·霍赫希尔德（Arlie Russell Hochschild）所说的"故土上的陌生人"[4]。西方社会文化和价值观领域的革命最终达到了临界点，带来了文化领域的极化和保守主义者在威权主义价值观上的反弹。[5] 简言之，战后西方社会结构的长期演变导致了文化观念上的宁静的革命，刺激了保守主义和威权主义价值观的反弹，而中短期的经济衰退和社会多元化结构（主要是移民导致的）的快速变化加速了这种反弹效应，并驱使选民投票给威权主义的政党和领导人，导致西方政党政治发生巨大变化。

在选举政治中，这种文化和价值观革命的背后是保守主义者对他们过去所拥有的霸权地位、权力衰落的不满。虽然社会保守派在总人口中所占的比率在不断缩小，但他们往往具有威权倾向，这使得他们不能容忍不符合既定社会规范的行为。接受性别认同、世俗伦理、婚前性行为、种族平等自由主义者所接受的观念，不仅是一种不同的价值观，而且被保守派谴责为道德败坏。保守派在文化战争中战败了，其威权主义价值观的反弹激起向上对精英阶层的怨恨，向下对地位较低的外来移民的怨恨。这种倾向使他们更容易接受各式各样的民粹主义领导人的呼声。[6] 在政治层面，自由主义者和保守主义者在文化观念领域的极化导致政党竞争和公共政策中文化分歧的重要性上升。[7] 保守主义者成为了那些承诺恢复国家主权（让美国再次伟大、美国优先）、限制移民和多元文化（修建隔离墙、瑞典是瑞典人的瑞典）、捍卫传统宗教和传统道德价值观（阻止对犹太基督教价值观的攻击）[8] 的政党或领导人的潜在支持者。

　　第二种解释视角是从经济结构的角度来探讨政党政治的演变。早在 20 世纪六七十年代,西方政党的研究者就注意到,战后资本主义的经济繁荣带来了阶级冲突的缓和,中产阶级规模不断扩大,对物质生活的追求下降,这些都导致传统的政党竞争模式发生改变。形成于 20 世纪 20 年代的资产阶级和工人阶级之间的政党竞争维度逐渐淡化,左翼和右翼的意识形态分野变得模糊,这既导致政党从组织形态上出现从大众型政党向全方位政党的转变,也使得政党政治从传统的左右之分转向中间路线。

　　20 世纪 90 年代经济全球化以来,对经济结构影响政党政治的分析开始关注全球化过程中出现的阶层分化。2011 年,丹尼·罗德里克(Dani Rodrik)的著作《全球化悖论:民主与世界经济的未来》(*The Globalization Paradox: Democracy and the Future of the World Economy*)就提出,全球化会产生一个从中获益的阶层和损失者阶层。他指出,强烈支持全球化的都是从全球化中获益的城市精英。然而,贸易自由化下,低技能工人的境况变得更糟。随着全球化的推进,政策制定者追求剩下的低壁垒,贸易协定变得越来越重视再分配,而不是扩大整体经济蛋糕,因而带来了全球化的利益受损集团。原则上,贸易的收益可以被重新分配,国家可以补偿损失者,并确保没有一个明确的群体被抛弃。但在实际上,补偿性的政策在经济上成本太高,在政治上更面临着政府承诺可信度的难题。因为一旦自由贸易协定签订成功,政府就没有意愿和动力去执行之前提出的补偿承诺。贸易本身也在企业和工人之间议价能力的转移中发挥了作用。它们反映了劳工组织政治影响力的下降。这导致补偿机制实际很少发生。同时,资本的自由化也会改变劳资关系和政府的税收结构,雇主能够威胁将资本转移到国外,政府更多地向不能自由跨国流动的劳动力和商品而非跨国资本征税。罗德里克敏锐地指出,"当全球化与国内政治相冲突时,精明的投资者将赌注押在政治上"。[9]

　　一方面以开放为导向的全球化在加速,另一方面以本土为导向的民粹主义不断兴起,罗德里克认为全球化发展到程度较高的阶段就会带来民粹主义的反弹,这已经被经济史和经济理论证明。全球化加剧的经济焦虑和分配斗争为民粹主义提供了基础，但并不一定决定其政治方向。民粹主义领导人提供的叙述和可获得的社会分裂结构，为不满情绪提供了方向和内容。忽视这一区别可能会掩盖经济和文化因素在推动民粹主义政治方面各自发挥的作用。全球化推动了社会中的多重、部分重叠的楔子：在资本和劳动力、熟练工人和非熟练工人、雇主和雇员、全球流动的专业人员和本地生产者、具有比较优势和没有比较优势的行业/地区、城市和农村、世界主义者和社群主义者、精英和普通民众之间。全球化的利益受损者指责统治者——签订贸易协定的政府精英、大公司、金融机构——利用了被操纵的竞争环境。这带来了政治上的反弹，其中包括左翼和右翼的民粹主义及其政党的兴起。在需求方面，全球化造成或加深的分配和其他经济断层可能会使公众支持那些置身政治主流之外、反对既定游戏规则的运动。但是，作为全球化的副产品产生的经济焦虑、不满、合法性的丧失、对公平的担忧，很少有明显的解决方案或政策视角。它们往往是不成熟的，需要通过为相关群体提供意义和解释的叙事来引导一个特定的纲领性方向。这就是政治供给端发挥作用的地方。民粹主义运动及政党为围绕共同关注的问题进行政治动员提供了必要的说辞。它们呈现的故事意在与其基础即需求方产生共鸣：这是正在发生的事情，这是为什么这些人正在对你这样做。由移民导致的文化/宗教分歧不过是加剧了这一表现，带来了民粹主义的左右之分。因此，罗德里克认为，经济的全球化在政治上是不可持续的，当前西方政党政治领域的民粹主义表现是各国不能解决当前全球化过程中产生的问题的结果。[10]文化则在放大全球化冲击的政治影响方面发挥了中介作用。[11]罗德里克关于经济演变和政党政治之间关系的论述也可以在另一位经济学家约瑟夫·斯蒂格利茨（Joseph Stiglitz）那里得到回应。在2012年出版的《不平等的代价》中，斯蒂格利茨表达了类似的观点。

　　无论是从文化变迁还是经济演变、全球化的视角来看待政党政治的影响，学者都是从政党政治的外部环境来讨论对政党的冲击。在这种研究视角下，政党主要是外部社会结构的产物，面对外部环境的变化，政党可能主动进行调整，但最终决定政党政治发展的不是政党内部结构,而是外部的经济阶级、社会文化。

　　第三种解释视角是从政党自身的演变来探讨政党政治的演变。早在全方位政党出现的年代,西方学者就指出,20 世纪 70 年代西方政党政治的演变首先表现为政党类型的转变。奥托·基希海默尔在提出全方位政党的概念时,主要是从意识形态的角度来谈的,认为全方位政党与大众型政党相比,不那么强调意识形态了。到 20 世纪 90 年代,理查德·卡茨和彼得·梅尔首次提出卡特尔政党的概念。卡特尔政党是一种理想类型的政党。卡茨和梅尔在谈卡特尔政党时,主要是从组织结构的角度来谈的。这一点更接近于迪韦尔热的精英型政党和大众型政党的区分。他们认为,在大众型政党时期,国家和社会就出现了分离,政党日渐离开社会进入国家的趋势不断强化,到了卡特尔政党时期,政党就完全进入了国家。早期的精英型政党既来自社会同时又处于国家之中、大众型政党总体上处于社会之中但和国家保持联系、全方位政党介于国家和社会之间。卡特尔政党则完全和国家结合在一起,失去了和社会的联系。[12]"卡特尔"一词来自市场领域的垄断。卡茨和梅尔借用卡特尔一词,在其 2018 年出版的最新成果《民主和政党的卡特尔化》中指出,主流政党的卡特尔化及其成功要为当代西方反体制、民粹主义政党的出现负责。在这本书中,卡茨和梅尔延续了他们在 1995 年发表的论文中将政党分为选民中的政党、政府中的政党和党的中央组织的三分法,但对其早期的卡特尔政党理论进行了修正。他们认为,精英型政党、大众型政党和全方位政党都在某种程度上将国家和社会联系在一起,而卡特尔政党完全脱离了社会,社会成为游离于国家和政党之外的存在。[13]卡茨和梅尔对于卡特尔政党的这一描述,几乎要彻底颠覆了传统的对于政党是"联系国家和社会的桥梁"这一理解。如果我们要顺着这一思路进行下去,政党的许多传统理论都会受到质疑和挑战。

　　更重要的是,卡茨和梅尔认为,从 20 世纪 90 年代末期以来,在许多国家,政治市场已经超越单纯的寡头垄断,越来越多地由一个事实上由所有主流政党组成的卡特尔主导。而近年来大量的反体制的民粹主义政党的出现正是基于反卡特尔而成长起来的。[14]民粹主义政党,无论是左翼的还是右翼的,均指责主流政党及其腐败的精英通过幕后交易和实施一致保持沉默的阴谋,劫持了政治体系,压制了人民的声音。民粹主义政党指责主流政党忽略了普通人民的利益,其实也是在指责主流政党压制了主流政党卡特尔之外的普通政党的利益。卡茨和梅尔认为,尽管2008年以来的金融危机、经济危机以及移民问题虽然是当前民粹主义政党兴起的催化剂,但深层次的原因却在于政党政治本身,尤其是导致政党卡特尔化的政党政治过程。[15]由于政党与传统的中间组织如教会、工会等团体的联系减弱,政党与选民的直接联系也减少了,选民更多地依靠网络、媒体尤其是新媒体等平台,选民越来越不太可能被锚定在某一个特定的政策空间。他们缺少与负责任的政党、政客、可信赖的邻居或朋友的沟通,因而就很容易受到各种极端主义或民粹主义思潮的影响。政党的卡特尔化导致其不再关注那些重大的政策问题、重大的意识形态争议,而是主要关注如何赢得选举和运转政府的技巧。这些工作更多地依赖技术专家或顾问,而不是和选民的政策沟通。与此同时,回避意识形态争议、依赖管理技术,也解决了政党既要代表部分和特殊群体,又要代表整体的国家利益的矛盾。统治即技术的执政观,与单一国家利益观相契合,而单一国家利益观又与灵活、自主的政党领导观相契合。相反,"决策即偏好—执行"的观点与党内民主观相一致,而党内民主观又与多元社会利益观相一致。因此,源自这些冲突的问题往往会相互强化,而这种相互强化与民粹主义问题尤其相关。[16]卡茨和梅尔暗示道,西方政党的卡特尔化导致政党疏远了选民,同时又严重依赖于政绩。政党根据对经济和社会管理的结果如经济增长率、通货膨胀率、就业率等来呼吁选民的支持,但几十年来的增长一方面提高了选民的胃口,另一方面也冒着一旦经济和社会管理出现危机就会失去政治支持的风险。当前主流政党面临的处境正是如此,在经济、社会、移民出现危机时,主流政党的政策选项越来越少,而极端主义政党不仅认为应该有机会提出解决方案,而且声称推翻整个主流政党就是解决方案之一。

　　文化反弹、经济结构和组织变迁为我们分析西方政党政治当前的发展现状提供了思路。政党从社会中产生,同时又相对独立于其赖以存在的社会结构。因而从这个意义上说,文化分析法、经济分析法和组织分析法正是基于政党的这一特征而出现并具有理论指导意义。文化变迁论提供了西方社会文化价值观念演变与政党衰落论之间的全景关系。教育的普及、识字率的提高、受大学及以上教育的公民的数量增加,培养了大规模的更有文化、更具理性、更有独立精神和自主能力的选民。城市化扩大了社会流动,使人们之间的联系下降,而经济的繁荣又使选民开始关心经济以外的其他议题。因此,20世纪六七十年代后成年的西方选民在文化和观念上开始和父辈表现得不一样,更加强调独立、平等、自由和民主的精神,表现在政治态度和政治参与的行为上,他们更愿意根据自己的意愿投票,而不是根据父母、小圈子的党派倾向来决定支持谁。这是20世纪六七十年代以来西方主流政党吸引力下降、绿党等生态政党崛起的重要原因。21世纪以来,后物质主义文化狂飙后,文化保守主义者在价值观上开始反弹。文化保守主义者拒绝承认后物质主义文化,走向保守主义和本土主义,这被认为是各种民粹主义政党出现的原因。但是,如果我们承认文化变迁论中选民文化观念变化的前提,那么我们也应该能得出另外相反的结论。那就是教育水平的提高、经济条件的改善、自由民主平等观念的增强,理应塑造新一代更加理性和更具参与能力的公民。从这个意义上,西方国家的选民在20世纪70年代以后应该让政党和政党政治更加理智、审慎。然而实际上我们看到的是,西方国家的政党经常为一己之私而违背全社会的长远和整体利益。政党为了权力之争不惜在公共政策领域互相拆台,甚至不惜在国家重大危机发生时互相攻讦。即使越来越多的选民离开了政党,或游离于主流政党之外,那些依然对政党保持忠诚的人,为什么没能让政党变得更好呢?换句话说,即使只是很小一部分的选民,但由于他们是政党的核心支持者,是政党日常政治生活中的积极参与者,同时也是政党精英和干部的蓄水池,他们为何没能让政党成为柏克所说的"根据特定原则来推进国家利益而形成的团体"?难道政党的这些行为也是文化和价值观念变化的结果吗?显然我们不能下此结论。

而且,当文化变迁论以保守主义者在文化上的反弹来解释民粹主义政党的兴起时,我们又不能不追问,保守主义者难道在西方政党的结构中找不到一个对应的代言人吗?为什么保守主义者感到文化上被疏离和抛弃时,他们只能转向形形色色的民粹主义政党,而不能依靠保守主义政党呢?难道所有的主流政党都是在文化上的自由主义者吗?当我们在说美国的民主党和共和党时,人们就会说共和党在文化上是保守主义者;当我们说欧洲大陆国家的政党时,人们也会说各种各样的右翼政党也是文化上的保守主义者。既然如此,为什么保守主义者文化上的反弹和右翼政党的保守主义文化之间没有结成同盟,而是直接推动了民粹主义政党的出现?

西方学者的经济分析法考察全球化、不平等等经济关系、阶级结构对政党及政党制度的影响,本质上与马克思的阶级分析方法接近。马克思主义认为经济是基础,政治是上层建筑,政党尤其是政府中的政党毫无疑问是上层建筑中的组成部分。当经济结构发生改变,与特定经济关系共生的阶级关系也将发生改变,代表阶级及阶级斗争的政党及政党政治也将发生改变。只不过,马克思主义更加强调阶级关系中的冲突及其不可调和性,西方民主理论中的各流派则一致认为阶级冲突始终在资本主义民主的框架内,因而最终是可以调和并达成共识的。采用经济分析法的政党研究者意识到了全球化和经济不平等对阶级结构的重塑对于政党发展的影响,这毫无疑问是有重要意义的。但是如果从一个更长的时间段来看,最近一波全球化是在近30多年才以这样的速度和规模扩展开来的,西方国家的不平等问题也是在20世纪80年代才日益加剧的。美国经济学家T.莱维于1985年提出经济全球化这个概念时,主要是用来描述此前20年间国际经济巨大变化的特征,即商品、服务、资本和技术在世界性生产、消费和投资领域的发展。事实上,真正的商品、服务、资本和技术在世界范围自由流动却是在此之后,而西方国家政党所发生的变化早在这之前就开始了。"政党衰落论"早在20世纪六七十年代就出现了。即使是在讨论政党衰落最为热闹的20世纪90年代,全球化所带来的深刻变化也远远超出当时人们的想象。更进一步说,全球化和不平等解释了为何出现了形形色色的民粹主义政党,却不能解释为何形形色色的主流政党无力应对上述问题以及民粹主义政党不断挖墙脚的过程。

经济分析法和文化变迁论把政党的变化主要看成外部环境的结果。政党多少是相对被动地接受和适应其生存和发展的外部环境的。或者说,政党也可能有意希望引入变革,但是总体上对来自社会的挑战无能为力。这一研究路径总体上延续了西摩·马丁·李普塞特(Seymour Martin Lipset)和罗坎(S. Rokkan)开创的政党的社会学解释路径。1967 年,李普塞特和罗坎在《政党体制与选民结盟》一书中指出,19 世纪伊始的民族革命和工业革命给欧洲社会带来了四种分裂结构,即"中心—边缘""国家—教会""土地—工业"以及"所有者—工人"。李普塞特和罗坎认为,西欧的政党制度是社会分裂结构的结果。[17]经济分析法和文化变迁论虽然没有提及当代西方社会的分裂结构与政党制度之间的关系,但我们仍然可以从中梳理出前者所暗示的全球主义者—本土主义者、资本—劳动力之间的社会分裂结构和后者所潜在的文化自由主义者—文化保守主义者之间的社会分裂结构。

相比较而言,组织结构说则更加强调政党的自主性以及由此所带来的变化。组织结构说认为,20 世纪 70 年代后,面临着党员数量下降,与有组织的工会、教会等社会资源减少的威胁,政党转向国家,通过向国家获取政治资金并通过法律确认政党地位和国家资源的相关性,巩固其在政治中的地位。正是由于过分依赖国家,政党不仅进一步疏离了社会,其代表性功能也被削弱,政党相互之间形成卡特尔同盟,不再关注重大的意识形态和政策分歧,转而专注于管理政府的技巧和手段,这又削弱了政党的制度性功能。2001 年,当拉里·戴蒙德(Larry Diamond)和理查德·冈瑟(Richard Gunther)主编的《政党与民主》一书出版时,他们对政党代表性功能的衰落忧心忡忡。然而,过去 20 多年来,政党的制度性功能进一步下降了。政党变得越来越相似,它们回避重大的社会问题,专注于选举当选以及通过技巧来维持任期。这导致了西方各种反体制的民粹主义政党的兴起。这一逻辑有助于我们理解当代西方政党以及政党政治所面临的问题,却又将政党视作具有完全自主性的组织,社会被政党抛弃,国家则完全被政党操控。政党究竟是如何做到这一点的? 政党难道不是在民主政治的制度框架下运作的吗? 政党难道和它所处的民主制之间不是相互塑造的吗? 显然单纯从政党自身的组织结构出发，难以解释政党所经历的变化及其所面临的问题。

第三节　从民主看政党

政党是现代民主的基本构成要素。政党是在资本主义民主制度发展的过程中形成和发展起来的。政党塑造了民主，民主也同样塑造政党。政党在民主的制度框架下运行，不可避免地受到民主的制度和运行方式的影响。当民主的内涵和逻辑发生变化时，政党毫无疑问也随之发生变化。

如前所述，民主这一概念起源于古希腊城邦时代，当时的含义是"人民的统治"。在古希腊，民主政体不被柏拉图、亚里士多德看好，柏拉图指责民主制"不加区别地把一种平等给予一切人，不管他们是不是平等者"。这一理念一直为后世思想家所继承。到中世纪，王权理论家创造了"人民主权"的概念，这为代议制民主的出现提供了理论基础。但是民主仍然被视作由人民直接行使主权，象征着混乱和无序，是必须高度警惕和努力克服的统治形式。而有效的机制就是通过代议机构来取代公民大会，以弥补公民直接统治的缺陷。正是由于民主转变为代议制民主，代议机构的产生采用财富、教育、职业等门槛，以选举而非抽签、轮流的方法后，民主最终在西方被资产阶级所接受。民主也完成了从古典民主向现代民主的转型，后者在实践中的不断扩展和完善，以致几乎成为人们所熟知的民主的唯一形态。但是直到19世纪中叶以前，思想家围绕着代议制民主的思考仍然没有离开人民的统治这一核心观念。20世纪初期，西方国家精英民主理论形成，民主和"人民的统治"这一观念相分离，成为人民选择精英来统治的一种机制。尽管后来多元民主对精英民主理论进行了批判，但人民的统治彻底从民主的概念中剔除出去了。多元民主认为民主是多元集团相互竞争获取权力的机制。前者当然不是人民的统治，后者也不要求人民的统治，只需要利益集团和政党的多元竞争得到保障。

理论和思想总是对时代和现实的高度总结和展望。西方政党的历史发展深深嵌入西方民主的发展过程。早期的思想家还在小心翼翼地回避使用民主这个字眼,当时正是西方代议制民主的早期发展阶段,政党刚刚出现。一些思想家如麦迪逊认为政党就是派系或者将带来派系,这将威胁到共和国;而一些人如柏克则认为政党则是人们增加国家整体利益的工具。当时的人们对于政党的种种怀疑和警惕,毫无疑问也与当时他们对于正在形成过程中的代议制民主的将信将疑是一致的。一方面,绝对权力已经失去了合法性,主权在民的观念成为时代潮流。但是,谁是民?如何实现主权在民?柏克显然认为,议会作为代议机构,是基于国家整体利益的代表者。在议会中活动的政党显然是为了增进国家整体利益。鉴于当时的议会主要还是由贵族和有产阶级所垄断,柏克认为议会代表国家和人民,而议会中的政党有益而无害,也就符合逻辑了。但是在麦迪逊的时代,在见证了法国大革命中派系林立走马灯似地上台、农民和城市平民成为革命的主力之后,麦迪逊显然对于政党心存警惕。如果庞大的下层阶级掌握了权力,而政党又等同于派系斗争,那么对于政党,我们唯一该做的难道不是防止吗?对民主的性质的分歧,与对政党的性质定位的分歧,是彼此区别却又高度关联的两个问题。

到19世纪中期,西方资产阶级的统治已经牢牢确立,资本主义民主走上了扩张的道路,政党也成为资产阶级统治的有用工具和资本主义民主的重要组成部分。因而在将近一个世纪里,在政党出现最早的英国和美国,政党不断发展成熟,形成了稳定的全国性组织。但是当时的思想家却很少谈及政党。政党如此和谐地融入了资本主义民主制度,为资产阶级的统治披上了合法的外衣,同时还为资本阶级内部的权力斗争提供了合法的舞台。正是在这个意义上,马克思才说,资本主义民主,经由这种自由竞争的政党制度,实现了资产阶级将权力从左手转移到右手的统治。政党和资本主义民主彼此滋润,共存共生。

到20世纪初期,政党研究开始出现第一波高潮,奥斯特罗果尔斯基的《民主和政党组织》、米歇尔斯的《寡头统治铁律:现代民主制度中的政党社会学》这两部经典的政党研究作品先后问世。正如书名所示,这两本书研究的是政党和民主的关系。此时正是资本主义民主的发展走到历史转折点的时期。工人阶级的兴起及其政党的出现，对18世纪以来的西方资本主义民主模式带来了巨大的挑战。政党究竟是什么？该如何应对工人阶级政党？资本主义民主该向何处去？这是密切相关的问题。可以说，工人阶级的出现、社会主义思潮的产生，对资本主义民主带来了冲击，政党也恰恰是在这一背景下重新受到重视。

在两种思潮的较量中，西方思想家成功地将民主从人民的统治改造成由人民来选择谁来统治，民主成为一种程序性的制度安排，它所包含的人民性、人民的统治的含义被剥离。到20世纪中期以后，民主主要是一种选举产生统治者的机制这一概念逐渐在西方资本主义国家确立下来。无论后来的多元主义民主如何对这个概念进行修正，民主是一种选举程序这一内核没有改变。凡是不符合这套程序或者缺少这套程序，就不被承认为民主。政党也在这一个过程中演变成了"适应选举而建立的政治组织""为谋求官职而建立的政治集团"。政党从一个最初柏克所说的基于某种特定的原则为增加国家共同福祉而形成的联合，演变成了一个为选举而生的政治组织。纵观20世纪50—80年代西方政党研究的经典代表作，其关注的议题绝大多数是政党如何围绕竞选进行自我调整。

进入21世纪，西方资本主义民主遭到形形色色的民粹主义的挑战。民粹主义者质疑现行体制下的精英乃至制度本身，他们声称只有自己才真正代表人民。人民这个在西方民主政治中陌生的概念重新被发现，民粹主义者和主流政党的精英围绕谁是人民、谁才能代表人民展开了竞争。当民主面临不确定性，作为民主的有机构成部分，政党也毫无疑问处在风口浪尖的位置。在这种背景下，政党是什么，该如何应对民粹主义政党，为什么主流政党失去了号召力？民主真的在走向死亡吗？

回顾西方政党自其出现开始与民主的关系演变，可以发现政党与民主之间相互塑造的深厚联系。这种联系直到今天仍然是我们研究政党的重要视角。如果说通过观察今天西方政党的所作所为，我们多多少少就能了解西方民主的奥秘，那么反过来当我们研究西方民主制度的运行过程中发生了什么，我们也多少能够知道西方的政党是怎么了。

政党虽然一开始总是来自社会势力的产物,是阶级、民族、宗教等分裂结构的反映,但一旦形成,它并非被动反映其最初促使其形成的社会的意愿,而是具有一定程度自主性的组织。政党的领袖有个人的意识形态和政策立场,政党的精英人物在一定程度上和其所代表的社会保持着一定距离。在李普塞特提出政党的社会分裂结构和选民联盟理论时,他所谈到的西方政党总体上还是属于社会的范畴。然而,在过去几十年里,西方政党越来越多地嵌入国家。政党不再是纯粹的社会的产物,而是国家和社会相互作用下的政治的产物。也就是说,在当代西方,政党是民主发展塑造的产物。

正是在这种相互关系中,本书对西方政党的研究将结合西方民主政治演变的大背景,分析政党及政党政治的新动向及其原因。具体来说,分析过去半个世纪尤其是近20年来对西方民主政治影响重大的三个要素——资本、族群和技术——如何改变政党的生存方式,以及其最终对西方政党政治产生的影响。

第四节 为何是资本、族群和技术?

西方政党与资本之间有着悠久而复杂的关系。从资本的发展来研究政党,是因为资本主义的发展史就是一部资本的发展史,西方民主制度的发展史也是一部劳资关系史,西方政党和政党政治正是在资本与民主的关系中发展和演变的。

首先,正是由于资本的力量和资本主义的出现,代议制民主才在西方专制王权的统治秩序下诞生并最终成为合法的统治形式,为现代政党的出现提供了制度基础。资本打破了封建土地制度和农村劳动力市场,带来了现代工业和自由雇佣制度的出现。资本的所有者,也就是新兴的资产阶级,开始取代封建的土地贵族,打破由教士和贵族垄断的三级会议,建立主要由资产阶级构成的代议机构,并最终确立了议会至上、无代表不纳税的原则。民主的发展又进一步完善了自由市场机制,为资本的扩展提供了制度上的保障。资产阶级政府废除了封建土地所有制和人身依附关系,为市场经济的发展提供了必要的劳动力。私有制在法律上得到承认和保护。国家不干预社会经济生活，采取自由放任和自由贸易的政策，私人资本家或资本家集团之间不受限制地展开自由竞争。民主实现了为资本鸣锣开道。当民主成为新兴资产阶级内部的权力斗争时，政党作为资产阶级内部不同派别联合起来的组织，就正式登上了历史的舞台。早期的政党几乎都是议会内部围绕少数政治家形成的松散的团体，是资产阶级内部不同派别在政治上的代言人。

其次，在资本与民主关系的历史演变中，西方国家的政党竞争模式不断改变。到自由竞争资本主义的晚期，资本的垄断和集中程度不断提高。金融资本还操纵政府，控制着国家全部政治生活，决定国家的内外政策。资本的不受限制最终绑架了国家，民主成为资本垄断和压制工人运动的工具。社会贫富差距巨大，工人阶级和资产阶级的矛盾尖锐，工人运动风起云涌。工人阶级成长起来并成立了自己的政党，推动了政党内部组织结构、外部动员策略的演变，并最终使政党从议会内部走向外部社会。以劳工阶层为代表的左翼政党和以有产者阶层为代表的右翼政党之间的斗争，一直到第二次世界大战后仍然支配着西方政党竞争的格局。

在经历两次世界大战之后，西方国家调整了资本完全自由竞争和不受限制的市场体制，提高了工人阶级在劳资关系中的地位，重新确立了资本与民主携手并进的关系。1953 年，罗伯特·达尔（Robert Dahl）和查尔斯·林德布洛姆（Charles Lindblom）出版了一部影响深远的著作。他们指出，传统形式的资本主义和社会主义都失败了，唯一的出路是建立国家、市场和民主制度之间的恰当融合，以确保和平、包容、幸福和稳定。[18]一方面，节制资本的观念被广泛认可，西方国家采用扩张性的经济政策，通过增加需求促进经济增长，维持繁荣；同时承认并保护工人阶级的集体谈判权力和能力，通过建立种种福利体系（医疗卫生、教育）为社会提供保护机制。另一方面，包括工会在内的形形色色的利益集团进入政治系统，权力被大大分散，多元民主理论应运而生。在这种背景下，西方政党的意识形态色彩淡化，全方位政党出现。

20 世纪 90 年代以来，新自由主义裹挟着全球化，资本与民主的关系重新发生改变。资本与民主的天平开始向资本倾斜。在经济增长的口号下,资本过去受到的约束和管制大大放松。减税刺激投资、公共部门和服务私有化、抑制劳工和削减福利开支政策大行其道。资本所有者在经济活动中的地位上升。大卫·哈维(David Harvey)说,在新自由主义的理论中,自由不过是个代名词。新自由主义化过程从一开始就是一项旨在重新恢复阶级权力的计划。[19]资本在政治中的影响力不受限制,西方国家贫富差距日益扩大,中产阶级财富缩水,工人阶级社会地位下降。历史上放弃了阶级斗争的左翼政党无法重建与工人阶级之间的联系,右翼政党无法通过经济的繁荣来获得足够的选票维持少数人的统治,逐渐将地盘拱手让给形形色色的民粹主义政党。西方政党政治面临着新的挑战。

最后,政党自身的发展也和资本密切结合在一起。政党的生存和活动需要金钱的支持,尤其是参与选举竞争。在大众型政党的年代,政党更多依赖基层党员和党组织,以人力的形式通过挨家挨户的游说、组织各种规模的群众集会来动员选民。技术年代的政党则更加依赖于雇佣专业的竞选顾问、技术骨干,通过技术手段来联系选民。由于选举变得越来越昂贵,政党对于金钱的渴望更加强烈。在金钱的操控下,民主成为少数人的游戏,政党变成少数人统治的工具。不研究资本与政党的关系,就无法理解政党如何运作。

西方政党和族群之间的关系虽然很早就包含在国家这一范畴下民主发展的历史中,但政党公开和族群结盟是最近几十年才出现的新现象。从族群结构的演变来研究政党,是因为族群的构成决定了社会的分裂和统一,从而规定了政党竞争的结构。西方国家从历史上的单一族群向族群多元社会的演变,族群动员的出现,改变了政党政治发展的方向。

族群构成和分裂结构决定着民主是否能够维持以及政党竞争的性质。在早期西方民主发展的时期,族群身份并不是影响政治的主要议题,政党和族群之间也没有建立联系。这部分是因为在代议制民主出现的早期,西方社会的族群总体上是单一的。西方资本主义的发展历史同时也是现代国家发展的历史,在这一过程中,西欧各国先后形成了由单一民族构成的国家。法国人、德意志人、英格兰人和爱尔兰人,虽然他们宗教信仰不一，但都属于同一个种族。在美洲大陆，黑人还没有被看作民族的一分子。虽然早期西方国家代议制民主发展并不存在族群问题，族群结构对于民主政治的影响却受到了思想家的关注。卢梭在《社会契约论》中就提到一个国家内部的人口构成不能多样化。而密尔在《代议制政府》中更是明确指出，不能想象代议制政府能够存在于由不同的种族共同组成的政治共同体中。他说："在一个由不同的民族构成的国家，自由制度简直是不可能的。在一个缺乏共同感情，特别是语言不同的人民中，不可能存在实行代议制政府所必要的统一的舆论。……同一事件，同一行为，同一政府制度，对它们的影响是不同的。每个民族害怕其他民族加给它以损害更甚于害怕共同的主宰者，即国家所加的损害。它们之间的相互交恶一般说来比对政府的猜忌要强烈得多。任何一个民族对共同统治者的政策感到不满就足以决定另一民族支持该项政策。即使全都感到不满，也没有人会感到他们能信赖别人会忠实地采取共同抵抗的行动，每个民族的力量都不足以单独地进行抵抗，每个民族可能不无道理地认为最有利于自己的办法就是争取政府的好感来反对其他民族。"[20]早期西方国家多党政治的出现和发展与西方族群同质化的社会结构是密不可分的。甚至可以说，这种建立在单一族群基础上的民主政治，是西方政党和政党政治发展的前提。

　　第二次世界大战后，由于殖民体系的瓦解，在许多新独立的国家，民族构成的复杂化和族群冲突成为影响这些国家现代化和政治发展的重要因素。族群问题、族群与政党的关系才受到西方学者的关注。罗伯特·达尔（Robert Dahl）在其多元民主理论中就指出，与一个分裂为两大势均力敌的族群的国家相比，族群结构多元化程度高、社会分裂结构相互交叉的国家，民主更容易生存。而以协合民主理论著称的阿伦·李帕特（Arend Lijphart）则进一步指出，在族群结构多元化程度高的社会，实现大联合内阁，允许少数派族群拥有否决权，民主更容易生存。族群政治研究的权威人物唐纳德·霍洛维茨（Donald Horowitz）更是详细地研究了族群分裂结构和政党政治之间的关系。基于发展中国家的经验，族群分裂结构决定了政党竞争的结构。

随着族群构成的变化,族群认同及族群动员成为当代西方政党政治发展中的新现象。得益于各国移民政策的改变,近几十年来,欧美国家的族群结构发生了改变。在美国,来自欧洲以外尤其是拉美裔移民的迅速扩张,改变了之前的黑人和白人之间的二元族群结构。在欧洲,来自北非尤其是伊斯兰世界的移民在增加,特别是叙利亚难民危机以后,欧洲国家的族群冲突不断增加。受文化多元主义的影响,西方国家先后放弃传统的强制同化政策,新移民被允许甚至鼓励保留其原有的文化、生活方式,从而对主流社会的文化价值观造成了冲击。在美国,由拉美裔移民带来的拉美文化对美国主流的盎格鲁—新教文化产生了冲击,白人与少数族裔之间的对立、白人内部围绕少数族裔的身份和地位产生的分裂,都深刻改变了美国的政党政治。在欧洲,由于穆斯林移民的数量增加,欧洲人对欧洲身份的丧失也心怀不满和焦虑。这些都带来了人们对于主流政党看法的改变,并催生了形形色色的边缘政党出现。

在西方国家的历史上,政党很少是建立在族群基础上的,或是通过族群的方式进行政治动员。当宗教成为政治动员的策略时,西方的政党与不同的宗教团体结盟。在第二次世界大战后,随着欧洲大陆天主教和新教之间的联盟,欧洲政党围绕宗教产生的分裂不再存在。建立在种族基础上的族群问题真正出现,是近几十年的来自欧洲国家以外的移民不断增加的结果。基于种族差异的族群,与不同的宗教信仰、文化、生活方式相结合,由此产生的身份认同鸿沟是很难在西方现有的社会秩序内通过采取相应的措施来消弭的。虽然少数族群还未能建立自己的政党,但围绕少数族群的身份、权利、自由等问题却成为主流政党争论的焦点。当这些问题不能在主流政党提供的思路内解决时,那些以解决少数族群本身为目标的政党就应运而生。这就是欧洲各种民粹主义政党和美国主流政党内部民粹主义势力崛起的根源。对于这些政党而言,解决问题的思路不在于少数族群在政治中的地位该如何确立,而是在于从根本上限制少数族群的出现和他们在政治中的地位。这从根本上冲击了以自由、平等和人权为基础的民主原则。不研究族群及其族群动员,就无法认识当代西方国家的政党政治。

技术的进步和政党的发展演变几乎是同一历史过程的两面。在过去 100 多年里，人们清楚地看到，技术改变了传统的政治决策、政治沟通和政治参与的方式，改变了公民与政治组织之间的关系，也改变了包括政党在内的形形色色的政治组织的运作方式。近年来，以互联网为载体的数字技术更是深刻地改变了政党组织和动员的方式，政党与技术嫁接，催生了政党组织形式的革命。

首先，在历史上，技术为政党从议会内围绕着精英人物组成的团体发展成和大众社会联系在一起的组织提供了可能。18 世纪中叶到 19 世纪最初几十年，以蒸汽机为标志的第一次技术革命，开创了资本主义及其民主制度发展的历史。政党正是在这一过程中出现的。19 世纪末期，以电气化为代表的第二次技术革命改变了人类社会交通和通信的方式，为大规模的社会流动、社会交往和沟通创造了条件。铁路的出现使得政党领袖可以在全国游历并在各地建立联系和组织网络。报纸的发行可以使不同的观点能够相互交流，并在短时间内扩散到全国，甚至实现不同国家之间的沟通。在欧洲社会主义政党的早期历史上，可以清楚地看到交通、通讯技术在社会主义的国际联合中发挥了重要作用。

其次，技术直接改变了政党及政党政治的运作方式。尤其是在过去的半个多世纪里，信息、金融、数据等技术迅速发展，社会变得更加复杂，人们生活中的许多事务变得更加专业，甚至超出了普通人的理解范围。一个普通人打开客厅的照明，或者打开天然气的开关，他可能并不知道电力来自千里之外的某一个省份、天然气来自万里之外的另一个国家。这些资源和他自身生活的社区没有任何关系，完全是市场或政府的决策结果。一个普通人可能对是否应该在自家庭院外修建一条马路或者在自己的社区修建一座停车场感兴趣，并且有能力来评估其风险和收益，也可能对是否应该在自己生活的城市建设一个化工厂或者汽车厂感兴趣，但可能没有能力来准确评估其风险和收益；而对那些离他的日常生活更加遥远的复杂事件，他可能既没有兴趣也没有能力去关注。因此，因为技术的发展，一方面，人们似乎有了更多更直接获得公共事件信息的能力，另一方面，公共事务已经变得越来越超出普通人理解和评估的能力。政治决策变得越来越依赖于专家而不是公众的意见。或许公众有能力引导或者驱使政府关注某些共同议题,甚至设定这些议题的基本原则和解决途径,但是在议题的具体解决方案方面,专家的作用更加重要。这就使得参与决策的机构越来越倚重专家,政党也不例外。

当政治决策变得越来越依赖技术专家时,政党的内部决策也同样越来越依赖技术专家。这包括政党必须选择采用什么样的方式和民众沟通,选择什么样的议题、时机、动员对象和动员策略、政策立场。这些都需要借助现代技术手段,通过问卷调查、数据分析等方式由技术专家和选举顾问来解决。专家可能没有政治倾向,也不必要认同政党的纲领,甚至可以为不同的政党服务,政党的许多事务就变得不那么具有政治性了。由于专家的地位上升,传统的政党干部和积极分子相对来说不那么重要了。

在传统的代议制民主模式下,选民需要和来自本地的政治家(也就是人民的代表)接触,将来自本地区的选民的意愿反馈给议员,然后通过层层的代议机构将人民的意愿反映到中央一级的政治中,并最终通过国家的法律和政策的方式表现出来。但是,现代交通、通信技术的发展,使得最偏远和最底层的声音直接可以在全国性的政治舞台上得到表达,最高一级的政治家和国家机构也可以直接与来自最底层的群体进行直接对话。这就使得作为地方和中央之间链接和沟通的机制、国家和社会之间桥梁的政党可以被替代。

最后,技术平台越来越成为政党生存的方式。在数字化浪潮中,西方国家政党的组织和活动方式发生了巨大的变化。技术手段已经成为政党形象展示和政治宣传的主要工具。基于数字技术的社交媒体已经成为政党进行政治沟通的主要途径。政党几乎完全依靠数字技术来了解公共舆论。近年来,西方各国还相继出现了依赖于互联网网站存在的数字政党。这些政党没有坐落在某栋建筑中的总部和分散在各地的基层组织,甚至也没有专职的党的干部,存在的形态可能只是互联网上的一个网址。这些政党也无意建立传统的组织结构,它们的党员和支持者之间界限模糊,通过在线参与的方式进行决策或提名候选人。数

字政党批评传统的代议制民主，追求直接民主，鼓励在线全民公决。它
们的出现不仅意味着当代西方国家政党组织形态的变化，也给政党政
治的运作带来了冲击。

在西方政党漫长的历史发展中，资本、族群和技术对政党及政党政
治的出现、演变产生了深刻的影响。资本隐藏在幕后，技术走上前台，
族群则渗透其中。对于 21 世纪的西方国家，要看清政党和政党政治的
奥秘，必须研究资本、族群和技术这三重结构。

注释

1. 周淑真：《比较视域中中国共产党百年历程的根本启示》，《人民论坛·学术前沿》
2021 年第 12 期。

2. https://www.chinanews.com/gj/2012/10-04/4226527.shtml.

3. [美]罗纳德·英格尔哈特：《静悄悄的革命：西方民众变动中的价值与政治方式》，
叶娟丽、韩瑞波译，上海人民出版社 2017 年版。

4. [美]阿莉·拉塞尔·霍赫希尔德：《故土的陌生人：美国保守派的愤怒与哀痛》，夏
凡译，社会科学文献出版社 2020 年版。

5. Pippa Norris, Ronald Inglehart, *Cultural Backlash Trump*, *Brexit*, *and Authoritarian Populism*, Cambridge University Press, 2019, p.87.

6. Ibid., pp.123—124.

7. Ibid.

8. President Trump speaking at the October 12, 2017 "Values Voters" forum in Washington DC, www.realclearpolitics.com/video/2017/10/13/trump_how_times_have_changed_but_now_theyre_changing_back_again.html.

9. [美]丹尼·罗德里克：《全球化悖论：民主与世界经济的未来》，廖丽华译，中国人
民大学出版社 2011 年版。

10. Dani Rodrik, "Populism and the Economics of Globalization", *Journal of International Business Policy*, Vol.1, 2018, p.15.

11. Dani Rodrik, "Why Does Globalization Fuel Populism? Economics, Culture, and the Rise of Right-Wing Populism", *The Annual Review of Economics*, Vol.13, 2021, pp.133—170.

12. Richard S. Katz and Peter Mair, "Changing Models of Party Organization and Party Democracy: The Emergence of the Cartel Party", *Party Politics*, Vol.1, January, 1995, pp.8—16.

13. Richard S. Katz and Peter Mair, *Democracy and the Cartelization of Political Parties*, Oxford University Press, 2018, p.127.

14. Ibid., p.152.

15. Ibid., p.157.

16. Ibid., p.173.

17. S. M. Lipset and S. Rokkan, Cleavage Structures, "Party Systems and Voter Alignments: An Introduction", in S. M. Lipset and S. Rokkan (eds.), *Party Systems*

and Voter Alignments：*Cross-National Perspectives*，Free Press，1967，pp.1—64.

18. Robert A. Dahl, Charles E. Lindblom, *Politics*，*Economics*，*and Welfare*：*planning and politico-economic systems resolved into basic social processes*，Routledge，1953.

19. [英]大卫·哈维：《新自由主义简史》，王钦译，上海译文出版社 2010 年版，第 18 页。

20. [英]J.S.密尔：《代议制政府》，汪瑄译，商务印书馆 2009 年版，第 221—222 页。

第二章

资本与政党

21世纪西方政党面临的许多问题与资本有关。资本渗透并控制了政治过程,对于政党的生存而言,金钱变成首要的影响因素。政党失去了与普通选民和大众社会的联系,变得更加倚重为其提供巨额资金的金主。政党在政策立场上的自主性丧失,从而无法在那些对更广泛的普通选民有长远利益的问题上采取有力的措施。面对资本的渗透,政党通过国家进行财政资金的立法,从两个方面寻求出路,一方面提高政治资金的透明度并对来自大资本的捐赠设置上限,另一方面直接寻求公共财政保障政党开支。前者无法真正绕开资本,后者又使得政党逐渐成为国家的一部分而远离社会。这是当代西方世界的政党面临的严峻挑战。本章梳理在资本俘获民主的背景下,金钱驱动西方政党发展的过程及其对政党政治的影响。

第一节　资本与民主

在西方代议制民主发展的历史上,资本与民主是孪生的关系。18—19世纪的资产阶级革命本质上是一场资产阶级为资本而战的政治革命。它在形式上摧毁了专制王权制度,建立了代议民主制度,本质上确立起了资本的合法地位。资本主义之所以出现并确立下来,正是因为资本的统治地位在经济制度领域确立起来。因此,政治制度层面的民主和经济制度层面的资本主义是18—19世纪资产阶级革命成果的一体两面。在资本和民主的共生关系中,资本的积累和扩张巩固了资产阶级的统治地位,推动了西方民主的发展。资本主义的出现和资产阶级的诞生对封建的专制王权提出了挑战。新兴的资产阶级要求在政治上分享权力，反抗以国王为代表的王权和约束资本的封建行会、土地制度，同时要求国王不能未经议会同意随意征税。资本的力量摧毁了传统的土地和雇佣制度，迫使专制王权国家向新兴的资产阶级让步，并最终确立起资产阶级的统治地位。资本的平等和一视同仁要求资产阶级作为一个统治阶级，其内部成员也应享有平等和无差别的政治权力。资本对于自由劳动力的需要，也要求专制国家打破封建主义的从属关系，让人从此成为自由和独立的个体。民主的发展又进一步完善了自由市场机制，为资本的扩展提供了制度上的保障。资产阶级政府废除了封建土地所有制和人身依附关系，为市场经济的发展提供了必要的劳动力。私有制在法律上得到承认和保护。国家不干预社会经济生活，采取自由放任和自由贸易的政策，私人资本家或资本家集团之间不受限制地展开自由竞争。民主实现了为资本鸣锣开道。

到自由资本主义的晚期，资本与民主的协调发展关系遭到破坏。资本的垄断和集中程度不断提高，资本的不受限制最终绑架了国家，并在政治层面破坏了民主的原则甚至摧毁了民主制度。19世纪末20世纪初，由于工业高涨和经济危机的交替作用，西方国家资本和生产的集中大大加快，垄断组织急剧增加，几乎涵盖了一切主要工业部门，并和银行垄断结合起来，形成了金融资本和金融寡头。垄断成了全部经济生活的基础，垄断资本在各个主要资本主义国家确立了统治地位。其中尤以美国最为典型，以摩根、洛克菲勒、库恩-洛布、梅隆、杜邦等为代表的金融资本还操纵政府，控制着国家全部政治生活，决定国家的内外政策。民主成为资本垄断和压制工人运动的工具。在资本与民主的这种关系下，社会贫富差距巨大，工人阶级和资产阶级的矛盾尖锐，工人运动风起云涌。在此过程中，西方国家一方面产生了法西斯主义，一方面见证了社会主义的蓬勃发展。这两种制度都对资本的统治带来了威胁，并最终迫使西方国家利用国家政权干预资本，重新调整资本与民主的关系。

在经历两次世界大战之后，西方国家调整了资本完全自由竞争和不受限制的市场体制，提高了工人阶级在与资本关系中的地位，重新确立了资本与民主携手并进的关系。反映这一思想的两位著名的社会科学家罗伯特·达尔和查尔斯·林德布洛姆于1953年出版了一部影响深远的著作。他们指出,传统形式的资本主义和社会主义都失败了,唯一的出路是建立国家、市场和民主制度之间的恰当融合,以确保和平、包容、幸福和稳定。[1]一方面,节制资本被广泛认可。西方国家先后放弃了自由竞争资本主义理念,在反垄断的基础上引入国家干预市场机制,尤其是主张国家采用扩张性的经济政策,通过增加需求促进经济增长,维持繁荣。资本家和劳工之间的"阶级妥协"大体上得到支持。这意味着资本不受限制自由竞争的时代结束,同时国家对于资本的流向和活动具有引导作用。许多重要的经济部分归国家所有(如煤、铁,在一些国家还包含汽车)。同时,国家承认并保护工人阶级的集体谈判权力和能力,积极干预产业政策,通过建立种种福利体系(医疗卫生、教育)为社会提供保护机制。受到工人运动和社会主义思潮的威胁,资本也通过股份制等形式,引入工人参与资本的管理和生产活动,使资本从形式上披上了社会所有的外衣。这种政治经济组织形式后来被称为"嵌入式自由主义"(Embedded Liberalism),它意味着市场和企业公司的活动处于政治和社会约束下,并处在国家的监管当中。总之,资本在嵌入式自由主义时期受到了约束。

另外,民主的形式不断完善。各种形式的社会运动风起云涌,工人阶级、妇女政治参与的水平不断提高,包括工会在内的形形色色的利益集团进入政治系统,权力被大大分散,不再集中在少数人手中。从那些掌权的人来看,无论是议会中还是政府中,来自中下层家庭出身的人数量越来越多,削弱了民主的精英色彩。其中,最重要的是,无差别的普选权已经推广到社会各阶层,政治平等的原则进一步得到落实。而且,正是在这种政治平等的基础上,社会中的各个团体都以不同的方式组织起来,并通过制度化的渠道向政治体系施加压力,在某种程度上实现了以社会制约权力。民主制度运转的这一变化同时反映在思想理论层面。当时的美国政治学甚至放弃使用国家或政府的概念,转而使用政治体系这一新的概念来描述这种开放的、多中心的权力体系。当然,其中最重要的莫过于多元民主理论的出现。多元民主理论认为,在现代民主社会中,国家不再是唯一的权力中心,社会中存在着大量利益各异的自治社会组织和集团与国家共享权力。利益集团通过各种途径参与和影响政治决策的制定,从而制约国家权力,对国家权力实现控制。多元民主理论认为,民主意味多数和少数、强者和弱者的诉求都能在权力体系中得到反应,民主就是这种不同利益团体相互之间讨价还价、多个权力中心相互博弈并最终达到均衡的一种制度安排。[2]总之,在第二次世界大战后的近半个世纪里,资本与民主携手共进。在普沃斯基看来,资本主义与民主的关系受到截然不同的观点的影响。纵观历史,我们应当为资本主义和民主的共存感到惊讶。[3]

20 世纪 80 年代后,在资本主义世界,国家与市场的关系发生变化,新自由主义登场,资本与民主的天平开始偏向资本一边。新自由主义裹挟着全球化的浪潮,宣称能够通过确保个人财产权以及推行私有化、自由市场和自由贸易,来释放个体企业的自由和潜能,最大程度地促进人的幸福。而国家的角色就是创造并维持一种能实现上述目标的制度框架。由于政府不可能获得足够的信息以预期市场信号(价格),因而政府在市场中的干预必须被控制在最小的程度。尽管总体上以一种经济秩序的面目出现,新自由主义绝不限定在经济领域。在某种意义上,新自由主义国家是西方资本主义一种新的国家形态,主张是社会而不是国家对公共福利负责任,反对福利国家。在政治层面,新自由主义理论家对民主抱有极大的怀疑。他们先天对民主所包含的多数人的统治心怀恐惧,认为这是对个人自由的潜在威胁。与人民的广泛参与相比,新自由主义者更加偏好专家和精英的统治,更倾向于通过行政机构或中央银行这样的独立机构而不是议会进行统治,从而与来自社会的压力隔离开来。

新自由主义主导下的西方国家,资本与民主的关系发生了明显的变化,资本和民主之间的平衡关系被打破。换句话说,新自由主义国家打破了第二次世界大战后西方国家政治和经济的平衡。资本受到民主的规范和节制的做法逐渐被抛弃。资本开始变得不受约束,并开始凌驾于社会势力和民主政治之上。只是这一过程和自由资本主义晚期资本不受限制的局面有所不同。在自由资本主义的晚期,资本一方面将其剥削国内劳工阶层的本性发挥到极致，另一方面又在全球范围扩大剥削的对象。但在新自由主义国家，几十年劳工阶层的斗争、福利国家的实践、对于赤裸裸的剥削可能导致的后果，都让资本统治的技术和手段变得更加娴熟。工会仍然是工人集体谈判和争取权利的重要工具，但加入工会的成本变得更高；资本可以在全球范围流动，或者说至少可以在一国范围内自由流动，工人却只能生活在身处的土地上。工会发现自己越来越难以有底气在劳资谈判中对资本说"不"，因为其结果可能是资本用脚投票，搬迁到劳工更加缺乏组织的地方。甚至由于资本能够在全球范围流动，一些发达国家的工人阶级将自己就业水平和生活质量下降的矛头指向了发展中国家的工人阶级。全球范围的劳工处于分裂状态。

在这种情况下，民主被资本支配，资本的逻辑成为民主的逻辑。选举和投票仍然是人民参与政治的主要渠道，但"一人一票"却变得更像是"一美元一票"。选举变得越来越昂贵，只有那些拥有雄厚经济实力的候选人才能当选。贫穷的候选人和政党只能眼睁睁看着对手以铺天盖地的气势在电视、报纸和互联网上做广告，自己却没有多少人认识。即使是再有理想和使命的候选人和政党也不得不向资本家低头，来获得能够让自己当选的竞选资金。仅有理想和信念几乎不可能让那些有助于从事公共事务的人从政治中脱颖而出。无论是哪个政党，从党的领袖到普通候选人，终其职业生涯都时刻要关注是否能够获得足够的政治资金以维持下一次的竞选，直到其政治生涯结束。有许多政党，有能力的候选人无法担任更重要的领导岗位，而一些理应让贤的领导人长期垄断党内高层职务，主要原因是他们与资本的关系网络。这种关系网络决定了他们是否能够为政党筹集到巨额的竞选资金。普通人看到国会议员在议会中因为法案而争吵，政党领袖因对政府的政策不满而发表意见。但这只是政治中的一部分。对于这些议员和政党领袖来说，他们日常生活中更重要的事则是维持与大企业、金主之间的良好关系，以便能够获得源源不断的财源，以维持政党的下一次竞选。通常来说，西方国家的选举每隔 4—5 年选举一次，重要大选的竞选活动常常是在选举年的前一年甚至更早就开始了。对当选者来说，这意味着他们必须在上任后的第 3 年或第 4 年马上投入下一次竞选的筹备工作。无论对于当选者还是落选者而言,一场选举的结束就意味着下一次筹款工作的开始。

政策仍然是无数利益集团讨价还价和博弈的结果,但是代表着大资本的利益集团之间的讨价还价才是政策的真正决定因素。多元民主宣称的多元利益相互竞争的局面依然存在,但在那些重要的政策上,通常都是市场上该领域的某几个巨头游说政府的结果。因为只有大型的公司有能力雇佣一流的公关公司和游说人员,常年和议会、政策制定者保持着密切的关系。在议会立法者的背后,永远不缺席的是由那些有足够的金钱维持长年累月开展游说活动的游说团体。不仅在经济政策领域表现为如此,在公共卫生、社会福利等政策领域,也同样如此。从表面上看,西方国家的媒体当然发挥着第四种权力的监督作用。但事实上,媒体在经济上独立,背后却受到资本的操控。在西方国家,真正起决定性作用的是资本。在市场化运作下,以资本的方式兼并媒体公司是常见的方式。可以说,谁拥有强大的资本,谁就是媒体真正的主人。那些控制着国家经济命脉的大垄断财团,往往会把媒体的所有权和话语权掌握在自己手中。它们通过媒体来控制舆论,通过舆论再影响政府,以获得对自己有利的政策。媒体从独立的第四种权力成为代表资本利益的一种政治权力。

从形式上看,新自由主义国家的民主仍然是自由的、高度竞争的,但其运转的逻辑却越来越受到资本这只无形的手的操控。新自由主义国家中资本对民主的渗透结果是一个资本家阶级(上层阶级)重获其在政治经济领域的优势地位。资本成为民主的主宰,民主则成为资本的附庸。对于资本而言,只要政府是民主的(也就是选举产生的),它就不应该干涉市场。市场应该允许完全的开放和自由竞争,尽管在市场中,那些大型资本通过关联、联盟等形式确立起垄断地位,并尽可能阻止来自外部的威胁和挑战;政府应该尽可能远离市场并放松市场管制,让市场自发实现繁荣,但由市场带来的外部效应问题却又指望由社会乃至政府去解决。在新自由主义国家,国家的职能在哪里、有多大,总体上取决于资本的需要。当资本的扩张需要政府放松管制的地方,政府就应该尽可能小；当资本的扩张需要政府干预的地方，政府就应该尽可能大。拥有资本的上层阶级通过控制市场规定了国家的经济政策，通过资本控制媒体设定了国家的公共舆论和意识形态，同时又以巨额的金钱资助政党和候选人来影响政府的政策。政治、经济和意识形态的权力主要集中在上层阶级手中。有鉴于此，美国经济学家斯蒂格利茨称美国的民主不再是"民有、民治、民享"，而是"1％的人所有，1％的人所治，1％的人所享"（Of the 1％, By the 1％, For the 1％）[4]。

第二节　政党与资本的早期历史

政党是西方民主制度的构成要素。埃德蒙·柏克在 18 世纪为政党正名的时候，几乎没有提到政党与金钱之间的关系。从奥斯特罗果尔斯基、米歇尔斯、迪韦尔热到萨托利，政党研究几乎没有专门涉及金钱。这部分是因为早期的政党，生存和发展在很大程度上不受金钱的困扰。早期的政党总体上是围绕着议会中的个别领袖而形成的派别，活动主要限于议会内部的辩论和协商，并无正式的组织。政党的成员就是议会中的成员，通常都是出身于社会上层的资产阶级或土地贵族。在选举权受到财产额的限制和政治仅是上层阶级从事的职业的年代，政党的开支就是议员自己的开支。

政治资金正式成为政党发展的重要组成部分，是选举的普及、政党组织化程度提高的必然结果。随着选举权的扩大，政党组织的逐步完善和竞选活动越来越全国化，政党就有了专门的政治资金的需求。例如在英国，1832 年议会通过《选举改革法》，大幅度增加选民数量，调整议席分配，增设新选区，并且开始进行选民登记，编制选民册。此后保守党和自由党竞相发展议会内政党组织，建立党鞭制度，同时又在全国范围发展议会外组织。自由党于 1836 年、1860 年先后建立改革俱乐部、选民登记协会。保守党于 1832 年建立卡尔登俱乐部作为党的最高组织机构，还设立了中央常设委员会。此时，政党的中央党部在选举中发挥领导作用，制定竞选计划，提名候选人，筹集竞选经费。政党必须从事候选人的招募工作、长期和短期的政策议程设置工作、组织和了解公共舆论的工作,以及促进政党领袖和选民之间双向互动的交流工作。这些活动并不总是局限于选举期间。如果选举后的当选者和支持者的意志不一致,或者来自下层的需求向上层传递过程不畅,那么选举的结果就会有变动。因此,政党就形成了能够在选前和选后都能有效运作的复杂的连续性的组织机构。这就意味着政党要有筹集经费以及开支的能力。这些活动能够在支持者、党的不同层级组织和当选者之间产生一种参与感和持续的互动关系。由于政党开支(直接或间接)由公民资助,而政党反映并影响社会的权力分配,选民想要什么以及他们能得到什么,与单个政党和整个政党体系的命运息息相关。由此产生的社会经济和技术变化与政党资金之间的相互关系有助于解释两者之间的变化。

最早在党组织和党员之间建立稳定资金关系的是左翼的工人政党。但是即使是在工人政党发展的早期阶段,决定政党选举的主要因素也是人力而非金钱。何况,早期的政党资金在很大程度上体现为党员与党组织之间的相互承诺关系。党员定期向党组织缴纳党费,同时享有在党内的投票和选举权利。早期工人政党和工会组织存在资金往来,部分也是基于两者之间的承诺关系。工会组织定期向政党提供资金,政党则支持工会的活动。随着第二次世界大战后党员和党组织关系的松散化,以及工会和左翼政党之间联盟的解体,同时选举变得越来越昂贵,政党资金开始成为政党生存与发展的重要主题。

总的来说,政党与资本的关系发展大致可以分为两个阶段。第一个阶段是从现代政党的诞生到其成熟阶段。在这个阶段,政党经历了自身从邪恶的小团体走向合法的政治联盟的过程,但总体上还是被看成一种自愿联合的组织,因此其活动经费也来自私人或私营组织,和资本保持了足够的距离。这是因为一方面,受古典自由主义和"守夜人"国家思想的影响,政府应该远离市场,政治要确保经济领域的独立性,其目的是让资本能够不受限制地在市场上竞争和扩张。在这种情况下,政府的功能和规模受到严格的限制,在议会中活动的政党,更是与市场、资本保持了很远的距离。另一方面,早期的政党也基本上不受金钱的困扰。如上所述,早期的政党还是议会中由观念、立场接近的议员组成的内部团体。政党的活动主要限于议会,政党也没有发展出稳定的组织。政党资金来自党费以及由附属组织、意识形态接近的组织缴纳的会费,如工会、专业组织、商业联盟或宗教团体等。此外,政党在选举前夕从这些组织或富有的捐款人那里也能获得一次性资助。[5]在历史上,一些国家也盛行过政党分肥制,政党上台后,政党领袖把政府官职作为报酬分配给在竞选中出过力的本党党员和个人亲信。其中,金钱就是判断是否在选举中出过力的一个重要指标。但是,随着文官制度的普遍实施,政党通过这种公开的腐败方式来筹集竞选资金的途径就被抛弃了。总的来说,在这一时期,政党总体上和有规模的资本保持了距离,政党主要是从社会组织中获得政治资金。

第二个阶段开始于第二次世界大战结束后,西方国家经济和技术的发展带来社会和政治的改变,政党与资本的关系也经历了重大演变。战后西方国家福利政策的实施和经济的高速增长,模糊了传统的社会、宗教和地区分裂结构,并导致政党在意识形态上的立场淡化。政党面临着将其支持者拓展到更加广泛的潜在选民中的问题。大众传播媒介的指数级增长以及广告和民意调查技术的日益成熟又促进了这种情况的发生。相反,政党的党员数量在20世纪五六十年代达到高峰后开始下降,政党与传统的工会、行业协会、宗教团体的关系也开始淡化,传统的政党资金筹措模式就变得不可持续了。与此同时,选举正变得越来越昂贵。2000年美国中期选举花费25亿美元,总统选举花费21亿美元;2020年中期选举的费用高达87亿美元,总统选举花费57亿美元。2016年,一名获胜的美国参议院候选人平均花费超过1 000万美元,同年美国家庭收入中位数为57 617美元。在西欧,相较于政党官僚结构的传统开支模式,竞选开支不断上升。在法国的总统选举中,候选人在第一轮选举中被允许花费的金额限制在1 680万欧元。进入第二轮投票的两名候选人的选举开支上限能额外提高500万欧元。世界范围竞选成本的不断提高,通常和政治职业化程度的提高,以及政党和候选人在民意调查、政治顾问和媒体广告上的支出增加相联系。竞选活动的高昂成本导致政党和候选人寻求各种各样的资金来源。在欧洲,从成员那里得到党费和捐款曾经是政党重要的收入来源。随着党员数量和工会势力的下降,这种类型的资金越来越少。在其他地方,党员的党费和捐款从来就不是政党资金的重要来源。在这种情况下,政党提供了资本渗透的机会。早在 20 世纪六七十年代,安格鲁·帕尼比昂科(Angelo Panebianco)、斯蒂芬·弗朗齐克(Stephen Frantzich)等人就注意到政党对金钱的需求。到 20 世纪 90 年代后,政党的资金筹措一直是许多政党文献中长期关注的问题。[6]政党资金的研究甚至推动了像理查德·卡茨、彼得·梅尔等人关于政党卡特尔化的研究。在新自由主义阶段的西方发达国家,随着资本越来越凌驾于民主之上,政党也越来越受到金钱的支配。政党和金钱的关系演变,清楚地表明了政党是如何主动或被迫接近少数资本所有者同时又不得不转向国家、脱离社会大众这一过程。

第三节　政党转向有钱人

政党解决资金不足的第一种途径是转向私人捐款,主要是有钱人的捐款。在过去几十年里,我们见证了政党收入来源结构的不断变化,私人捐赠——来自个人和公司的捐款——在几乎所有西方政党收入结构中的比例不断上升。资本对政党的渗透已经无孔不入。

美国社会学家威廉·多姆霍夫(William Domhoff)在其第七次出版的《谁统治美国?公司富豪的胜利》一书中,详细分析了美国的公司富豪如何通过资助政党、智库和政策研讨团体来塑造公共政策。在关于政党的竞选资金问题方面,他提到在党派差异常常模糊不清且过分强调候选人性格和形象的选举制度中,公司富人能够发挥重要的作用,他们可以通过捐赠巨额竞选资金来提高候选人的知名度,并为其打造一个独具魅力的形象。在决定哪些候选人能够进入初选、其中谁表现良好的问题上,富有捐赠者和筹款人的角色至关重要。[7]

在 2016 年美国大选中,根据追踪竞选资金组织政治响应中心(Center for Responsive Politics)的统计,从 2015 年 1 月到 2016 年 10 月,美国民主党总统候选人希拉里的竞选团队加上超级政治行动委员会和政治行动委员会,总共为希拉里的竞选活动筹集了 6.87 亿美元的竞选资金,共和党总统候选人特朗普则筹集了 2.5 亿美元。两人的竞选经费总和将近 10 亿美元。政治行动委员会通常由一个企业或组织发起,对某个候选人的捐款有上限,初选最多能捐 5 000 美元,大选也是 5 000 美元。而非常具有争议的"超级行动委员会"是最高法院对"联合公民诉联邦选举委员会"(Citizens United vs. Federal Election Commission)判决的产物,它允许无限制的政治献金流入竞选活动。超级行动委员会不需公布资金来源或流向,十分不透明。委员会可以自由地制作广告,购买广告时段,支持或攻击某个候选人,但法律禁止超级行动委员会和候选人的竞选团队进行沟通或协调。另外候选人也可以自掏腰包,向自己的竞选活动注入资金,这个金额没有限制。截至 2016 年 10 月底,特朗普为自己的竞选活动投注了 6 600 万美元,希拉里则投注了 100 多万美元。候选人要筹集足够竞选资金有很多方法,其中一个很受欢迎的方式是举办筹款活动。从竞选开始到 2016 年的 8 月 31 日,希拉里和特朗普分别举行了 658 场和 59 场筹款餐会。这些餐会的目的是让候选人和捐款者聚在一起,候选人发表演说,捐款者负责开支票。另外候选人也要知道如何有效地从网络上、社交媒体上向一般民众筹款。要让民众掏腰包,候选人必须有能吸引选民的性格和理念,还必须有组织性高的地面运作,在 2016 年的选举中,希拉里在全国有 489 个竞选分部,特朗普有 207 个。特朗普虽然没有筹集到和希拉里一样多的资金,但他得到了价值约 24 亿美元的免费电视宣传,这是因为,在初选和普选中,每当他说些惊人的评论,媒体就会全面报道他的一举一动,所以他不用买广告就得到有效宣传。[8]

即使是在那些实行了政党资金公共资助制度的欧洲国家,私人捐赠在政党收入中的比重也在上升。法律对私人及企业向政党的捐款提供了保障。以英国工党为例,它由工会创立,长期以来一直是工人运动的政党。直到 20 世纪 80 年代中期,工人阶级出身的议员占工党议员的三分之一。但后来来自工会的捐款逐渐减少,私人捐款则成为比会费更大的政党收入来源。到 2015 年,个人和企业捐款占工党资源的 38%,而党员捐款占 31%。在法国,对政治活动和政党的捐赠会产生"赠与金",使捐赠者有权获得税务减免,因为它们被认为是对公共利益实体的捐赠(这里的实体是"财政代理人"或"为一个或多个候选人的政党或集团的利益的选举财政协会")。减税金额为捐赠金额的66%,但不得超过捐赠人应纳税所得额的20%。如果超过这个水平,超出的部分将结转到接下来的五年,并使捐助者有权按照同样的条件享受减税。今天,私人捐赠——来自个人和公司的捐款——为英国保守党提供了70%的资源,为意大利力量党提供了40%的资金,为法国共和党提供了近20%的资金。由此导致的结果是体力劳动者和上班族在英国议会中的占比不到5%,在美国不到2%,至于法国,国民议会中没有一个成员来自工人阶级。[9]这些数据都清楚地指向了政治领域阶级斗争的真相。包括左翼政党在内的所有政党都开始转向私人捐助者,隐藏在为社会利益而进行的阶级斗争开始被政党主动放弃,那些和种族、族群问题相联系的"文化"冲突则被大肆宣扬。

不仅如此,在私人捐款中,来自行业巨头的捐款占据主要地位。2012年,公司政治行动委员会的捐款数额仍然高得令人咋舌,两党候选人共接受了3.3亿美元的商业捐款,其中63%流向了共和党。相比之下,工会政治行动委员会共捐出5830万美元,不到商界捐款的五分之一,其中90%的捐款流向了民主党。即使是在民主党内部,公司政治行动委员会捐款数额也是工会政治行动委员会的2.3倍,两者分别为1.23亿美元和5240万美元。[10]据报道,2007年至2008年初,希拉里与奥巴马争夺党内提名阶段,募得近2.3亿美元。前十名金主多来自华尔街及律师事务所,包含欧华律师事务所、世达律师事务所、摩根大通、花旗集团、高盛、摩根士丹利和雷曼兄弟。在2016年的大选中,希拉里的大金主还包括投资家索罗斯、沃尔玛家族、股神巴菲特。2000—2015年,德国烟草、银行、汽车、保险等行业的政治捐款中,大型公司的捐款都超过了百万欧元。以汽车行业向德国政党捐赠为例,大众汽车180万欧元,宝马公司370万欧元,戴姆勒公司720万欧元。我们很难说汽车巨头的政治捐款和汽车行业尾气排放政策之间有什么关系。这种捐赠并不意味着德国的汽车行业就能够为所欲为,但确实意味着德国汽车制造商拥有进入权力走廊的特权。[11]这些数据充分证明了资本对政党的渗透和控制。

　　事实上,资本及其所有者也乐于以这种方式建立和政治权力之间的关系。因此,金钱进入了政治,并涌入了选举领域。政党的资金决定了政党的生存能力。从大公司和富有的捐赠者那里募集大笔资金,要求政党迎合少数有能力向自己的金库注入大笔资金的人的利益。在公司政治捐款的影响方面,西方学者有少数人以致力于环境保护之类的政治捐款为例,表示企业政治捐款并不是为了实现某种利益交换。但绝大多数研究认为,企业政治捐款的目的是影响政策结果和政治决定。曼瑟·奥尔森(Mancur Olson)就认为,虽然并不是所有公司都对代表某一行业利益的游说或政治捐款作出贡献,但是所有公司都能够从由此产生的行业利益中获益。无论是寻租理论还是集体行动理论都认为,企业通过利用能代表其利益的中介机构(政党、政治候选人),都是为自身或者所在的行业寻求补偿。[12]还有一些研究者认为,企业进行政治捐款不是仅限于与政界人士的短期交流,而是寻求建立与决策者的长期联系,以确保能够接触到政治领导人并能获得及时的信息,或在需要的时候,对方能够怀有同情之心来倾听自己的诉求。[13]

　　在现实中,企业进行政治捐款能够获得好处,包括但是不限于以下四类。第一,政府合同。对政府合同的分析,能够最清楚地反映出捐款企业和政治结果之间的关系。获得政府的合同对某些企业来说至关重要。例如,在美国,一些高科技企业、军火商对政党和候选人提供巨额竞选资金,因为这通常意味着巨额的政府合同。在美国的对外政策尤其是军事政策中,没有哪个行业比军工产业的影响更大,也没有哪个行业比军工产业提供的政治资金更多地流向那些在外交领域有话语权的候选人。第二,监管。企业向政党和候选人提供政治捐款,有时候是换取政府采取较少的管制措施。例如,更多的捐款意味着对特殊行业或企业更少的检查、巡视等。第三,管制。企业向政党提供竞选资金,目的在于希望政府能够通过有利于企业的法律或管制措施,特别是在那些对企业有重大影响的立法活动方面,例如有关税收的立法。通常来说,在这种情况下,企业会更加倾向于投资给意识形态偏好相一致的政党或候选人。第四,决策过程。企业会希望在一些关键性的决策上通过政治捐款来影响当政者的决策过程。在这种情况下,立法者的意识形态并不重要,企业希望获得的是短期的好处,无论制定政策的人是谁。[14] 上述好处之所以能够实现,完全由于政党对企业政治捐款的依赖限制了其行动的自由。

企业除了进行政治捐款,还花费巨额资本进行政治游说。游说活动已经涉及一套高度复杂和专业化的技能,远远超过了用来监管游说活动的法律制度和用来理解游说活动的社会科学研究的范畴。在这方面,普通大众完全不能理解资本渗透到政党政府的各种因素。普通人看到的,只能是在漫长的立法或政策制定过程之后的结果。即使公众有所质疑,也缺少途径在法律和程序上找到任何可以改进的地方。2009 年 11 月,基因技术公司的游说者向几名美国众议院议员的工作人员提供了医疗政策要点,这些议员的国会发言记录几乎逐字逐句地反映了基因技术公司提供的政策要点,他们"说"的是完全相同的事情。当然,基因公司的巨头早些时候已经为这些众议员的竞选投入了大量资金。但基因巨头在盛顿办公室的负责人伊万斯·莫里斯(Evans Morris)声称(没有任何人怂恿他这么做),"捐款和声明之间没有联系"。另一名游说者评论道:"这种事经常发生。这并没有什么邪恶的。"[15]

在美国记者简·迈耶(Jane Mayer)所著的关于美国激进右翼崛起现状和历史渊源的书中,她揭露了美国激进右翼背后的超级富豪,其中的代表性人物就是科赫集团的科赫兄弟。科赫集团能够利用财富从大量不同的方面同时影响公共政策。所捐资金全都服务于相似的亲商业、限政府的目标。科赫兄弟通过 3 种不同的渠道同时输送金钱。他们给政党委员会和候选人提供政治献金,通过政治行动委员会捐钱,并且用游说施加影响。另外,他们成立了大量非营利团体,大笔资金来自其私人基金会的税检捐款。简·迈耶写道,如果说有一个超级富有的利益集团希望看到奥巴马在位时失败,那一定就是石化燃料行业,该集团凌驾美国民主体制之上,当科学和全世界都向相反方向进行时,这一少数派有能力阻止政府在气候变化方面的行动。奥巴马的医保法案激怒了茶党抗议者,但是他的环境和能源政策才是科赫圈子中许多百万富翁、亿万富翁的真正目标。煤炭、油、气巨头组成了科赫捐赠网络的核心。随着全球变暖的科学共识增加,石油行业的抗争努力也越来越积极。[16]从 2000 年到 2008 年,科赫集团的政治行动委员会在华盛顿方面的游说开支不断扩大。在这期间,来自油、气、煤炭公司的政治捐款越来越两极化。1990 年油气行业的政治捐款,60％偏向于支持共和党人,40％支持民主党人。到了布什执政中期,80％的捐款给了共和党人。来自煤炭公司的捐款更不平衡。根据响应政治中心(Center for Responsive Politics)的资料,煤炭行业的捐款有 90％给了共和党。[17]

在《责任政党:从自身拯救民主》中,耶鲁大学政治学教授弗朗西斯·罗森布鲁斯和伊恩·夏皮罗认为,在美国,制宪者出于对政党的厌恶,设计出了一套相互制衡、没有强大政党生存空间的政治制度,这使得美国的政党相对于欧洲国家的政党而言都很弱小。政党自身力量较弱,就容易受到金钱的收买。相对于英国的两党在全国卫生系统(National Health System)政策上的高度共识,美国的医保改革故事就是美国脆弱政党体系中强大的金融说客几乎可以像多党制中的小政党一样运作的生动体现。这些金融游说团体达成互利交易,并将成本转嫁给其他人。其中参与了奥巴马医改的两大游说团体就是医疗保险公司和制药公司。此外,由于受到金钱的压力,政党往往会依赖那些具有很强的筹款能力却缺少有能力确保本党法案通过的领导人。以民主党为例,民主党众议院议长南希·佩洛西(Nancy Pelosi)曾带领众议院民主党人连续四次在选举中失败,这在议会制国家是不可想象的,因为后座议员不会长期容忍无法取得胜利的领导人,但佩洛西仍在 2016 年 11 月以 76 岁高龄第八次当选民主党领袖。实际上,民主党在 2008 年、2010 年连续两次众议院选举失败后,党内就有呼声要求佩洛西下台。2010 年,在民主党失去了 63 个席位和对众议院的控制之后,北卡罗来纳州众议员希思·舒勒(Heath Shuler)向佩洛西发起了挑战。在党内投票中他只得到了 43 票而失败。2016 年,俄亥俄州众议员蒂姆·瑞安(Tim Ryan)向佩洛西发起挑战。他只得到 63 票,佩洛西得到 134 票。特朗普任期内,佩洛西也多次遭到党内的质疑。而佩洛西连续担任民主党领袖的最主要原因是她是民主党有史以来最出色的筹款能手。根据佩洛西办公室提供的数据,自 2002 年佩洛西成为民主党领袖以来,已经为民主党及其候选人筹集了近 5.68 亿美元,其中仅在 2016 年选举中就筹集了 1.415 亿美元。这是一笔惊人的数目。在众议院民主党人中,没有人的筹款能接近这个数字。所有这些募捐的资金为她在民主党内的部分议员中打造了坚固的联盟。[18]尽管佩洛西多年担任民主党众议院议长,但在促使本党议员遵守党的纪律、对民主党法案投赞成票方面却没有多少能力。

金钱并不能直接转化为政治和社会权力。21 世纪资本主义经济发展的复杂化和专业化,导致很多领域不可能存在民主。如果没有强有力的制度、法律和公共道德,19 世纪英国思想家埃德蒙·柏克宣扬的那种有道德理想的政治生活就不可能存在。换句话说,柏克所期望的那种政治生活必然会被组织良好的资本家所控制。许多人认为,第三波财阀统治正在美国卷土重来。[19]资深媒体人威廉·普法夫(William Pfaff)多次撰文,称美国的民主是财阀的统治。2010 年,比尔·盖茨、沃伦·巴菲特等美国富豪组织"捐赠誓言"(Giving Pledge)活动,受到了大众的指责。有人指责他们策划了一场公关噱头,有人指责他们资助了一些保守的事业,还有人指责他们只是提醒人们,我们之所以有了这个慈善事业的黄金时代,是因为我们拥有如此惊人的财富集中程度。2008 年奥巴马当选总统,竞选的口号就是"变革",希望能打破以"K街"(位于美国国会山和白宫之间,由西向东,横贯华盛顿北部,是美国著名的"游说一条街")为代表的游说体系。他的成功当选代表了普通美国人对腐败和权钱交易的不满,但在奥巴马当选之后,他却几乎不能改变什么。奥巴马坦言,如果不与游说体系合作,政府几乎不能通过任何法律。其中就包含了奥巴马任职时最主要的成就——奥巴马医保政策。该政策对大型制药公司做出了重大让步。2010 年中期选举之后,奥巴马甚至不得不同意把前任总统布什推出的富人减税政策延长两年。原因之一是,许多民主党议员自己也深陷富豪政治泥潭,不支持奥巴马减税政策到期的法案。不仅是奥巴马总统看到了这个问题并感到沮丧,许多有思想的美国人也认为,银行和金融服务业的去监管和监管不当,滥用"大到不能倒"的道德风险,以及对富人的避税和逃税行为的容忍,都源于富豪权力的阴谋。在政治中,金钱在门后运作,涉及影子操作是很常见的。对政党或候选人捐款的确切数额和来源往往是未知的。它创造了一个大企业或有组织犯罪滥用的系统,这些企业提供金钱以换取影响力。金钱在政治中如此重要,以致美国人自己也在感叹,国会中的议员几乎不会主动制定法律,他们唯一要看的是钱从哪儿来,制定法律的工作就从哪开始。

第四节　资本影响政党政府的其他途径

除了为政党和候选人提供竞选资金、与立法者和政策制定者保持合作关系外,资本还以更加隐蔽的形式来影响政党政府。民主制度名义上保证人人都有可能成为统治阶层中的一员。资本要实现对政治的统治,必须实现即使政党政府中的职位和政策由其他阶级控制,也不会损害资本所有者的利益。对于资本所有者来说,以一种新的方式来维持其在民主制度下的统治地位,显然不仅可以实现统治的目标,而且也使得这种统治不受质疑。资本影响政党政府的途径通常包括智库和媒体。

第一,资助各种类型的基金会和智库,为政党政府和政治提供意识形态,影响政党政府的政策。

早期的智库产生于资本与权力的对峙。以美国为例,智库的发展经历了三次浪潮。[20]第一波智库出现在进步时代。当时的改革者认为,技术专长应该取代党派之争和任人唯亲,成为协助政府决策者的最佳方式。渴望向政府注入专业知识的进步人士和对政府反复无常的干预感到沮丧的企业之间出现了联盟,这为智库的出现创造了条件。20世纪初期涌现的许多为人称道的智库典范,如卡内基国际和平基金会、布鲁金斯学会、查塔姆研究所等多以超越权力和资本的公益理念作为发展宗旨。尽管这些智库根本上是资产阶级希望强化自身在公共问题上的话语权,阻止政府对公共权力的垄断,但智库财务和运作上的独立为其中立性提供了保证,无附带条件的捐款和经费保障使得智库研究者能心无旁骛地开展科学研究,不为其他政治和经济势力所左右。第二次世界大战催生了第二代智库。战争极大地扩大了外交政策机构的规模,对外交政策专业知识产生了额外的需求。第二代智库获得了大量来自政府的资金,智库开始和权力结合,研究方法上的客观科学成为其独立性的主要标签,但是价值取向的公益性和财务运作的独立性已被搁置于相对次要的位置。这时成立的代表性智库有美国企业研究所、兰德公司。两者都把研究领域聚焦于国家安全,并在研究中把自身利益与政府全球扩张计划高度结合。兰德公司成为联邦政府资助的研发中心,主要通过政府合同获得资金。总而言之,在美国智库发展的前两个时期,先是进步人士,然后是政府的技术官僚,都需要官方官僚机构之外的分析支持,这先后为智库开辟了市场。人们相信,社会科学专业知识是解决政策问题的关键。这两波浪潮都是由需求驱动的。[21]

智库发展的第三波在20世纪70年代后。第三波智库与此前两波智库的差别首先是在意识形态方面。早期的智库无论是布鲁金斯学会还是兰德公司,都宣称自己是无党派的,新的智库则明显倾向于某种意识形态。1973年成立的传统基金会和1977年成立的卡托研究所(Cato Institute)在思想和信条上都是保守主义的。自由主义者直到2003年才成立了美国进步研究中心(Center for American Progress)。其次,智库的资金主要来自有钱人,智库日益受到大资本的驱动。酿酒商约瑟夫·库尔斯(Joseph Coors)为传统基金会提供了大部分启动资金。查尔斯·科赫为卡托研究所提供了头三年的运营资金。[22]大企业大资本急切地希望用传统价值观和自由主义主张影响政府决策,要求政府在国际事务中更加关注它们的利益。资本试图以新的工具影响乃至支配权力,各种类型的智库由此应运而生。其直接表现就是有影响力的智库绝大多数在意识形态上右倾,主张自由市场、限制政府干预、小政府。其背后反映的正是资本的需求。智库的数量急剧增长,资本的影响力也日增。大资本意识到,对于它们现在想要推动的政策,政治支持是行动的必要条件。它们清楚地了解到华盛顿的政策影响是如何运作的,因而把资金投向更传统的影响政府政策的途径——智库。

大资本扶持下的新兴智库既缺少超越意识形态的公益理想,也不热衷于追求科学客观的研究态度和专业方法,而是重在通过影响政党政府的政策为其出资人服务。智库的主要工作不是科学研究,而是围绕政府打转；通过在短期内炮制各类政策议题传播特定的价值观，向国会中的两党议员和行政官员兜售自己的政策主张，并通过媒体影响选民；智库还将自己打造成"旋转门"中的一环，吸纳和汇聚卸任高官，同时培养和向政府部门输送专业精英。最终的目标是向社会和政府灌输智库背后的资本的价值和政策导向，追求对资本更加友好的公共政策。至于各种各样的基金会，则更是大资本家避税的好去处，而且其中的投资经营都被视作慈善事业的一部分，因而也成为富人的避税天堂。智库和基金会通常都有自己偏好的政党，但都维持和两党的合作关系。对于企业来说，这种合作关系可能与花钱聘请说客一样有价值。与竞选捐款和游说国会议员等更为传统的政治支出形式相比，智库资金受到的监管不那么严格。即使没有直接影响，企业对智库的赞助也能在政策分析人士提出新的立场和建议时，为他们提供更多接触政策分析人士的机会。[23]

巨富阶层花钱制造思想代表者的后果，可不止制造夸夸其谈的思想者。过去几十年来，来自政府机构和慈善组织的资金几乎耗尽，智库需要从公司、外国政府、政界精英那里开源。这些人对做研究当然没有兴趣，他们在乎的是让智库为自己赞成的观点提供政治上的支持。或者更赤裸地说，他们想要投资获得回报。结果是，智库变得越来越偏狭。塔夫茨大学国际政治学教授丹尼尔·德莱茨纳（Daniel Drezner）创造了"观念产业"（the Ideas Industry）一词，揭露了巨富阶层（superrich）对观念的热情，其背后是希望为自己的利益提供更具合法性的代言人。德莱茨纳分析道，美国的智库已经今非昔比。智库越来越依靠有钱人的资质，有钱人也更有可能提供针对智库特定项目的资金，而不是一般性的财政支持。比起资助智库，有钱人更感兴趣的是"做智库"。[24]

以传统基金会为例，其创始人之一保罗·韦里奇是右翼政客。啤酒商约瑟夫·库尔斯用 20 万美元的资金创立了该基金会。传统基金会对美国公共政策制定有长远、关键的影响力，被视为美国保守派的领导智库之一。其董事会成员包括大银行家、房地产开发商、对冲基金所有者以及摩根士丹利、安利和福布斯等企业的首席执行官。他们从科赫集团的所有者、亿万富翁戴维·科赫和查尔斯·科赫的附属组织获得资金。传统基金会除了本身开宗明义表明是美国保守派组织,其政治主张也符合保守派一贯的提倡:主张小政府,限制政府开支和规模;捍卫个人自由;捍卫传统价值;主张美国有强大的国防。传统基金会在1980年出版《领导授权:保守政府的政策管理》(*Mandate for Leadership：Policy Management in a Conservative Administration*)一书后获得了关注。书中的2 000条建议有近三分之二被里根总统采纳,包括对富人的税收减免、增加军费开支和削弱工会等政策。这些都与传统基金会背后的大资本的利益一致。传统基金会先后有11名成员在里根政府中任职。许多共和党政治人物皆出身传统基金会,或卸任公职后服务于此。多年来,传统基金会出版的各种报告,矛头指向工人阶级的劳动权、公共事业部门私有化、社会福利政策等。在特朗普政府时期,总统办公室的成员以及行政部门的许多部门,都与传统基金会有联系,有些甚至是传统基金会的前雇员。自2008年金融危机以来,许多智库都面临资金锐减的局面,而传统基金会几乎不受影响,因为其85%的收入来自有钱人。[25]

传统基金会2020年度报告非常自豪地宣布影响了国会和行政部门共78项政策;第117届国会有超过一半的新当选议员参加了传统基金会的活动,与国会和政府官员进行了3 599次互动;传统基金会的研究人员会见了70个国家的200多位政要。在回顾2020年美国国内的政治变动时,传统基金会宣称"无论何时何地,保守主义已被证明是确保我们国家生存的唯一途径"。当年最让传统基金会引以为傲的成就包括,保守派大法官艾米·科尼·巴雷特进入最高法院及传统基金会通过青年领导人计划培养的大批的保守派青年——这些影响都有可能持续数十年。[26]在2022年度报告中,传统基金会声称,尽管民主党人控制了国会和白宫,但传统基金会仍然在政府部门仍然有强大的存在,基金会共参加了25次国会的听证会,19名国会成员参与了传统基金会的活动,67次与候选人进行情况通报,组织93次工作组活动。如果说传统基金会2022年度报告有什么特殊之处,那就是无处不在的"右翼"字眼,直指民主党政府。[27]

关于智库资金最著名的调查是《纽约时报》的两篇报道。其中一篇发表于 2014 年,题为《外国势力通过智库购买影响力》。[28]另一篇发表于 2016 年,题为《智库如何放大美国企业的影响力》。前者揭示了外国政府向智库捐款的普遍情况,并表明这些资金使智库的工作偏向于外国资助者。后者揭露了由国防工业部门资助的几个智库进行研究和其他一些游说活动,以促进出资人的利益。2016 年的这篇报道称,美国最大的住宅建筑商之一莱纳公司(Lennar Corporation)希望推进一项耗资 80 亿美元的计划,以振兴旧金山的一片荒芜地带。在这个时候,它找到了一个值得信赖的声音来为自己的工作做担保:世界上最负盛名的智库布鲁金斯学会。布鲁金斯学会获得了莱纳公司 40 万美元的捐赠,帮助该公司积极推进该项目,把该项目包装为旧金山自 1906 年地震灾后重建以来规模最大的重建项目,还把该公司负责旧金山开发项目的高管科菲·邦纳(Kofi Bonner)聘为高级研究员。科菲·邦纳用这一令人羡慕的资历推动了公司的发展。《纽约时报》获取了布鲁金斯学会数千页的内部备忘录,以及布鲁金斯学会与其他捐助者之间的秘密信件,这些捐赠者包括美国最大的银行摩根大通、国际投资公司科尔伯格-克拉维斯-罗伯茨(KKR)、软件巨头微软等。2011 年,当摩根大通向布鲁金斯学会的大都市政策项目(Metropolitan Policy Program)提供大笔捐款时,布鲁金斯学会创建了"全球城市倡议"(Global Cities Initiative),并附上了一个新标志,称其为"布鲁金斯学会和摩根大通的联合项目"。据布鲁金斯学会的文件显示,日立是大都市政策项目的另一个大捐助者,在过去 10 年里共向布鲁金斯学会捐赠了 180 万美元。一份内部备忘录显示,布鲁金斯学会组织了由奥巴马政府高级官员参加的公开活动,并允许日立高管宣传他们的产品。除布鲁金斯学会以外,许多智库也有类似的运作。在对外军售、国际贸易、公路管理系统和房地产开发等各种问题上,智库经常成为企业影响力和品牌宣传的工具。企业的巨额捐款让智库收入丰厚。布鲁金斯学会的年度预算在过去 10 年中翻了一番,达到 1 亿美元。美国企业研究所(American Enterprise Institute)斥资至少 8 000 万美元在华盛顿修建一座新总部,距离战略与国际问题研究中心(Center for Strategic and International Studies)斥资 1 亿美元建造的办公楼不远。虽然几乎所有智库都否认金钱的影响力,但公司希望用智库的权威来掩盖自己所获得的好处是毋庸置疑的。[29]

对智库与公司之间这种模糊的界限,《纽约时报》在另一篇报道中说,许多智库的研究人员同时担任过注册游说者、公司董事会成员或诉讼和监管纠纷的外部顾问,但没有持续披露他们的双重角色。企业付钱给他们,让他们帮助制定政府政策。这些研究人员凭借专业知识和权威,在华盛顿的政治经济中发挥着至关重要的作用。他们的认可有助于政府作出对企业有利的决策。很多智库还很乐意给游说者、前政府官员和其他主要靠为私人客户工作为生的人授予"非长驻学者"身份。该报道揭示了大量智库学者作为企业的代言人活动的现象。美国企业研究所客座研究员罗杰·扎克海姆(Roger Zakheim)在担任诺思罗普·格鲁曼公司(Northrop Grumman)和 BAE 系统公司(BAE Systems)等五角大楼供应商的游说者的同时,利用研究推动新军事装备的更多支出。布鲁金斯学会的马克·麦克莱伦(Mark McClellan)博士在强生公司(Johnson & Johnson)董事会任职期间领导了一个医疗保健研究项目,他的薪酬为 264 899 美元。该公司销售一种高成本的丙型肝炎治疗方法,麦克莱伦在布鲁金斯学会的职位上为这种治疗方法辩护。同时担任美国进步中心的无薪高级研究员卡罗尔·布朗纳(Carol Browner)是奥巴马的前高级环境顾问,同时还担任核电行业的付费顾问,推动政府制定有助于保持核电站持续运行的政策。[30] 所有这些都指向了一个结论:智库学者同时也是企业顾问,是资本的代言人。

资本影响智库,进而影响政党政府的公共政策,不仅仅是在有着两党共识或政党差异不大的政策领域。在两党有一定共识乃至社会共识度非常高的领域,资本也能够通过智库之手来影响舆论。多年来关注科赫集团的调查记者简·迈耶在书中写道,以科赫集团为例,1980 年科赫兄弟竞选失败,但是他们并没有接受这一结果,而是致力于改变投票方式。他们利用财力,采用其他方式,将他们少数人的想法施加于多数人。在被选票击败后的几年里,他们倾注了数亿美元,暗中将他们的政治观点从美国政治生活的边缘移到中心位置。科赫兄弟发起了一场旷日持久而引人注目的思想斗争,他们资助看似毫无关联的智库与学术项目,促使宣传团体在全国政治辩论中发表他们的观点。他们雇用说客将他们的利益推动到国会,招募工作人员建立人为的基层组织,为他们的运动提供基层的政治势力。另外,他们还资助法律团体和司法掮客在法庭上为他们处理案件。最后,他们还增加了一个私人政治机器——其与共和党不相上下且可能将其纳入其中。许多行动被秘密掩藏,在台面上则伪装成慈善活动,几乎没有任何公众可以追踪的资金链留下。[31] 在新旧世纪之交,随着全球变暖的科学共识不断增加,由科赫集团为代表的化石燃料行业发动了由其资助并引导的智库来影响舆论。科赫资助的卡托研究所先后推出了《并非启示录:科学、经济学、环境保护主义》(Apocalypse Not:Science,Economics and Environmentalism)以及《恐惧气候:为什么我们不应该担心全球变暖》(Climate of Fear:Why We Shouldn't Worry About Warming)等报告,声称全球气候变暖只是政府控制经济的借口。[32] 卡托研究所定期举办许多与全球暖化及全球暖化怀疑论有关的研讨会。这些研讨会的最终目的是减少政府监管,尤其是针对石油化工行业的政府监管。

第二,收购和控制有影响力的媒体,操纵新闻报道,影响和塑造公共舆论。

美国第三任总统托马斯·杰斐逊(Thomas Jefferson)在谈论新闻自由对新组建的美国政府的重要性时说:"假如由我来决定,我们是要没有报纸的政府还是没有政府的报纸,我会毫不犹豫地选择后者。"杰斐逊强调的是新闻不受政府干预,并把这视作健康民主体制的必要条件。在杰斐逊生活的年代,人们担心的是言论受到权力的控制。如果杰斐逊能够看到当今美国媒体的景象,他肯定会发出不一样的感慨。从表面上看,当代西方国家包括新媒体在内的媒体多元化和新闻自由是历史上不曾有过的。网站、播客、有线电视和无线电视、卫星和无线电台,还有报纸和杂志这样的传统纸质媒体。人们能够通过各种各样的渠道听到各种不同的声音,媒体市场是高度竞争和开放的。然而,现实却是另外一回事。新闻来源,特别是地方新闻来源,越来越多地由数量有限的公司所控制,最终受到大资本的控制。资本收购了较小的新闻机构,将其整合,并逐渐剥夺了许多新闻机构的独立性。

西方媒体大都属于私有企业。过去几十年来,西方的媒体逐渐被大资本收购。几乎所有有影响力的媒体背后都是大资本、财团、利益集团。在美国,大约40年前,有50家公司控制着大多数美国媒体。现在,只有6家大型的跨国公司——康卡斯特(Comcast)、维亚康姆(Viacom)、时代华纳(Time Warner)、哥伦比亚广播公司(CBS)、新闻集团(News Corporation)和迪士尼(Disney)——共同控制着美国90%以上的印刷和电子媒体,包括有线电视、广播电视、广播、报纸、电影、视频游戏、图书出版、漫画等。这意味着大约有232名媒体高管掌握着美国人所掌握的绝大多数信息。如华纳媒体旗下主要资产包括HBO(在美国有多达3 000万的付费用户)、特纳广播公司(旗下有包含CNN在内的多家电视频道)、CW电视网(美国六大公共电视台之一)、华纳兄弟娱乐公司和DC漫画等。华纳媒体背后的大资本则是AT&T集团。迪士尼公司拥有并运营美国最重要的公共电视之一ABC。维亚康姆是美国跨国传媒巨头之一,其主营业务包括电影和有线电视。从中拆分出来的CBS公司则包括CBS电视台、联合派拉蒙电视网、无线广播公司、Showtime电视网和派拉蒙的电视制片厂等。而维亚康姆和CBS两家公司的母公司是全美娱乐公司(National Amusements),后者又受雷德斯通家族控股。康卡斯特集团拥有2 640万有线电视用户、1 440万宽带网络用户及560万电话用户,除为美国人提供电视、宽带、电话业务外,Comcast还拥有多个无线及有线电视频道(包括NBC、MSNBC、CNBC、USA等)。传媒大亨默多克的新闻集团是当今世界规模最大的综合性传媒公司之一,净资产超过400亿美元。新闻集团在全球发行175种不同的报纸,其中包括欧美各国的主流报纸,如英国的《泰晤士报》《太阳报》,澳大利亚的《澳大利亚人报》,美国的《华尔街日报》《纽约邮报》等。新闻集团还拥有美国的福克斯电视网以及英国天空电视台、STAR亚洲卫视等的大量股份,在全球拥有8 500多万卫星电视网用户。无处不在的媒体覆盖面使传媒公司的所有者拥有了巨大的能量。媒体对公众导向的影响会成为政党选举的工具,政党的领袖以各种方式接近媒体的所有者。在英国,默多克是在政坛上能够呼风唤雨的人物,能够左右英国舆论,并通过舆论影响英国政治,他的媒体甚至能影响英国首相的竞选情势。2010年英国《新政客》杂志根据权力和对全球影响力大小评选出全球50位最有影响力人物，默多克排名第一位。

也许会有人用《纽约时报》等报纸的影响力来说明媒体仍然是独立的，但是如果我们看看这些报纸背后的出资人，也不难看到大资本的影子。在美国，不为上述六大传媒巨头所有、同时有影响力的媒体有《纽约时报》《华盛顿邮报》、美联社（Associated Press）、论坛报业集团（Tribune Company）、彭博社（Bloomberg）、PBS公共广播电视公司和NPR美国国家公共广播电台等。《纽约时报》由纽约时报公司所有。作为一家股份公司，它也必须盈利以满足股东的利益。《华盛顿邮报》由亚马逊集团老板贝索斯所有。彭博社由纽约富豪布隆伯格所有。论坛报业集团近年来遭到了拆分，其报纸部门的地位大大下降。只有PBS和NPR为非营利性组织所有，资金主要来自政府拨款和民间筹款。

由于媒体几乎都受营利性公司所有，根据法律，这些机构有义务将投资者的利润置于所有其他考虑之上。因而，利润最大化的目标常常与负责任的新闻实践相冲突。首先，不仅大多数主要媒体都归企业所有，而且随着控制媒体的企业之间不断竞争并走向兼并，这些公司的规模正在变得越来越大，数量也越来越少。这种所有权的集中往往会减少媒体声音的多样性，并将巨大的权力置于少数公司手中。随着新闻媒体落入在许多行业拥有股份的大型企业集团手中，利益冲突不可避免地会干扰新闻采访。其次，营利性媒体机构的大部分收入并非来自其受众，而是来自有兴趣向公众销售产品的商业广告。这些商业广告背后的企业和资本也在悄悄影响媒体并进而影响公众舆论。鉴于大多数媒体机构都是营利性公司所有，并由公司广告资助，因此它们很少提供有深度的辩论也就不足为奇了。资本的趋利性注定了这些新闻媒体无法摆脱资本和集团利益的束缚与制约。可以说，谁拥有媒体，谁就拥有"新闻自由"；谁拥有资本，谁就拥有"新闻自由"。虽然许多记者和媒体也追求新闻自由和媒体独立，但在市场化运作方式下毕竟受到利润的制约。根据商业运转的原则，新闻自由的主体只是媒体的老板，媒的运行最终由媒体的出资人所控制。也就是说,资本所有者决定着媒体发布什么消息、什么时间发布消息、从什么样的角度发布消息等。可以说,西方媒体的所有权越来越集中,传媒集团的规模越来越大,资本在传媒行业的垄断程度越来越高,控制传媒集团的资本对社会的控制力和影响力随之越来越大。政党要通过媒体来沟通民众、连接社会,就不免受到媒体背后的资本约束。

尽管媒体被誉为第四种权力,但真实的情况是媒体与政府之间并不存在想象的敌对或对立关系。事实上美国媒体普遍遵循华盛顿的官方路线,这在战时和外交政策报道中尤其明显,但即使是存在争议的国内议题,辩论范围通常也落在民主党和共和党领导层已经设定好的相对狭隘的空间内。主流媒体的所有者和管理者通常与政治精英的背景、世界观、收入和社会地位一样。顶级新闻高管和名人记者经常与政府官员交往。最强大的媒体公司通常会向两个主要政党提供巨额捐款,同时以投放政治广告的形式获得数百万美元的回报。在这种情况下,"新闻"主要被定义为当权者的行为和言论。记者依赖于官方消息来源提供的"访问权"和泄密信息,往往不愿意冒着疏远这些消息来源的风险,进行真正的有关重要内容的报道。企业媒体也无意激怒有权监管其企业的事务官和政务官。[33]

像《纽约时报》《华盛顿邮报》《金融时报》《华尔街日报》这些大媒体,也制作了很多信息量大、质量高且往往具有爆炸性的报道和评论。但实际上,这些媒体目标并不是唤醒普罗大众,而主要是给美国社会的精英阶层来看的。这些精英包括公司高官、律师、公共行政人员、知识分子、大学教授等。这些媒体确保了精英内部政治和政策辩论不会偏离美国的意识形态范围。互联网的诞生使普通民众能够接触"主流媒体"控制之外的内容,但互联网的进步影响很容易被夸大。这一方面是因为美国主流媒体很快就拥有自己的互联网,另一方面也是因为互联网的技术基础设施越来越多地被少数大公司所主导。像 Facebook、谷歌等大企业经常鼓吹言论自由,但在实际上,它们一方面也以盈利为目标,另一方面也和政府合作。占主导地位的美国主流媒体经常夸大民主党和共和党及其候选人之间的差异,却从来不肯正式承认两党的共识远远超过它们的分歧,特别是涉及商业阶层权力和美国霸权的问题。同样,美国的政治精英也常常夸大美国自由主义媒体和右翼媒体之间的差异,也从来不肯承认,这些媒体之间的共识远超过它们之间的分歧,在涉及商业阶层权力和美国霸权的问题上同样如此。

事实上,资本不仅仅控制知识生产,还直接从事生产知识。今天的富人建立了自己的知识沙龙和出版平台——他们对自己的同辈人的知识成果并不袖手旁观。他们也会参加各种各样的创意聚会。在思想市场上,知识分子会激烈竞争,以获得富有的赞助人的关注,因为潜在赞助人可以带来财政资源。与公共知识分子相比,思想领袖在推动与富豪产生共鸣的想法方面更加具有优势。高收入人群的大量财富积累为新思想的产生和推广创造了新的资金来源。随着美国的精英阶层越来越富有,他们可以做任何想做的事情,包括在意识形态领域。

第五节　公司型政党的出现

政党对资本的渴望和资本对政党的吞噬在一些国家甚至带来了资本与政党的合流。自 20 世纪 90 年代以来,以大型公司为基础创建的公司型政党[34],出现在东欧、南欧和拉丁美洲等地区,其中一些政党甚至赢得大选成为执政党。1994 年,意大利商业大亨西尔维奥·贝卢斯科尼(Silvio Berlusconi)依托其费宁韦斯特集团组建了意大利力量党。意大利力量党及其联盟于 1994 年、2001 年、2005 年和 2008 年四次赢得选举,其领导人上台出任意大利总理。巴拿马的知名商人里卡多·马丁内利(Ricardo Martinelli)在 1998 年依托其"超级 99"连锁超市集团创建了民主变革党,先后参加了 1999 年和 2004 年的大选,并在 2009 年赢得选举。马丁内利本人当选巴拿马总统。2011 年,捷克第二大富豪、亿万富翁安德烈·巴比什(Andrej Babiš)依托其爱格富集团创建了自己的政党"ANO 2011 运动"。该党在 2013 年和 2017 年大选中分别取得议会第二大党和第一大党的位置,巴比什作为党魁也先后在两次大选后出任第一副总理兼财政部长和政府总理。同样是 2011 年,罗马尼亚富豪丹·迪亚科内斯库(Dan Diaconescu)依靠奥库瑞姆电视台、奥格林达出版社成立人民党—丹·迪亚科内斯库。

公司型政党以某个大型公司为母体单独组建,因而在资金、人员、组织和支持者等各个方面全方位依赖公司的资源。威廉·勃兰总结了典型的公司型政党对"母公司"五方面的资源依赖:资金依赖,母体公司的资金资源在政党组织的日常运行和竞选过程中都发挥着举足轻重的作用;组织资源依赖,包括办公空间、后勤补给、信息技术;人力资源依赖,包括母体公司的领导和雇员在需要时可以直接为政党所用,还有公司市场营销、法律咨询、公共关系等方面的专业人才;客户(市场)网络资源依赖,母体公司的客户资源可以转化政党的选民基础;广告资源依赖,政党可将公司的广告资源用作政党宣传。[35]

公司型政党一旦成立或者上台执政,虽然从形式上已经成为某种公共机构,但是很难说和公司的私营利益脱离了关系。公司通过捐赠、游说影响政党,政党则以法律和政策回馈公司。公司型政党几乎没有明确的意识形态导向,也不寻求建立自上而下的组织结构,纯粹以选举为目标,采用资本密集型的选举战略。政党领袖通常也就是公司的领导人。其运行逻辑与公司类似,都是为了追求利润的最大化,前者的利润以选票来计算,而后者以金钱来计算。这一逻辑实际上早由安东尼·唐斯在其《民主的经济理论》中就提出来了。唐斯将政党看成理性的经济人,其目标是追求利润(选票)的最大化,因而,政党是"为了赢得选举而制定政策,而不是为制定政策去赢得选举"。[36]

公司型政党的出现表明,资本已经不再满足于通过利益集团以游说、向政党捐纳政治献金、与政客建立联系等方式影响政府政策,间接实现自己的利益。资本希望能够直接行动,或者避免政党更替可能带来的风险,来维护和保证资本的利益。公司型政党的上台模糊了私人利益和公共利益的边界,扭曲了西方民主的基本原则,更加暴露了当代西方选举政治中"一美元一票"的真相。

公司型政党的出现绝不是偶然现象。20 世纪 90 年代以来,新自由主义在全球大行其道,国家对市场的管制大大放松,私人公司不断扩张,资本的触角在不受节制的外部环境下不断延伸,越来越不满足于市场领域。与此同时,资本的聚集效应扩大,在经济自由化和全球化过程中形成的巨型公司掌握了巨大的经济资源，很多巨型公司拥有的财富甚至超过了国家。在民主和法治更加成熟的北美和西欧，国家和权力的自主性程度更高，对政党与资本关系的规范更加完善，公司型政党出现的门槛更高。而在东南欧和拉丁美洲国家与市场的关系、政党与资本的关系缺少有力制度约束的国家，资本不再满足于俘获政党，而是与政党合二为一。

第六节　政党的自我约束

世界各地的公民都希望政党和政府代表他们的观点，对他们的需求作出回应。一个健全的民主制度，首先必须以公民为中心。民主要实现可持续，就需要有透明、负责和包容的政党，能够传达人民的诉求，真正代表人民。不幸的是，在表面之下，政治制度的运作往往与民主进程基于的包容和公平竞争的理性大相径庭。虽然金钱对民主政治是必要的，但它也可能成为一些人通过购买选票或影响政策决定来不当影响政治进程的工具。例如，利益集团可能购买进入权力走廊的通道，或者直接向决策者行贿。金钱在政治领域的流动会威胁到关键的民主价值观。如果政客与金融家过于紧密地联系在一起，他们对选民的反应就会减弱，也就不那么负责；如果获得资金成为一个决定性因素，政治竞争的公平性就会被扭曲。

事实上，有证据表明，世界各国的很多选民认为，选举结果越来越由钞票而不是选票决定，组织管理良好的选举对民主毫无帮助。政党和政客更关心金钱，而不是代表公民的利益。毫无疑问，政党需要获得资金才能在政治进程中发挥作用。然而，如果大公司和富人能够通过大笔竞选捐款购买更大的影响力，那么公民可能会对政治进程失去信心，或被边缘化。获得政治资金的机会不平等导致不平等的政治竞争环境。竞选活动中涉及的巨额资金使那些没有获得大型私人资金的人不可能与那些资金充足的人在同一水平上竞争。腐败和不受监管的捐款对政治产生了不当影响，破坏了选举的公正性。在一些国家，巨额资金渗透到政治中，控制了民选官员和公共机构。这些对民主政治的威胁有助于解释为什么世界上有大量的人正在对政治家和民主进程失去信心。例如,最近的研究表明,超过三分之二的美国人因为大捐助者的影响而对政府的信任下降。[37]

认识到资本在政治中的影响力不断增长,国际民主和选举援助研究所多年来开展了广泛的活动,包括促进各国就法律改革展开辩论,建设机构治理能力、提供全球比较的知识,其目的是推进辩论和刺激行动,以改善金钱在政治中的作用。政党虽然从富人和巨额捐助者中得到了大量资金,但也意识到金钱决定政党命运的危害。很多国家花了很长时间来规范选举中的私人资金——也就是说,限制私人对选举过程的捐款。以最早出现政党政治的英国为例,自 1883 年以来,英国就开始对选举中的资金进行限制。这主要是为了防止有钱的候选人收买选票。1883 年议会通过了《腐败非法行为(预防)法案》。美国也是最早对政党竞选资金进行监管的国家之一,同时也是最早撤销这些规定的国家之一。第一次遏制联邦选举中的腐败的案例可以追溯到 1867年,当时美国通过《海军拨款法案》(Naval Appropriations Bill),以防止海军军官和政府雇员向海军造船厂工人索贿。1883 年《彭德尔顿法》禁止联邦官员的政治捐款;20 世纪前期和中期的一系列法律禁止了公司和工会的政治捐款和独立支出,要求公开资金信息,设定竞选开支上限,确保了联邦政府的中立性。在法国,直到 20 世纪 80 年代末政府才采取实际行动,自 1988 年以来通过了一系列法律来限制私人资助政治活动。

政党对其获取和使用资金的管理是政治资金管理的基础。由于最终设计和通过新立法的通常是政党的当选议员,政党和竞选活动如何管理资金,将决定公民如何参与选举和政治,以及如何设计和执行政治资金法律法规。简而言之,负责任和组织良好的政党财政是关于政治资金的辩论的基础。政党处理内部资金的方式取决于其能力和政治意愿。党内监督和平衡,包括定期对党员进行财务问责,对于保持所有政党都要求的可信度至关重要。如果政党的资金由众多内部行动者控制,或者政党领导人自己提供大量私人资金,那么政党也可能出现派系分化,情况会更加复杂。如果政党领导人认为这种透明度对他们的控制或影响力构成威胁,他们甚至可能会阻碍政党资金的透明度。当然,影响到政党资金的首先是整个政治体制。这包括必须考虑到的结构和制度因素,因为它们往往对不同政治金融法规的适用性和有效性有重大影响。选举制度和总统制与议会制是重要结构的例子。另外,每个国家在政治中都面临着一系列与金钱有关的特殊挑战,包括来自富裕利益集团的强大影响、不公平的竞争环境、缺乏改革的政治意愿以及犯罪网络的存在。另外,它也涉及政治文化中的某些认识,例如对政党性质的认识。一种比较极端的看法是,政党是社会自愿联合起来的组织,因而不应该对政党发展的自由(包括资金筹措和使用)进行限制。有些人认为政党对民主的重要性远不如个人候选人。基于这样的观点,政治财政法规应该鼓励独立候选人(例如,将公共资金直接提供给候选人而不是政党)。这种情况以美国最为典型。

欧美国家的政党在自主性的需要和社会的压力下先后采取各种措施企图限制富人和大企业的捐款,减少金钱对政治的影响力,但由于选举竞争的需要,政党对政治资金的需求不断上升,政党无法切割与资金的联系。有钱人仍然有许多渠道在现有的法律范畴内发挥金钱的作用。例如,美国的法律不允许公司直接向政党捐款,但允许个人捐赠。原则上,个人对联邦竞选活动的捐款——或者更确切地说,对候选人所在的地方委员会的捐款——每次选举的上限为 2 700 美元。但公民每年也可能向政治行动委员会捐款高达 5 000 美元。这些私人组织在美国政治生活中发挥着极其重要的作用,它们要么支持某位候选人,要么经常"破坏"某位候选人。此外,他们每年可以向党的地方委员会捐赠多达 1 万美元,向全国性政党捐赠 3.39 万美元。他们还被允许在全国代表大会或党的办公室建设的框架中,捐款不超过 10.17 万美元,以示他们的慷慨。因此,总而言之,一个人每年可以花费数万美元在选举舞台上发挥影响力。[38]此外,还由于超级政治行动委员会(不受任何限制,甚至可以从公司获得无限捐款的压力团体)的存在,这些限制不能发挥任何作用。

不仅如此,政党还有可能违背社会限制大资本的要求,为资金接近自身提供更多机会。"联邦竞选法 1974 年修正案"是美国现行竞选资金监管体系的基石,限定了政治捐款限额。但在 1976 年的巴克利诉法雷奥案(Buckley v. Valeo)中,美国最高法院裁定,由于美国宪法明确保护言论自由,但没有明确保障政治平等,因此宪法不允许以平等的名义限制候选人或竞选活动的开支(言论)。1979年修正案导致竞选中"软钱"的兴起;2002年《两党竞选改革法》限制了"软钱",提高了政治捐款限额。2010年,保守派的501(C)(4)非营利组织"联合公民"[39]诉联邦选举委员会一案中,最高法院以5∶4的最终裁决,认定限制用于"独立开支"的公司捐款的法案违反了宪法第一修正案赋予所有人的自由言论的权利。这一判决作出不久,上诉法院又作出裁定,不向政党或候选人捐款的政治行动委员会可以从公司和工会那里筹集任意额度的款项。基于这两项判决,许多"超级政治行动委员会"应运而生,个人捐款总额限额被取消,拉大了不同收入群体的政治影响力差异。可以说,政党希望借助国家的立法限制资本的力量,但政党对资本的需求和资本对政治的渗透使得其结果事与愿违。

第七节　政党转向国家寻求资金

政党一方面面临着资金数量不断上涨的需求,一方面面临着党员数量下降、党费减少的挑战,这对政党的资金来源形成巨大压力。而且,政党政治对资金的依赖使用对政党来说是一种马太效应,因为它可能导致政党和候选人越能当选,而政党和候选人越能当选就越能吸引到政治资金。资金压力可能使政党不能专注于公共事业。理想的结果应该是所有的政党应达成某种协议,限制政党的开支,限制选举中政治资金的使用,尽可能地减小金钱的影响力,转向提高候选人和政策在政治竞争的作用。但是,正像新自由主义所鼓吹的自由竞争那样,西方选举市场中的政党围绕政治资金的竞争也走向了一种无秩序状态。所有政党都希望尽可能获得更多资金,最终的结果是所有的政党都成了陷入金钱困境的囚徒。为了缓解自身的资金压力同时又避免成为少数有钱人的工具,政党转向国家寻求财政资源。

历史上,西方民主国家的政党在很大程度上依赖私人和社会贡献来资助其活动,主要形式是会员费、附属组织的捐款以及个人或私营企业的捐款。以国家补贴的形式为政治进程提供公共资金是一种相对较新的现象。德意志联邦共和国是欧洲最早向政党提供财政支持的民主国家之一：1959 年国家为政党划拨了少量预算拨款，1967 年关于政党的法律为国家补贴奠定了法律基础。此后，许多欧洲国家效仿这一做法，向政党提供公共补贴，通常首先是向议会团体提供补贴，后来也向中央政党组织提供补贴。在南欧和后共产主义的东欧较年轻的民主国家，国家对政党的支持往往是在民主化进程的早期阶段引入的。因此，在几乎每个欧洲民主国家，政党都可以获得定期的公共补贴。

国家提供的资源可以分为两种。一种是向政党提供某些优惠政策以实现间接的补助。例如，政党可以提供实物补贴作为政党资金来源。在广播媒体、邮件服务、公共场所、交通系统和类似的公共服务全部或部分由政府控制的国家，国家可以允许政党无偿使用这些服务作为实物补贴。公共服务也可以作为货币资金的来源。类似的补助通常都是对已经具备一定规定的政党有用。例如英国的《政党、选举及全民公投法》中在涉及"政党的政治广播"的条款中规定，一个广播电台不可在其广播服务中含有代表不是注册政党的政党政治广播。选举委员会可以根据法律规定发放不超过 200 万英镑的补助金。这一金额限制可以由财政部同意后修改。国家允许政党，而且只有政党可以免费使用媒体做广告。这实质是用一种准公共资源（广播电视）来代替看似属于私人性质的交易（在商业网络购买广告）。这种做法后来被许多欧洲国家采纳。政府规定禁止付费的竞选广告，但为政党提供免费的媒体渠道。但是在纸质传媒和网络传统领域，政府的作用就非常有限，不能将其覆盖在内。此外，政府还可以通过税收政策刺激选民为政党捐款，或者对政党所得收入免税的方式资助政党。例如，在加拿大和澳大利亚，每年给政党或独立候选人不超过 1 100 美元的捐款，可在个人所得税缴纳时得到一定比例的金额返还。在法国，对政治活动和政党的捐赠有可以使捐赠者有权获得税务减免。

第二种是直接通过公共财政向政党拨款。向政党提供补贴和配套基金是当前欧美国家向政党提供财政补助中最通用的手段。英国2000 年《政党、选举及全民公投法》规定，"政党制定补助金"是对有代表性的注册政党的补助金,帮助该党制定政策以便纳入其宣言。通常一个"有代表性的"注册政党是指在下院至少有两名议员的政党。法国1988 年《政治生活资金透明法》,建立了对政党的公共资助原则;1990年《选举支出限制和政治活动融资清晰法》将对政党的公共资助分成两部分。根据这两部法律的规定,国家每年对政党的公共补贴分成两部分发放。第一部分根据每个政党在最近一次国民议会选举第一轮投票中获得的选票按比例分配。获得补贴的前提条件是政党参加选举时必须在 50 个以上的选区推出候选人,而且每名候选人在各自的选区至少获得百分之一以上的选票。第二部分公共资金根据政党或政治团体的议员席数按比例分配。只有已经获得第一部分资金的政党或政治团体才有资格参与这一部分的分配。国民议会议员和参议员必须加人一个议会党团才能获得这一部分资金,他们须在每年 11 月向各自的议会主席团宣布属于或者隶属于某个政党或政党团体。也就是说,只有政党和政党团体才能获得国家资助,议会议员只能属于或隶属于一个政党或政治团体。德国《政党法》也专门规定了国家财政拨款制度。国家向所有政党支出的资助每年最高总额为 1.33 亿欧元。每个政党能获得的国家资助保准取决于一个政党在欧洲议会选举、联邦议会选举和州议会选举中获得的选票、党员缴纳的党费及议员缴纳的费用综合,以及该政党所募集到的捐款的数额。而一个政党要具备获得国家资助的资格,必须在最近一次欧洲议会选举或联邦议会选举中获得为各个候选人代表所投有效票中至少 0.5％的选票,或者在最近一次州议会选举的最终结果中获得为各个候选人代表所投有效票中至少 1％的选票。

经验证据表明,今天,几乎所有欧洲国家都对政党提供某种形式的公众支持。表 2.1 总结了欧洲各国引入政党公共资金的时间顺序。这表明在绝大多数国家,政党都能获得定期的国家支持,以资助其业务活动和/或竞选活动。可以看出,无论是在新旧资本主义民主国家,对政党提供公共补贴确实已成为一种普遍现象。越来越普遍的公共补贴可以被解释为表明政党在财政上对国家的依赖越来越大。正如理查德·卡茨所说,公共资金本身可能代表了政党性格的根本变化,进一步推动其从私人协会向半公共实体的转变。[40]

表 2.1　欧洲各国政党政治引入公共资金的时间

年份	国家
1959	德国
1969	芬兰
1972	瑞典
1973	挪威
1974	意大利（2014 年取消了直接的政党资助）
1975	奥地利
1977	葡萄牙、西班牙
1984	希腊
1986	丹麦
1988	法国
1989	比利时、匈牙利
1990	保加利亚、捷克、罗马尼亚、斯洛伐克
1991	塞尔维亚、塞浦路斯
1993	克罗地亚、波兰
1994	斯洛文尼亚、爱沙尼亚
1997	爱尔兰
1999	立陶宛、卢森堡、荷兰
2006	冰岛
2010	拉脱维亚
2016	摩尔多瓦

资料来源：Daniela R. Piccio and Ingrid van Biezen，"Political Finance and the Cartel Party Thesis"，in Jonathan Mendilow and Eric Phélippeau，*Handbook of Political Party Funding*，Edward Elgar Publishing Limited，2018。

此外，将政党获得的国家补贴与其他收入来源以及政党总收入相比，我们还能更加准确地发现政党对国家的依赖程度。首先，国家补贴作为政党收入来源的比重非常高。平均而言，政党总收入的 15％ 来自党员的党费，另外 12％ 来自偶尔的私人捐款。除了在一些国家（如丹麦、英国），私人捐赠很少构成一个可观的收入来源。在整个欧洲民主国家，国家财政补贴平均贡献了政党总收入的近 60％（见表 2.2）。当然，国家之间也有差异。例如，据报道，在德国和荷兰，政府只提供了政党总收入的 30％ 左右，而在匈牙利和西班牙，这一比例接近 80％。英国处于最低水平,政府只贡献了政党收入的 10%(其中包括所谓的政策发展补助金)。由此所导致的结果是,对大多数国家的大多数政党来说,国家补贴以外的其他收入来源往往是相对微不足道的。相反,在国家补贴发挥相对较小作用的地方,党员的党费或者附属组织的会员费通常较高。如果我们考虑各种收入来源在不同时期的发展情况,大多数国家的趋势是明确的,即公共补贴的重要性增加、党员党费的重要性降低。平均而言,20 世纪 80 年代末以前,政党几乎 30% 的收入来自会员费;30 年后,这一数字几乎减半;80 年代末以前,国家补贴仅贡献了政党收入的 30%,但自那以来几乎翻了一番。因此,国家在当代(欧洲)民主国家的政党融资中发挥着至关重要的作用。国家补贴在政党总收入中所占的份额很大,而且越来越大。

表 2.2　2012 年欧洲各国政党收入来源(%)

国　　家	国家补助	党员党费	私人捐款
奥地利	73.8	12.2	2.5
比利时	76.8	3.1	0.5
捷　克	40.3	6.3	13.7
丹　麦	46.1	10.6	38.0
法　国	43.6	13.0	23.6
德　国	31.6	41.7	12.3
匈牙利	79.3	8.0	9.6
爱尔兰	73.2	5.9	20.2
意大利	74.3	21.1	2.7
荷　兰	29.2	42.9	1.8
挪　威	68.3	10.2	8.0
波　兰	58.3	3.9	3.4
葡萄牙	66.9	33.1	N/A
西班牙	79.8	13.5	2.0
瑞　典	64.6	3.0	2.7
英　国	11.3	14.9	44.0
平　均	57.3	15.2	12.3

资料来源:Daniela R. Piccio and Ingrid van Biezen, "Political Finance and the Cartel Party Thesis", in Jonathan Mendilow and Eric Phélippeau, *Handbook of Political Party Funding*, Edward Elgar Publishing Limited, 2018。

很明显,今天欧洲各国的政党显然比30年前有钱得多。在政党的所有收入中,增长最快的就是国家的公共补贴。也就是说,国家是当代欧洲政党资源禀赋增长的驱动力。这些都部分证实了卡特尔政党的相关研究,因为政党明显通过增加自己的收入从公共资金机制中受益了。它们不仅利用其立法权力来补偿其他收入来源可能造成的损失,而且在某种程度上也使自己变得富有。

欧洲各国引入政党公共资金制度的一个重要理由是促进政治平等,防止资金渗透到选举政治中带来的竞争不平等。公共资金可以直接提供给政党或政党相关团体(如德国的政党财团)或候选人个人,也可以与筹集各种私人捐款相联系。如果补贴足够多,使政党组织能够运作,就可以帮助候选人和政党扩大其社会基础,加强其组织和动员能力。补贴也可能用来促进民主建设活动,特别是在选举期间,包括选民登记、基层组织建设、研究能力、公民教育、使用某种媒介、成立青年团体或妇女和族裔团体的组织部门等。从理论上讲,补贴至少可以倾斜或部分倾斜,以帮助挑战者、新政党、独立的社会团体和羽翼未丰的竞选活动。它们可以为非常富有的竞选活动设定上限,或者,在理论上,可以转向自由支出的对手或富有的政党和候选人。

但在实际上,正是补贴计划提供的灵活性引发了复杂的问题:谁有资格获得什么样的补贴,根据什么样的标准,考虑到什么样的目标和用途?补贴是一种启动政党和候选人的方式,还是选举政治各个阶段的持续力量?在两次选举之间,补贴计划很可能继续。但在这些阶段,它们如何才能最好地与政党建设和民主活动联系起来,而不仅仅是提供现金流?是否可以通过增加竞争的方式分配这些资金?而且,如果提供的补贴是政党收入的一部分是好的,那么提供全部会更好吗?答案远不简单。从遏制资本绑架政党的角度来看,将私人资金及随之而来的过度影响力赶出政党和选举过程的想法很好,但从政治发展的长期趋势来看,富裕的、在一个公共资助的选举制度下,组织良好的利益集团的整体力量并不比在其他任何选举制度下的力量小。

此外,公共资金对政党制度的开放性也有重要影响。因为引入公共资金的一个重要依据就是公共资金可以为资源拥有不均的政治角色创造一个更加平等的政治舞台,在扩大或减少因经济原因造成的政治机会和影响力方面的不平等发挥关键作用,从而有助于更加公平的政治竞争。但是,根据理查德·卡茨和彼得·梅尔的批评,与提供平等的进入机会相反,公共资金制度是老牌政党实现让新的参与者远离政治舞台的目标的手段之一。因此,公共资金并没有通过促进政治竞争来促进民主和政治多元化,而是当政者阻碍挑战者获得财政资源并使其处于不利地位的工具。[41]政党运作的制度环境有可能影响政党间竞争。这包括获得国家补贴以及管理公共资金制度的规则,这些规则影响到政党可用资源的流动和数量。的确,政党需要财政资源,而分配这些资源的标准很可能对政党的出现和组织的连续性发挥重要作用。因此,公共资金在政治进程中的作用在学术界、超国家组织和媒体中引起了热烈的辩论。根据传统的观点,公共资金对促进公平竞争、为政党竞争者创造公平的政治环境、使政党免受屈服于有钱的捐赠者的压力并提高政党的财政透明度是必不可少的。超国家的政府组织和非政府组织几乎一致认为,国家应该支持政党,国家的支持是促进和维护健康和有效的民主和法治的重要手段。但在学术界,围绕着国家对政治资金资助的作用问题,自从卡茨和梅尔提出"政党对公共财政的依赖是导致卡特尔化的一个原因"[42],学术界产生了大量讨论。其基本论点相对来说是众所周知的,可以简单地概括为:采用公共补贴使政党较少依赖传统的收入来源,如会员费或其他形式的基层资金,这反过来又减少了政党在社会层面保持强有力的组织存在的动机。虽然从原则上讲,公共补贴可能有助于通过减少政党对私人和企业捐赠的依赖来创造一个公平的竞争环境,但它们也可能有助于巩固现状,从而通过惩罚较小的政党和使新人难以进入政治体系来促进政党体系的卡特尔化。[43]在卡茨和梅尔看来,既有的政党因此利用其立法权来促进自身的组织生存,将公共资源提供给自己,而不让外人获得,从而为新的政治团体的出现制造障碍。凯亚姆·帕尔提尔(Khayyam Z. Paltiel)早些时候也提出了类似的观点,认为引入公共资金往往是由"立法者稳定政党体系和巩固已建立团体的选举地位的愿望"所推动的。[44]从他们的角度来看,公共资金也被视为当权者限制新的政治竞争者的机会和冻结现状的一种手段。

因而,政党公共补贴不仅没有促进更加平等的竞争,反而巩固了现任者的权力。

国家在政党资金中的作用之所以重要,是因为国家资助的引入带来了欧洲政党资金筹集和组织方式的重大变革。卡特尔党的出现,产生了关于国家的作用及其对民主进程影响等问题的讨论,特别是公共资金对政党组织转型和政党制度演变的后果的讨论。越来越多的国家补贴强化了政党的国家取向,同时导致了政党与社会联系的减弱。[45]此外,公共资金似乎还有助于鼓励一种特定的关于民主和政治的观念。即政党越来越被视为民主的一种必不可少的公共产品,而越来越不是公民自愿联合的组织。[46]而且,在富裕程度和政治信任度较低的地方,任何形式的政党公共补助都可能在经济和党派方面带来更加负面的评价,即政党正是腐败政体的一部分,而非其改革者。这是政党转向国家的意外结果。

本 章 小 结

西方资本主义和民主仿佛是硬币的两面。资本与民主的共生关系贯穿了整个资本主义的发展。作为民主的实际运转者,政党与资本的特殊关系远不是在最近几十年里出现的新现象。在自由资本主义的阶段,政府被认为应尽可能远离市场,资本应不受限制地流动和扩张。处于萌芽时期的政党和政党政府,尽管没有受到金钱的困扰和资本的干预,却从一开始就是服务于资本所有者阶层的。政党是资产阶级和土地贵族在议会内的成员组成的团体,政党政府以维护自由市场秩序和资本扩张为基本目标。

资本的扩张带来了资本主义经济下阶级结构的演变。工人阶级的出现,推动政党从议会内精英组成的小团体发展成为由大众社会组成的群众性组织,并以参加选举为其生存和发展的主要活动。社会为政党提供的资金资源、资本主义国家在资本与民主关系天平上的调和政策,一度使政党发展成具有一定自主性的社会组织,部分隔绝了资本与政党之间的直接联系。

在最近的几十年里,社会对政党资金贡献的下降,新自由主义国家在资本与民主关系中向资本的倾斜,再次改变了政党的生存方式。越来越昂贵的竞选活动迫使政党和候选人从各种各样的来源寻求资金。这为资金重新向政党及政党政府渗透提供了机会。在许多情况下,政党要么依赖大量私人捐款,要么依赖国家资金。前者增加了捐出大量资金的个人比其他人对政治进程具有更大影响力的风险。通过为政治家提供资金支持,金钱为私营企业通过政治实现其利益打开了政治舞台,虽然一些企业出于意识形态信念而支持政党,但绝大多数企业在向政党捐款时主要还是希望或期望得到一些对其有利的回报。在某些情况下,企业有时候也会提供资金给各个政治派别的政党,这可能是一种确保政府不管谁最终掌权都不偏袒的方式,但是最终的结果就是政府不偏袒任何大企业,却完全忽略了普通民众。依赖国家的资金看上去使得政党能够不偏不倚,不受少数大企业和富人的利益影响,但由于让自身演变成国家机器的一部分,政党失去了社会属性,最终使自己变得与大众更加疏远。这大概是政党试图转向国家、节制资本的不幸结果。

注释

1. Robert A. Dahl, Charles E. Lindblom, *Politics, Economics, and Welfare: Planning and Politico-Economic Systems Resolved Into Basic Social Processes*, Routledge, 1953.

2. [美]罗伯特·达尔:《多头政体》,谭君久译,商务印书馆 2021 年版。

3. [美]亚当·普沃斯基:《民主的危机》,周建勇译,上海人民出版社 2022 年版,第 15 页。

4. Joseph Stiglitz, "Of the 1%, by the 1%, for the 1%," Vanity Fair, May 2011, https://archive.vanityfair.com/article/2011/5/of-the-1by-the-1for-the-1.

5. Arnold Heidenheimer, "Major Modes of Raising, Spending and Controlling Political Funds during and between Election Campaigns", in Arnold Heidenheimer(ed.), *Comparative Political Finance: The Financing of Party Organizations and Election Campaigns*, D.C. Heath and Co., 1970, pp.3—18.

6. Herbert E. Alexander, (ed.) *Comparative Political Finance in the 1980s*, Cambridge University Press, 1989; Karl-Heinz Nassmacher, *The Funding of Party Competition: Political Finance in 25 Democracies*, Nomos, 2009; Michael Koss, *The Politics of Party Funding State Funding to Political Parties and Party Competition in Western Europe*, Oxford University Press, 2010.

7. ［美］威廉·多姆霍夫：《谁统治美国？公司富豪的胜利》，杨晓婧译，外语教学与研究出版社 2017 年版。

8. https://www.voachinese.com/a/news-pcc-where-does-campaign-money-come-from-20161102/3576246.html.

9. Julia Cagé, *The Price of Democracy: How Money Shapes Politics and What to Do about It*, Harvard University Press, 2020, p.40.

10. OpenSecrets.org: Center for Responsive Politics, Washington: www.opensecrets.org, 2012d.

11. Julia Cagé, *The Price of Democracy: How Money Shapes Politics and What to Do about It*, p.72.

12. ［美］曼瑟·奥尔森：《集体行动的逻辑》，陈郁、郭宇峰、李崇新译，上海人民出版社 2011 年版。

13. David Austen-Smith, "Interest Groups, Campaign Contributions and Probabilistic Voting", *Public Choice*, Vol.54, No.2, 1987, pp.123—139; Amy J. Hillman, Michael A. Hitt, "Corporate Political Strategy Formulation: A Model of Approach, Participation and Strategy Decisions", *Academy of Management Review*, Vol.24, No.4, 1999, pp.825—842; Alexander Fouirnaies, Andrew B. Hall, "The Financial Incumbency Advantage: Causes and Consequences", *Journal of Politics*, Vol.76, No.3, 2004, pp.711—724.

14. Nubia Evertsson, "Corporate Contributions to Electoral Campaigns—the Current State of Affairs," in Jonathan Mendilow and Eric Phélippeau, *Handbook of Political Party Funding*, Edward Elgar Publishing Limited, 2018.

15. Robert Pear, "In House, Many Spoke With One Voice: Lobbyists", *New York Times*, November 14, 2009.

16. ［美］简·迈耶：《金钱暗流：美国激进右翼崛起背后的隐秘富豪》，黎爱译，新星出版社 2018 年版，第 216 页。

17. 同上书，第 226 页。

18. Chris Cillizza, "Nancy Pelosi can't be beaten," https://edition.cnn.com/2017/06/27/politics/nancy-pelosi-2018/index.html.

19. Adam Garfinkle, "Terms of Contention", in Tyler Cowen eds., *Plutocracy Democracy: How Money Corrupts Our Politics*, The American Interest, 2012.

20. Andrew Rich, *Think Tanks, Public Policy, and the Politics of Expertise*, Cambridge University Press, 2004.

21. Daniel W. Drezner, *The Ideas Industry: How Pessimists, Partisans, and Plutocrats are Transforming the Market place of Ideas*, Oxford University Press, 2017, p.133.

22. Andrew Rich, *Think Tanks, Public Policy, and the Politics of Expertise*, p.37.

23. Daniel W. Drezner, *The Ideas Industry: How Pessimists, Partisans, and Plutocrats are Transforming the Market place of Ideas*, p.139.

24. Ibid., p.142.

25. Heritage Foundation's 2014 annual report, https://s3.amazonaws.com/thf_media/2015/pdf/2014annualreport.pdf, 46. 传统基金会的资金似乎主要来自小额捐款。参见 Robert Maguire, "More than Kochs, Small Donors Fueled Heritage Action in 2012," OpenSecrets, October 14, 2013, http://www.opensecrets.org/news/2013/10/

more-than-kochs-small-donors-fueled/。

26. *Fight for America*，*2020 Annual Report*，the Heritage Foundation，https://thf-reports.s3.amazonaws.com/2020/2020_annualreport.pdf.

27. *America's Outpost in Washington：Right Ideas. Right Fight. Right Now. 2022 Annual Report*，the Heritage Foundation，https://thf_media.s3.amazonaws.com/2022/Annual_Report.pdf.

28. Eric Lipton, Brooke Williams, and Nicholas Confessore，"Foreign Powers Buy Influence at Think Tanks," *The New York Times*，September 6，2014，https://www.nytimes.com/2014/09/07/us/politics/foreign-powers-buy-influence-at-think-tanks.html.

29. Eric Lipton and Brooke Williams，"How Think Tanks Amplify Corporate America's Influence," *The New York Times*，August 7，2016，https://www.nytimes.com/2016/08/08/us/politics/think-tanks-research-and-corporate-lobbying.html.

30. Eric Lipton, Nicholas Confessore and Brooke Williams，"Think Tank Scholar or Corporate Consultant? It Depends on the Day," *The New York Times*，August 8，2016，https://www.nytimes.com/2016/08/09/us/politics/think-tank-scholars-corporate-consultants.html?action=click&module=RelatedCoverage&pgtype=Article&region=Footer.

31. ［美］简·迈耶：《金钱暗流：美国激进右翼崛起背后的隐秘富豪》，第 3 页。

32. 同上书，第 225 页。

33. https://fair.org/about-fair/whats-wrong-with-the-news/.

34. 关于公司型政党的定义，学术界已有大量讨论。参见 Jonathan Hopkin and Caterina Paolucci，"The Business Firm Model of Party Organization：Cases from Spain and Italy"，*European Journal of Political Research*，Vol.35，No.3，1999。

35. William. T. Barndt，"Corporation-Based Parties：The Present and Future of Business Politics in Latin America,"*Latin American Politics and Society*，Vol.56，No.3，2014.

36. ［美］安东尼·唐斯：《民主的经济理论》，姚洋、邢予青、赖平耀译，上海人民出版社 2005 年版，第 25 页。

37. Brennan Center for Justice Research referred to in the report of the Global Commission on Democracy，*Elections and Security*(2012，p.34).

38. 参见 https://www.fec.gov/help-candidates-and-committees/candidate-taking-receipts/contribution-limits-candidates。

39. 501(C)(4)是联邦税收法规为此类机构设定的代码。此类组织在游说立法机关、参与政治运动和选举等方面不受限制。通过这些组织，捐款可以秘密地流入超级政治行动委员会，且不必使他人知道个人捐款、公司捐款和工会捐款的来源或范围。

40. Richard S. Katz and Peter Mair，"Parties, Interest Groups, and Cartels：A Comment," *Party Politics*，Volume 18，Issue 1，2012.

41. Richard S. Katz and Peter Mair，"Changing Models of Party Organization and Party Democracy：The Emergence of the Cartel Party," *Party Politics*，1995；"The Cartel Party Thesis：A Restatement," *Perspectives on Politics*，Vol.7，No.4，Dec.，2009，pp.753—766.

42. Richard S. Katz and Peter Mair，"The Cartel Party Thesis：A Restatement," *Perspectives on Politics*，Vol.7，No.4，Dec.，2009，pp.753—766.

43. Ingrid van Biezen, Petr Kopecký，"The Cartel Party and the State：Party-State Linkage in European Democracies"，*Party Politics*，Vol.20，No.2，2014，pp.170—182.

44. Khayyam Z. Paltiel，"The Impact of Election Expenses Legislation in Canada，

Western Europe and Israel", in Herbert E. Alexander(ed.), *Political Finance*, Sage, 1979, pp.15—39.

45. Richard S. Katz, Peter Mair, "Changing Models of Party Organization and Party Democracy: The Emergence of the Cartel Party", *Party Politics*, Vol.1, No.1, 1995, pp.5—28.

46. Richard S. Katz, "The Internal Life of Parties", in Kurt Richard Luther, Ferdinand Müller-Rommel(eds), *Political Challenges in the New Europe: Political and Analytical Challenges*, Oxford University Press, 2002, pp.87—118.

第三章

族群与政党

　　族群是一个国家最基本的社会分层结构。族群的分布和族群的关系决定了政党的社会基础、动员方式和竞争关系。当代西方国家移民构成的多样化改变了传统的族群结构,族群认同和族群动员也日益成为政党政治发展中的重要因素。在族群多样化的背景下,西方民主制度包含的自由平等原则允许甚至鼓励政党与特定族群建立联系,并将其政治动员建立在特定族群的身份认同基础上。这和政治共同体所必须的一致认同原则有着内在的冲突。同时,族群政治与政党政治相结合也刺激了身份政治的盛行。当代西方国家政党政治的最新发展动向都与族群问题密切相关。本章从梳理多族群国家民主制度发展出发,讨论西方国家族群与政党之间的关系,分析西方国家政党发展所面临的问题。

第一节　族群、族群政党与民主

　　"族群"一词源于希腊语"ethnos",这个词与"gentile"同义,最初指非基督教、非犹太教的异教徒。当代社会科学中的"族群"(ethnic group)一词,最早在 20 世纪 30 年代开始在人类学研究中使用,但直到 20 世纪 60 年代才开始被国际社会广泛接受。它的出现部分是为了取代"部落"(tribe)和"种族"(race),并且最终成为"文化群体"的同义词。20 世纪 80 年代以后,政治学领域关于民族和民族主义的研究变得广泛且流行。与民族相关的族群这一概念也被广泛使用。在安东尼·史密斯等看来,民族(nation)和族群(ethnic group)之间的区别是前者在其成员内部存在一套共同的公共文化,后者则没有。[1]换句话说,在安东尼·史密斯那里,"民族"具有一套"共同的公共文化",与某种程度上交流、融合联系在一起,"族群"则缺少"共同的公共文化",与某种程度上的排斥、隔绝联系在一起;"民族"是有机的,"族群"则是原始的;"民族"是现代的,"族群"则是前现代的。[2]

因而,因为它与"民族"概念的联系,族群这一概念既能将西方和非西方纳入共同的分析框架,又能将两者区别开来。更重要的是,当西方国家尤其是美国也开始出现和"民族"相关的种族问题时,"族群"这一概念就更加具有实用性了。正是在 20 世纪 60 年代,美国的学术界率先使用"ethnicity"概念,取代具有国家内涵的民族认同概念,"ethnic""ethnic group"等词亦由原来仅表达种族内涵转向强调历史—文化内涵。[3]1985 年,唐纳德·霍洛维茨开创性地出版其族群冲突研究的经典大作《冲突中的族群》后,族群政治与族群冲突的研究就成为比较政治中的热门领域。在霍洛维茨那里,族群被定义为"按肤色、语言和宗教区分的群体;包含了部落、种族、国籍和种姓"。[4]本书倾向于采用美国学者坎珊·钱德拉(Kanchan Chandra)对"族群"的定义,即由种族、语言、种姓、部落或宗教等身份构成的集团。[5]总之,族群是一种主要由各种先天性的身份特征构成的集团,这些身份特征在社会交往过程中能够被轻易识别。

虽然一些学者认为,使某一个共同体构成一个族群的特征不仅在内容上大体仅与文化和历史有关,而且含有强烈的主观性要素,[6]但在外在表现形式上,族群总是与肤色、部落、种姓、宗教、语言等联系在一起。这就决定了族群很容易被动员起来。在政治过程中,政治动员首先要做的事情是识别动员对象;在集体行动中,人们首先要做的也是确认谁是"我们"的人,谁不是。而要实现这个目标,需要进行动员的政治精英或者参与集体行动中的民众具备足够的信息,才能作出判断。因而,无论是政治精英,还是普通的参与者,实际上都是在相应的制度背景和信息背景下作出决策的。在日常政治生活中,人们很难获得那些影响他们情感和偏好的更复杂的信息,如教育程度、经济社会地位、收入水平、家庭背景、职业、意识形态偏好等信息。通常人们更容易通过直接的交往和接触获得一些快速帮助人们区分"我们"和"他们"的信息。族群恰恰是这种最容易获得的信息。此外,族群可以跨越地理和空间的限制。即使缺少直接的交往和接触,人们仅仅通过想象也能将远在千里之外的大规模人群区分为"我们"和"他们"。

族群自我认同和相互区别可以通过大量外在的特征显现出来,为政治中的参与者作出决策提供信息背景。首先,族群常常和某些宗教信仰联系在一起。信仰不同的神,进不同的宗教场所,举行不同的宗教仪式,佩戴不同带有宗教象征的饰品,可以很容易地将人们区别开来,特别是当宗教信仰还涉及不同的生活习惯时。印度次大陆的穆斯林、印度教徒、锡克教徒有着共同的祖先,在历史上因为某些原因信仰了不同的宗教,从而成了三个独立的族群。因而,当一个社会存在浓厚的宗教氛围,单单看人们在日常生活中出入的场所和欢庆的假日、信奉的神,就可以很容易地找到"我们"和"他们"。其次,族群可以通过肤色和服饰等生物学特征表现出来。从最简单的外表来看,肤色意味着族群。在美国,黑人和白人就是两个明显不同的族群。在印度,当初成功实现入侵印度的雅利安人身材高大、肤色更白,而土著达罗毗荼人的肤色更深、身材偏瘦小,走在人来人往的大街上,很容易看出两者之间的差距。除了生物学上的遗传因素外,穆斯林戴着白色小帽,锡克教徒则戴头巾,人们总是很容易将他们与印度教徒区分开来。印度教徒到了一定年龄会佩戴象征神灵的圣线。历史上,只有种姓结构中前三个高等种姓有资格佩戴圣线,首陀罗和在四大种姓结构之外的贱民则没有资格佩戴;贱民甚至没有资格穿鞋,进入寺庙。所以,人们很容易通过外在服饰识别出差异。最后,族群还和姓氏、语言等外在的文化符号联系在一起。一个"李"姓的新加坡商人,即使你没有和他见过面,也大致能够知道他是华人。一个姓名里带有"Ali"的印度人,几乎可以肯定是个穆斯林,一个姓名里带"Ram"的印度人也几乎可以肯定是个印度教徒,而一个姓名里带"Peter"的印度人也几乎可以肯定是个基督徒。因为这几个姓名分别代表了伊斯兰教、印度教和基督教中的神和圣人。即使是在发达的西方国家,姓氏也是重要的身份象征,甚至和某种经济地位联系在一起。在美国,姓氏后缀是"berg""stern""witz"的,大多是犹太人。

　　因而，在一个多族群的社会，族群就是日常政治生活中受信息约束的人相互区分、形成集体身份乃至共同意识的重要依据。基于族群的政治动员的门槛很低，尤其是在存在着强烈族群认同的社会。族群中的政治精英只要诉诸历史上的共同的神灵、英雄人物、重要事件或者与其他族群之间的交往记忆，就可以唤起成千上万人的共鸣。在许多国家，一个来自特定族群的政客的上台，就可以平息大规模的不满和愤怒；同样，一个来自特定族群的微不足道的小人物遭遇的不公正，也可以唤起大规模的不满和愤怒。

　　在族群多元化的国家，基于族群的政治动员不仅常见，而且成功。如果回顾欧洲国家的历史可以发现，虽然欧洲从封建国家、教会国家、城邦国家向现代国家转型的过程中，还不能说出现了族群政党和族群政治，但正是那种与世代居住的地方联系在一起的基于族群的认同，催生了欧洲民族国家的形成。

　　在政党政治活跃的现代国家，族群多元社会中的族群政党在政治动员方面有着天然的优势。原则上，选民或候选人可以根据居住地、阶级、组织联系、意识形态等任何身份得以组织，但族群身份是最为常见和普遍的形式，其主要原因是它最容易被识别。族群之间的差异是先天形成的。当一个族群根据一些先天性的符号来区分族群内部和外部时，族群身份和族群认同就已经形成。而这种象征身份和认同的符号是很容易被识别、构建和确立起来的。相比之下，李普塞特和罗坎所说的，与现代工业革命相联系的两种导致政党形成的社会分裂结构（工业—农业、资产阶级—工人阶级）在发展中国家先天发育不成熟，难以进行政治动员。不仅如此，即使阶级开始出现，阶级的集团行动也常常会滞后。比如西方历史上，工人早就出现了，但作为一个政治上自觉的工人阶级，却是在很晚以后出现的。而且此时西方民主已经开始了上百年，现代大规模的政治动员还没有出现。在这种情况下，个人阶级的身份认同和集体行动尚需要政党和精英的出现才能完成。而在非西方国家，阶级的力量脆弱，族群在客观上始终存在，虽然民主还没有到来，但现代大规模政治动员已经开始，特别是通过民族动员实现民族独立的过程中,已经让族群学习了动员和行动的能力。在这种情况下,甚至在政党出现之前,族群身份和集体行动就已经形成。相反,在阶级动员模式下,要使得在相同阶级结构中来自不同族群的群体跨越族群身份差异、达成集体行动也是非常困难的。

因而,在几乎所有族群认同强烈的国家,政党政治总是表现为族群政治。族群政党几乎是成功的政党的唯一类型。对此,霍洛维茨在《冲突中的族群》中指出,在政党支持和族群分布完全重合的政治中,投票模式的两极化是不可避免的。在族群政治中,种族投票通常意味着某一族群的成员一边倒地投票给某个政党而非其他政党;同样,某一族群的成员投票给属于本族群的候选人,而不考虑该候选人的党派倾向。当政党开始沿着族群组织并进行政治动员时,族群投票意味着选民只会投票给被认为和自身所在族群一致的政党,而不管候选人是谁。[7]换句话说,是政党的族群身份决定了选民的投票模式。在这种投票模式下,当某一个族群的成员选择只投票支持本族群的政党时,其他族群的选民也不得不选择支持而且仅支持本族群的政党。因为如果不这么做,他们在政治中将不得不处于劣势的地位。那些企图跨越族群身份、寻求建立更广泛的族群支持或者超越族群议题的政治领袖,将面临两边不讨好的局面。因而,政党领导人的决策和选民的决定是相互作用的。重要的是,族群政党的出现和族群政党政治的形成,会限制政党在其他议题基础上进行组织和动员,尤其是建立在阶级基础上的左翼政党。当族群冲突加剧,跨族群的阶级政党将会在选举中付出重大代价,其结果是最终要么也将采用族群动员的方式,变成族群政党,要么从此消失。

在有着严重族群分裂的社会,对族群的认同可见诸正式的国家机构,以及非正式的组织、活动和各种各样的社会角色中。乔瓦尼·萨托利认为,关于政党和社会之间的互动关系,没有比族群政治中的政党政治看得更清楚了。在族群分裂社会中,族群政党的存在不只是反映了族群这种亲密感和模糊的共同利益,更反映了各族群之间不可调和的对权力的要求。关于族群政党政治对民主发展的影响,大体上集中在族群政党政治是否加剧或减少族群冲突、扭曲投票和选举、影响公共政策、巩固民主化等方面。学术界普遍的看法是,在族群分裂社会,政党政治通常加剧而不是减少了族群冲突。政治精英利用族群政治来进行政治动员,是导致"从投票到暴力"的主要政治机制。[8]通过种族话语诉诸选民、对政府提出种族要求、支持族群内部种族沙文主义因素的作用,最初仅仅是反映了族群分裂结构的政党最终加剧和深化了族群分裂。[9]由于族群政党容易强化族群认同并导致冲突,所以人们通常认为族群政党政治不利于民主制度的确立,无论是民主化的转型或巩固。斯里兰卡是亚洲第一个实现普选权的国家,但族群政党政治的发展却让这个新兴的民主国家在此后陷入了数十年的内战。类似的还有非洲的尼日利亚、卢旺达、布隆迪,历史上的南斯拉夫等国家。马来西亚的族群政治在 1969 年的骚乱后受到了严厉的控制。马来西亚的民主更像是建立在多数族群对少数族群既进行镇压又进行补偿支付基础上的有控制的民主。甚至在像印度这样被认为成熟而稳定的民主国家,建立在普遍公民身份基础上的民族主义,始终和建立在族群身份基础上的宗教民族主义相竞争。在尼赫鲁统治时期,前者占了上风,印度的民主得以巩固下来。但是从 20 世纪 80 年代以后,族群动员和族群政党政治得以快速发展。2014 年以后,随着更具有印度教教派主义色彩的领导人上台,印度的民主正在走向多数主义。[10]

也有少数研究者认为,如果有恰当的制度设计,族群政党对民主发展是有促进作用的。著名的协商民主理论的提出者阿伦·李帕特(Arend Lijphart)提出了一个族群分裂社会的权力共享机制,认为赋予族群实质性的自治权和重要事项的否决权,行政系统内由各族群实施联合政府、议会、文官和财政制度方面实行一定的比例制,可以成功地维持民主。[11]霍洛维茨也认为,通过宪法工程学的设计,实行联邦制度、行政区划的调整和选举制度的改革,创造跨族群的政治联合,能够实现民主。[12]基于非洲的经验,也有学者认为族群及族群分裂有助于非洲新兴民主国家的政治行为者克服在选举制度方面的信息赤字,因为族群身份及差异容易被用来定义集体利益,并降低集体政治行动的成本。[13]非洲族群政党竞争的结果是高波动性和低碎片化并存。与人们的直觉相反,这一特征可能有利于巩固民主。因为选举波动性高意味着低效政党被制度自动清理了,只留下少数政党争夺选票和组建政府;由于族群仍然是政治动员和战略协调的重要基础,因此多族群联盟往往成为组成政党和执政联盟的标准。选举仍然是组建和更换政府的主要合法来源,随着选举的影响和支持度扩大,选民和候选人将在这一过程中学习并改善族群之间战略合作的能力。[14]然而,非洲国家糟糕的治理似乎无法为族群政治有利于民主提供更多合法性。

总的来说,大多数学者认为,族群政党政治要么引发冲突,要么威胁自由,两者都不利于民主。即使是认为辅之以制度来引导族群政党政治与民主共存的学者,常常也会发现结果并不如人意。没有太多的经验证明族群政党政治能够带来高质量的民主。李帕特把比利时、马来西亚、印度当成族群分裂社会中权力分享的成功案例。且不说比利时是处于欧洲大陆并且很早就开始了民主化的一个富裕国家,马来西亚是一个马来人垄断政治权力与华人商业阶层进行选票交易的半民主国家,而印度早已经从协商式民主向多数民主的道路推进了。至于像尼日利亚这样的大多数非洲新兴民主国家,包括像印度这样所谓成熟的民主国家,虽然族群政党政治不再伴随着激烈的暴力冲突,但其民主的质量却令人沮丧。族群政党政治与庇护关系共存。族群政党将政治动员建立在族群之上,当选后通过行使他们在执行国家政策时的自由裁量权,将国家控制的大量资源分配给部分选民(也就是支持政党的族群)。庇护关系将选票变成了购买政策收益的通货,颠覆了代议民主过程中选举的真正目的。政党政府将资源、利益有选择地赋予特定族群,剥夺了其他族群公平、平等地获得公共产品的权利。而用选票换取选举前和选举后的短期利益,更有可能使大多数政府政策忽视长期考虑而追求短期效应。这种所谓"庇护民主"(patronage-democracy),几乎是严重的政治腐败、低下的政府绩效的代名词。

第二节　西方民主史上的族群

在一个由不同的民族构成的国家,自由制度简直是不可能的。

在一个缺乏共同感情,特别是语言不同的人民中,不可能存在实行代议制政府所必要的统一的舆论……同一事件，同一行为，同一政府制度，对它们的影响是不同的。每个民族害怕其他民族加给它以损害更甚于害怕共同的主宰者，即国家所加的损害。它们之间的相互交恶一般说来比对政府的猜忌要强烈得多。任何一个民族对共同统治者的政策感到不满就足以决定另一民族支持该项政策。即使全都感到不满，也没有人会感到他们能信赖别人会忠实地采取共同抵抗的行动，每个民族的力量都不足以单独地进行抵抗，每个民族可能不无道理地认为最有利于自己的办法就是争取政府的好感来反对其他民族。[15]

1861 年约翰·密尔（John Stuart Mill）在《论代议制政府》写下这段话时，西方民主政治思想并没有关注种族问题。在此时的英国，选举制度的改革方兴未艾，责任内阁制呼之欲出，民主政治不断深化。大饥荒造成爱尔兰人的强烈不满，分离主义运动开始兴起。但无论是托利党人和辉格党人，都没有预料过爱尔兰人最终会选择分裂建立一个独立的国家。在大西洋的另一侧，林肯的当选推动美国工业资本主义的北方和种植园黑人奴隶制的南方爆发了内战。被解放的黑人逐渐获得了公民权和选举权，但更多是被看作统一市场和经济形态中的劳动力，而非和白人平起平坐的公民。美国的民主本质上是白人的民主。在欧洲大陆，建立在民族国家基础上的资产阶级革命风起云涌，民族国家的形成与民主的发展相向而行。种族问题，或者说，与 20 世纪后半期民主化相伴而生的族群问题，并不是欧美发达资本主义国家民主制度形成和发展中的议题。

　　无论如何，密尔的思想多少代表了 19 世纪到 20 世纪早期西方的民主主义者的一种普遍认识，即多民族国家不适合民主的运行。由于缺乏民族意识，人民无法形成对国家的忠诚感。一旦有一定数量的国民不愿意归属全体人民，就必然会引发对抗或压制措施，民主与自由将两败俱伤。密尔认为，"一般来说，自由制度的一个必要条件是，政府的范围应大致和民族的范围一致。但是在实践上某些考虑容易同这个一般原则相冲突"[16]。但密尔也承认，这种情况是少见的。比较常见的则是政府所辖的范围包含了多个民族,各民族在人数或者其他力量方面势均力敌。"在这种情况下,每个民族信赖它自己的力量,感到它自己能够保持和任何别的民族同样的努力,不愿意被融合到别的民族中去。因此,每个民族以党派的固执性培养它自己独有的特性;陈旧的习惯,以及甚至淘汰中的语言,都被恢复起来以加深这种分离;每个民族对别族官员在它内部行使权力都认为是对它的压迫;给予相冲突的民族之一以任何东西都被认为是取之于所有其余的民族……但是如果渴望自由政府的时代在这种融合完成以前到来的话,完成这种融合的机会就会一去不复返了。"[17]虽然大规模的普选和竞争性政党制度的成熟在密尔发表上述观点的时代还没有到来,但密尔显然意识到一个国家在竞争性选举制度引入之前实现族群整合和完成国家建设的重要性。西方国家历史上族群与民主发展的关系,也恰好证明了密尔上述观点背后的潜台词:资本主义自由民主制的成功是建立在西方国家族群结构的同质化基础上的。

在欧洲,英国和法国是最早开始在族群同质化过程中建立民族国家、开始民主化的进程。以英国为例,在爱德华一世统治时期,英格兰人(盎格鲁-诺曼)的国家扩张到了威尔士,摧毁了威尔士人的王国,并将威尔士人纳入统治范围,使他们成为英格兰支配下的边缘文化共同体,并最终与英格兰人形成统一的文化基础。苏格兰也经历了类似的转变,但保留了天主教。正因为如此,与威尔士人相比,苏格兰人与不列颠的情感要更加复杂。这种情感甚至现在还在影响英国的民主。1689年光荣革命后,英国逐渐确立起立宪君主制。1832年第一次议会改革,托利党和辉格党向保守党和自由党转变,英国现代政党正式形成,民主化进程加快。在此后的近百年时间里,爱尔兰问题就成为困扰英国国内政治发展的重要因素。因为与主要作为盎格鲁-撒克逊人后代的苏格兰和英格兰人相比,爱尔兰人主要是凯尔特人的后代。20世纪伟大的民主理论者林茨(Juan Linz)和斯蒂潘(Alfred Stepan)在《民主转型与巩固问题》中明确指出,民主的前提条件之一是国家建设的完成。而此时的英国,爱尔兰的独立问题就成为英国民族国家建设中的困扰因素,爱尔兰的民族认同也就成为英国民主制度发展的障碍。

1919 年,大多数于 1918 年大选中当选的爱尔兰议员拒绝在英国下院任职,自行组成了爱尔兰议会。到 1923 年,爱尔兰获得独立,英国正式改为"大不列颠及北爱尔兰联合王国",英国作为一个统一的政治共同体最终确立下来,其民主制度总体上不再受到内部族群冲突的挑战。

在法国,到 12 世纪,关于法兰西人及其王国的神话建立起来,但其地理范围最初只出现在法兰西北部和中部。在此后而几个世纪里,如今法国西部、东部和南部地区被吸纳进来,英格兰人被赶走,法兰西国家在行政管理和语言使用两方面的统一程度不断提高,法语被提升为沟通和统治的官方语言。虽然与英国相比,法国追求领土统一和经济一体化的进程要慢得多,但波旁王朝提高国家集权化的努力和大革命建立起标准化的法律体系,最终将法国打造成一个由法兰西人组成的单一族群国家。

在欧洲大陆,现今的挪威人、丹麦人、瑞典人、冰岛人、德意志人、奥地利人、瑞士人、荷兰人、弗拉芒人、卢森堡人几乎都是日耳曼人的后裔。在公元 900 年到此后的 1 000 年里,欧洲大陆不同政治实体中的人口,逐渐形成了一种与他们世代居住的地域相结合的族群身份和种族认同,并在此基础上建立起国家。英国和法国族群同质化与民族国家建设同步发展的范例,深刻影响了欧洲大陆。部分原因是英国和法国最终拥有的强大的军事和经济力量有示范效应,它们在 16—17 世纪获得迅速发展,因而成为欧洲大陆其他国家效仿的对象。在世俗国家和教会及新兴资产阶级和专制王权的斗争中,新兴的官僚制国家通过其军事、行政、财政及司法机构,占主体地位的贵族所代表的文化认同逐渐将中间阶层和边缘地区吸纳进主流文化,并在此基础上形成了相对单一的民族。用安东尼·史密斯(Anthony Smith)的话说,"以官僚制国家为中介,通过在行政、经济和文化三个领域的革命,占主体地位的水平族群就将外围地区的族群和中下层阶级都吸纳进了自己的文化。归根到底,世俗的大众性民族的出现,是一项充满活力的政治社会化工程的结果,借助的手段是公共的大众教育系统。但是,在这项成就达成之前很久,贵族式的族群文化逐渐扩散,并向一种真正的民族文化转型的过程就已经开始了。这种民族文化既是公民性的,也是族群性的,同时还具有社会包容性。这个过程与公民的和法律的权力向王国内更广泛领域扩散的过程是一致的。然而,最终,这个过程恰恰可以被追溯到一个核心族群的出现。正是围绕这个核心族群,强大的国家才得以建立,并可能将其他阶层和外围地区的族群吸纳进来。"[18]伴随着资本主义的发展,欧洲各国资产阶级革命爆发,实现了民族国家的独立、统一。19 世纪后期,随着德国和意大利的统一,西欧民族国家的形成基本结束,西欧国家的边界也从此稳定下来。除了西班牙、比利时等少数国家还存在与地区文化相结合的语言少数派外,欧洲各国总体上建立起了族群结构相对同质的现代国家。

而那些曾属于英国殖民地的西方国家,包括美国、加拿大、澳大利亚和新西兰这些殖民地,白人殖民者霸占并几乎消灭了当地的土著,使这些地方最终成为欧洲白人的国家。加拿大、澳大利亚和新西兰独立时,几乎都成了单一族群构成的国家。在北美地区,加拿大正在朝由说法语的魁北克地区和讲英语的其他地区统一起来的独立国家发展,无论是法语区的加拿大人,还是英语区的加拿大人,他们都是欧洲白人及其后代。这些从殖民地转变而来的移民国家,在历史上都通过不同程度的同化政策,实现从生理上的多种族向文化上的单一种族转变。美国的历史最充分地证明了这一点。

M.戈登在《美国生活中的同化:种族、宗教和族源的角色》中将美国历史上的同化政策划分为三种不同的路径:"盎格鲁一致性""熔炉"和"文化多元主义"。其中,"盎格鲁一致性"理论要求移民接受美国的盎格鲁-撒克逊核心群体的价值观念与行为方式,彻底放弃自己祖先的文化。其表现形式是通过移民、教育、大众传媒等部门配合以相应的政策,要求移民去除原有文化和对出生国的情感,遵循盎格鲁-撒克逊文化导向而迅速转变为一个美国人,也就是成为一个文化上的 WASP(白人、盎格鲁-撒克逊、新教徒)。

"熔炉理论"出现于 19 世纪末 20 世纪初期,其背景是大量被称作"新移民"的东欧和南欧人来到美国。[19]熔炉理论设想的是盎格鲁-撒克逊群体与其他移民群体实现生物学的合并,把它们各自相关文化混合成一种全新的美国本土文化模式。熔炉理论得到西奥多·罗斯福和伍德罗·威尔逊两位总统的赞赏。1915 年,威尔逊总统在费城的一次入籍公民集会上表示,族群身份是不能与一个"彻底的美国人"身份相提并论的,"美国不是由这些群体组成的……如果一个人认为他自己属于美国某一个特定的民族群体(national group),他就还没有成为一个美国人"[20]。但正如戈登在《美国生活中的同化:种族、宗教和族源的角色》中指出的,熔炉理论忽略了一点,即在文化混合的过程中,不同群体的文化发挥的影响力是不一样的。在实质上,熔炉理论也要求移民的文化被彻底地融化,不留下任何痕迹,而由于盎格鲁-撒克逊新教徒文化的绝对主导地位,文化同化的结果显然就是各种各样的边缘文化被浇筑进了已成型的盎格鲁-撒克逊文化模型。因而,熔炉理论包含了文化适应的观点,它在性质上与"盎格鲁一致性"几乎很难被区别开。[21]

文化多元主义(cultural pluralism)最早出自 1915 年由犹太裔哲学家霍勒斯·卡伦在《民族》周刊上发表的论文《民主与熔炉》。[22]其背景除了继承熔炉理论中对移民族群文化的适当肯定外,也与当时美国社会推崇的自由主义、国际主义和宽容观念有关。"文化多元主义"假定,新近移民群体的社区生活和文化的重要组成部分在美国公民权的框架下能够得以保存,同时这些移民群体能够在政治上和经济上被整合进美国社会。[23]文化多元主义主张在肯定主导文化地位的基础上,强调不同文化的共存以及对少数族群文化的尊重。在当时的背景下,这里的少数族群文化不过也就是天主教文化和犹太教文化。

值得注意的是,熔炉理论和"文化多元主义"理念的形成是对盎格鲁-撒克逊优越论的一种挑战,是来自东欧、南欧的新移民为追求和老移民的平等地位的反抗,是为同属白人的新移民辩护,追求的是白人内部的平等。无论是熔炉理论还是文化多元主义理论,都是在坚持盎格鲁-撒克逊新教文化主导地位基础上主张一定程度的文化宽容。这背后的逻辑是,天主教徒、犹太教徒和新教徒是平等的。熔炉理论和文化多元主义理论的主张者,自觉地接受盎格鲁-撒克逊白人新教文化的主导地位,同时希望对他们的宗教文化也能得到平等对待。关于这一点,文化多元主义的提出者卡伦问道:"在所有人成为天主教徒或其他类别之前,他们难道不都是亚当的子孙吗?"[24]卡伦没有提及那些不认为自己是亚当子孙的人。也就是说,卡伦的"文化多元主义"并不适用于非白人种族。从历史的长河来看,美国白人内部宗教群体之间的文化差异并没有那么突出。天主教和犹太教对美国的盎格鲁-撒克逊白人新教文化是完全接受的。换句话说,起源于英国的盎格鲁-撒克逊新教文化成功地同化了来自西北欧、东欧和南欧的移民。正如米尔顿·戈登在其研究中说,犹太人"接受了美国中产阶级的价值观,⋯⋯它的成员以及一定程度上它的制度都越来越在文化上无法与美国核心社会的人员和制度区别开来"[25]。而"19世纪的爱尔兰和其他北欧天主教移民在外表和举止上,都与相同阶级的核心群体成员完全相同,那些较后迁来的南欧和东欧天主教移民正在迅速地推进文化适应的步伐"[26]。而这里的核心群体毫无疑问就是盎格鲁-撒克逊人及其后裔,这里的中产阶级价值观无疑就是盎格鲁-撒克逊白人新教徒的价值观。在戈登写作《美国生活中的同化:种族、宗教和族源的角色》一书时,他感到充分自信,盎格鲁-撒克逊文化的统治地位自殖民时代开始至今未受到严重的威胁。

的确,到20世纪60年代以欧洲白人移民为主的移民宣告结束的历史转折点,美国白人内部新教、天主教和犹太教三大集团的差异已经不再重要。从族群的构成来看,他们都有一个共同的身份,那就是欧洲白人,且信仰上帝。从价值观来看,他们都共享一个主体文化,就是盎格鲁-撒克逊白人新教文化。戈登在《美国生活中的同化:种族、宗教和族源的角色》中写道,如果美国生活中有什么东西可以被视作美国的主体文化,并能为移民及其子女提供参照的话,那么在我们看来,对于它最好的描述就是,它是由那些新教徒的、大部分拥有盎格鲁-撒克逊背景的白人中产阶级所拥有的文化模式。[27]从族群身份来看,当时的美国社会分为白人和黑人两大族群。黑人处于社会底层,属于二等公民,信仰基督教,讲英语,对他们的非洲文化和非洲认同毫无兴趣,对美国主流文化和主流政治没有任何威胁。

到20世纪初期,民主制度在欧洲和北美的发展,构成了塞缪尔·亨廷顿(Samuel Huntington)所说的世界范围内漫长的第一波民主化浪潮的主要部分。可以说,西方国家早期的民主化过程,同时也是一个族群的同质化过程。早期西方国家民主的成功，与其族群同质化的社会结构是密不可分的。

第三节　20 世纪 70 年代以来西方国家族群结构变化

如前所述，历史上西方国家的族群结构大致分为两种类型。第一种是美国、加拿大、澳大利亚这些殖民地国家的白人—黑奴/原住民结构。在原住民基本被消灭后，这些由移民组成的国家在接受移民的政策方面实行了严格的同化政策，确保了黑人或少数族裔融入欧洲白人价值体系。第二种则是西欧国家的相对单一族群结构。[28] 总体上说，西方国家在民主政治确立到 20 世纪 60 年代末，族群的差异即使存在，也没有形成政治上的分裂。这一情况在 20 世纪 70 年代以后开始改变。

建国初期，美国的人口总数大约为 400 万。人口构成包括白人、印第安人和黑人。大多数历史学家认为，尽管白人来自欧洲不同的地方，白种人之间族群混合的程度非常高。两位著名的美国历史学家这样描述殖民时期："具有不同血缘的人们，英格兰人、爱尔兰人、德意志人、胡格诺教徒、荷兰人、瑞典人，他们相互混居并且通婚，丝毫也不在乎彼此之间的差异。"[29] 印第安人虽然是美洲大陆上的原住民，但在整体上受到白人的敌视，被看作未开化的野蛮人或者原始人。殖民者对他们的态度就是将其从沿海平原驱赶到西部边疆乃至更偏远的部落，甚至将其消灭。这导致印第安人的数量急剧锐减，到 1800 年左右大约为 60 万。黑人的奴隶身份使得他们根本没有被看作人，而只是会说话的工具，在总人口中占有大约五分之一的比例。相对于白人而言，黑人和印第安人都不是真正意义上的人，更不用说是美国公民。换句话说，只有白人，才是美国人。此后，来自西欧和北欧、东欧和南欧的移民源源不断地进入美国。在这一过程中，有极少量亚洲人开始移民美国，但在 1960 年之前，美国的移民基本上是欧洲白人。可以说，从独立到 20 世纪 60 年代的一个多世纪里，美国在移民传统和移民政策的双重作用下，成了一个由欧洲白人及其后代组成的白人国家，其中盎格鲁-撒克逊民族白人新教徒是其核心族群。1960 年美国人口普查统计数据显示,美国总人口数量约 1.79 亿,其中白人约占 88.6%,黑人约占 10.5%。与此同时,1960 年美国的移民中,来自欧洲和加拿大的移民占 84%,来自其他地区的移民仅占 16%。

1965 年,美国国会通过《移民和国籍法》,取消了移民限额法中的民族来源原则,改为按照国籍确定份额。美国的移民来源地和构成开始发生巨大变化。一是在移民问题上改为相对开放的原则。根据美国国内统计数据,从 20 世纪 50 年代末开始,新入籍人口数量急剧增加,1985 年突破每年 20 万,1993 年突破每年 30 万,1996—2015 年则维持在每年 70 万左右。[30]二是欧洲移民迅速减少,来自中南美洲和亚洲的移民数量大量增加。20 世纪 60 年代,获得永久居留权的中南美裔(尤其是以墨西哥裔为主的拉美裔族群)人数超越欧洲族裔,中南美洲成为美国移民的第一大来源地。到 20 世纪 70 年代,亚裔也超越了欧洲族裔,亚洲成为第二大移民来源地。[31]拉美裔和亚裔在人口中所占的比例迅速上升。

在此后的 60 年里,伴随着非欧洲移民的快速增长,美国族群构成发生巨大的变化。美国的人口统计大致上将美国人划分为白人、黑人(非洲裔)、拉美裔、亚裔四大族群。白人在总人口中的比例从 1960 年人口普查时的 88.6% 降至 1970 年的 87.5%、1980 年的 83.1%、1990 年的 80.3%、2000 年的 75.1%、2010 年的 63.7% 和 2020 年的 57.8%。黑人在总人口中的比例相对稳定,从 1960 年到 2020 年分别是 10.5%、11.1%、11.7%、12.1%、12.3%、12.6% 和 12.4%。与此相比,拉美裔和亚裔移民快速增长。在 1970—2020 年间,拉美裔在总人口中所占的比例分别为 4.7%、6.4%、9.0%、12.5%、16.3% 和 18.7%。在亚裔方面,在 1970—2020 年间,亚裔在总人口中所占的比例分别为 0.8%、1.5%、2.9%、3.7%、4.8% 和 5.9%。在不到半个世纪的时间里,拉美裔就已经超过黑人,成为美国最大的少数族裔。到 2010 年,拉美裔在总人口中的比例为 16%,成为美国最大的少数族群,明显超过非洲裔。在 2000—2010 年间,拉美裔人口增加 1 520 万,占同期美国新增人口总数的一半,10 年间增长 42.9%。与此同时,非拉美裔的美国人增长缓慢,仅增加 5%,非拉美裔的美国白人增长更慢,增长速度只有 1%,

总数从 1.946 亿增加到 1.968 亿,仅增加了 220 万。在全美,约有十分之一的县,非白人的少数族群的人口比例超过 50％。[32] 在加州、新墨西哥州,拉美裔都是第一大族群;此外还有哥伦比亚特区、马里兰州、内华达州、得克萨斯州,白人的比例都已经降到 50％以下。[33]

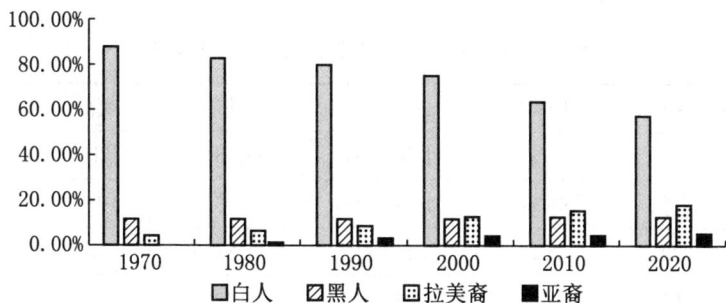

图 3.1　1970—2020 年美国人口构成变化

　　根据 2020 年美国最新人口普查结果显示,美国总人口为 3.31 亿,相较于 2010 年人口普查时的 3.18 亿人口,增长了 7.4％,是美国建国以来除了 20 世纪 30 年代经济大萧条时期以外人口增速最低的十年。普查结果还显示,美国经历了前所未有的多种族人口增长,美国人口在种族方面呈现更加多元化趋势。在全国层面,多样性指数即人口普查中在给定地区随机选择两个人来自不同种族或民族的概率为 61.1％,在 2010 年为 54.9％。在全美,白人仍是人口最多的族群,但总数比 10 年前减少 8.6％,在总人口中的比例降至 57.8％。不仅如此,10 年间白人总数从 2010 年的 1.96 亿下降到 2020 年的 1.91 亿,减少 500 万,是历史上首次出现人口数量下降的现象。

　　少数族群中,拉美裔美国人占比增长至 18.7％。2010—2020 年间,拉美裔美国人增加 1 160 万,增长 23％。在拉美裔人口集中的州,人口增长迅速。例如得克萨斯州 10 年间增加 400 万人口,是全美人口增加最多的州,该州 95％的人口增长来自有色人种;佛罗里达州 10 年间增加 270 万人口,54％是拉美裔;北卡罗来纳州 90.4 万新增人口中有 35％是拉美裔。尽管拉美裔人口在这 10 年中的增长速度大大低于上一个 10 年,但仍然是全美增长速度最快的族群,远远超过白人。非洲裔美国人占比下降至 12.4%；亚裔美国人占比增长至 5.9%。数据显示，白人在大部分州和地区仍是人口最多的群体，但在加利福尼亚州、夏威夷州、新墨西哥州和华盛顿特区，已不是人口最多的族群。在加利福尼亚州、新墨西哥州、内华达州、得克萨斯州、马里兰州、夏威夷州和华盛顿特区，白人在当地人口中的占比已不足 50%。[34]

表 3.1　得克萨斯州人口变化（2010—2020 年）

族　　裔	2010 年	2020 年	2020 年占比	增加人数
白　　人	11 397 345	11 584 597	39.75%	187 252
拉美裔	9 460 921	11 441 717	39.26%	1 980 796
黑　　人	2 886 825	3 444 712	11.82%	557 887
亚　　裔	948 426	1 561 518	5.36%	613 092

资料来源：https://www.texastribune.org/2021/08/12/texas-2020-census/。

　　根据布鲁金斯学会的研究报告，2020 年美国人口普查首次发布的族裔统计数据清楚地表明，美国的"族裔多元化大爆炸"趋势仍在继续。1980 年，白人居民几乎占全国人口的 80%，黑人居民占 11.5%，拉美裔居民占 6.4%。到 2020 年，白人人口比例已经下降到 57.8%。拉美裔和亚裔美国人的人口比例分别上升到 18.7% 和近 6%。美国 2010 年至 2020 年的所有增长都归功于有色人种——拉美裔、黑人、亚裔美国人、夏威夷原住民或太平洋岛民、美国原住民，以及认定自我为两个或两个以上的种族。这些群体加起来占美国人口的 40% 以上。"族裔多元化大爆炸"在年轻人中的趋势更加明显，美国 18 岁以下人口中，白人所占比例不到一半。[35]图 3.2、3.3、3.4 清楚地表明了美国族裔结构的变化。

　　上述数据清楚地表明，美国不再是由白人、黑人两大族群构成的国家。

　　欧洲是现代民族国家的发源地。17—19 世纪西欧民族国家的形成过程，同时也是民主化的过程。与美国相比，欧洲的大多数国家被认为是典型的民族国家。尽管在此期间，欧洲一直是世界上主要的移民地区。有数据显示在 1800—1960 年间，欧洲共向外移民 6 100 万至 7 000 万，在世界移民总量中占三分之二以上。[36]在某种意义上，欧洲移

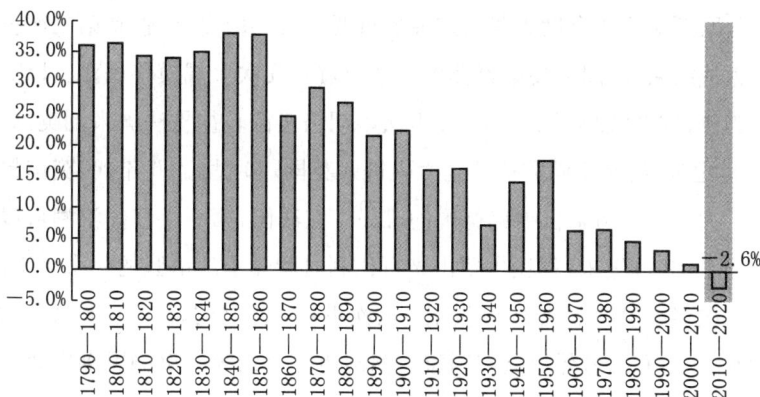

图 3.2 1790—2020 年美国白人人口增长率

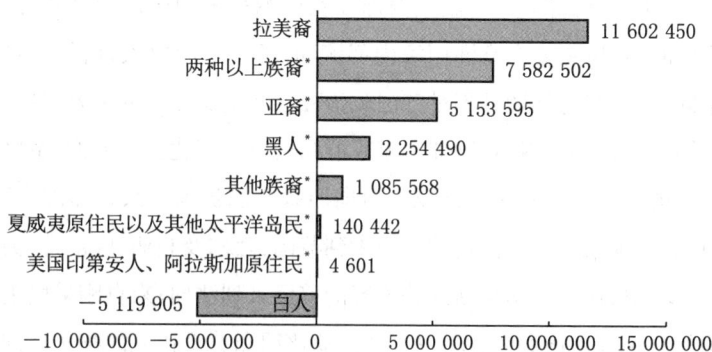

注：＊非拉美裔族群

图 3.3 2010—2020 年美国各族裔人口变化

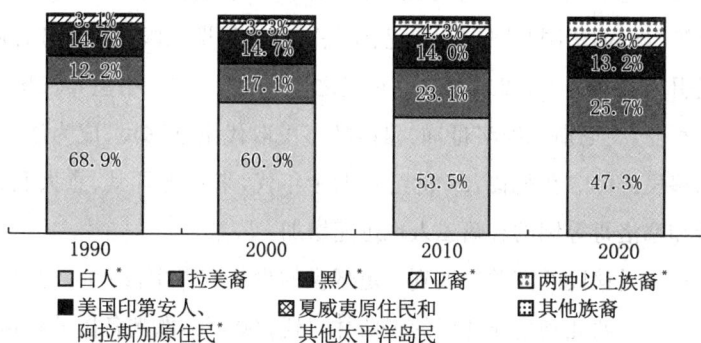

注：＊非拉美裔族群

图 3.4 1990—2020 年美国 18 岁以下未成年人族裔结构

资料来源：William H. Frey，"New 2020 census results show increased diversity countering decade-long declines in America's white and youth populations," Brookings，August 13，2021。

民是欧洲文明在全世界范围扩展的重要原因。历史上,直到第二次世界大战结束,欧洲主要国家都先后经历过好几次大规模移民潮。以英国为例,17世纪时期大约有10万法国胡格诺派教徒从法国来到英国;19世纪末,约有相同数量的犹太人进入英国;20世纪30年代,英国接收了大约7万名来自纳粹德国的难民。在法国,第一次移民浪潮可以追溯至19世纪末,移民主要由来自比利时和瑞士法语区的外来劳工。第二次移民浪潮出现于20世纪初两次世界大战之间,移民主要来自意大利、波兰和西班牙等欧洲国家。德国历史上的第一次移民潮在第二次世界大战后,属于战争移民,主体是在第二次世界大战期间被驱逐的德国人,主要是德国东部、波兰西部以及原纳粹占领区内的德意志人。直到此时,移民主要在欧洲国家内部流动,都是欧洲白人,信仰基督教的不同教派,族群问题并不是各国政治社会乃至文化中的重要问题。

第二次世界大战后,欧洲国家族群结构发生变化。一方面,殖民体系的瓦解导致大量殖民地国家人口向原宗主国流动。来自印度、巴基斯坦、非洲国家等前殖民地的移民来到英国;阿尔及利亚、摩洛哥、突尼斯、马里、尼日尔、马达加斯加等国家的移民来到法国;来自刚果民主共和国的移民进入比利时;安哥拉、几内亚比绍和莫桑比克的移民来到葡萄牙;印度尼西亚的移民来到荷兰。另一方面,西欧国家经济快速恢复,国内青壮年劳动力严重不足,许多国家开始实行吸收外来移民的劳工政策。例如法国与阿尔及利亚、摩洛哥和突尼斯三国签订劳务合同,大量引入北非劳工。20世纪60年代之后,来自北非马格里布三国(阿尔及利亚、突尼斯和摩洛哥)的穆斯林移民取代南欧移民,成为法国最大的移民群体。在德国,20世纪六七十年代,来自土耳其、意大利、突尼斯和摩洛哥等国的客籍工人也迅速增加。

在战后移民欧洲并发展到一定规模的少数族群中,约90%是来自北非、中东、西亚和南亚地区的穆斯林。到2000年,欧洲各国的穆斯林人口比例与1950年相比增加了几十倍乃至上百倍。在西北欧,1950—2000年间,法国的穆斯林从23万增加到473万;比利时的穆斯林从不到1万人增加到60万;英国的穆斯林从10万人增加到159万;荷兰的穆斯林从5 000人增加到96万。包括比利时、海峡群岛、法国、爱尔兰、马恩岛、卢森堡、荷兰和英国在内的 8 个西北欧国家和地区,穆斯林人口数量从 1950 年的 34 万增加到 1 039 万。在丹麦,1950 年仅有穆斯林 427 人,到 2000 年超过了 10 万;在挪威,1950 年穆斯林人数为 4 245 人,到 2000 年接近 10 万;在瑞典,穆斯林从 1950 年的 701 人增加到近 50 万。包括丹麦、芬兰、冰岛、挪威、瑞典在内的北欧五国的穆斯林人数从 1950 年的 6 000 余人增加到 2000 年的 80 万。在中欧,从 1950—2000 年,德国的穆斯林从 2 万人增加到 320 万;奥地利的穆斯林从 8 000 人增加到 33 万。[37]像法国和德国这样在历史上被认为是单一民族国家的大国,也已经演变成为"西欧国家中非典型意义上的移民国家"。[38]欧洲的穆斯林已经成为西欧发达国家第一大外来族群,伊斯兰教也成为欧洲国家除基督教以外的第二大宗教。

2010 年底"阿拉伯之春"引发中东变局,尤其是叙利亚内战之后,大规模北非难民从中东、北非和西亚等地区的伊斯兰国家,经地中海和巴尔干半岛地区向欧盟国家移民。根据皮尤研究中心的调查结果,2010 年时,欧洲穆斯林人口约占欧洲总人口的 3.8%,总数为 1 950 万。[39]截至 2016 年,全欧洲的穆斯林人口约占欧洲总人口的 4.9%,总数大约为 2 580 万。虽然穆斯林在欧洲总人口中所占比例不到 5%,但是由于其分布相对集中,因此穆斯林人口的增长在欧洲各国并不均匀。在大约 2 580 万穆斯林中,法国的穆斯林人口约 572 万,在其总人口中约占 8.8%;德国的穆斯林人口约 495 万,在其总人口中约占 6.1%;英国的穆斯林人口约 413 万,在其总人口中约占 6.3%。意大利的穆斯林人口约 287 万,在其总人口中约占 4.8%;荷兰的穆斯林人口约 121 万,在其总人口中约占 7.1%。此外,在一些人口小国,穆斯林人口的总数虽然不大,但在其总人口中占的比例较高。例如穆斯林在瑞典总人口中占 8.1%,在挪威占 5.7%,在比利时占 7.6%,在丹麦占 5.4%。[40]

荷兰学者保罗·舍夫(Paul Scheffer)指出,人们通常认为美国是移民国家,而欧洲是单纯的民族国家,但实际在欧洲国家,第一代移民及其后代已经占欧洲总人口的 20%,与美国的移民数量几乎持平。法兰克福、巴黎、伦敦、阿姆斯特丹这些经济中心和大城市几乎 50% 的人口都是外来移民。而且,相比较美国,欧洲社会更加依赖移民,因为在过去的几十年间,欧洲的人口增长都是依靠外来移民。在未来 30 年里,美国人口自然增长可以达到 30％—35％,而欧洲本土的人口几乎不会增长。[41]保罗·舍夫所说的,是欧洲国家当前和未来族群发展的事实。即使目前还很难被定义为严格意义上的多族群国家,欧洲各国事实上正在走向包含以穆斯林为主体的庞大少数族群的国家。

第四节　族群结构变动中西方政党政治的演变

族群结构的变化在两个方面改变了西方国家政党政治的社会生态。

首先,在文化和价值观方面,出现了少数族群和主流社会之间的明显差异。早在 20 世纪 60 年代,加布里埃尔·阿尔蒙德(Gabriel Almond)和西德尼·维巴(Sidney Verba)就提出了不同的国家存在不同的政治文化的观点,并认为一个国家的政治文化对民主制度有着巨大的影响。阿尔蒙德和维巴在比较了意大利、墨西哥、西德、英国和美国这 5 个国家的政治文化后,认为美国的政治文化是一种参与者的公民文化。美国人经常参加政治讨论,并卷入政治事务,有积极参加社团的义务感和对政府施加影响的能力感。美国人还是志愿团体的积极成员,喜欢涉足政治事务,并为美国的政治制度感到自豪。作为阿尔蒙德和维巴考察对象之一的墨西哥,其政治文化最明显的特征是不平衡和不协调。墨西哥人的参与意愿强烈,但对政府的评价却非常低。这与墨西哥历史上的威权统治有关。[42]在此后有关政治文化的研究中,虽然学者对一国的政治文化与民主政治之间究竟存在何种关系有很大争议[43],但几乎都认为民主的政治文化,对于新旧民主国家都是非常重要的。[44]

在阿尔蒙德和维巴比较 5 个国家的政治文化时,美国的族群结构还没有开始经历大变革。在越来越多的墨西哥人和讲西班牙语的拉丁美洲移民来到美国后,讲英语的美国人和讲西班牙语的美国人之间的文化和价值观差异开始凸显。2001 年,研究墨西哥的美国学者罗德里克·艾伊·坎普(Roderic Ai Camp)出版了《拉丁美洲的民主观》

（*Citizen Views of Democracy in Latin America*）一书，认为美国和拉丁美洲两个地区的人民对民主的理解存在根本性差异。这些差异直接影响到该地区各国的民主化和政治自由化进程。例如，大多数拉丁美洲人从平等和进步的社会经济角度来定义民主的期望（这两项合计占回答者的 37%—54%），但只有 18% 的美国人持有这种观点。与此相反，美国人压倒性地（48%）用自由这一政治术语来定义民主，但只有 34% 的拉丁美洲人这样定义民主。[45]

2014 年，美国北得克萨斯大学的政治学教授约翰·布思（John A. Booth）和俄亥俄大学政治学教授帕特里夏·拜尔·理查德（Patricia Bayer Richard）出版《拉丁美洲的政治文化：公共舆论与民主》（*Latin American Political Culture：Public Opinion and Democracy*）一书。书中提到，拉丁美洲在历史上由天主教意识形态浓厚的西班牙和葡萄牙殖民者统治，政治制度掺杂了威权主义、父权制、集权主义和社团主义的色彩。拉丁美洲国家的政治文化的特点表现为：第一，社团主义，有机的、单一的社会概念，将社会中的各阶级和利益视作整体的组成部分，必须在一个中央权威机构的指导下进行合作；第二，集权主义，即强调强大的中央政府和等级严格的官僚机构，主张建立自上而下的、中央集权的单一政府；第三，威权主义，偏爱强势和发号施令的政治强人或统治者；第四，个人主义，倾向于接受基于个人魅力的政治领导人，而不是他们所占据的政府机构，信任和依赖个人的、非正式的网络体系而不是正式的制度或机构；第五，理想主义，在政治世界中关注思想的表达而不重视理念的具体实践；第六，非理性，教条主义，意识形态僵化，使得政治舞台上的谈判和和解变得困难；第七，政治参与水平低，被灌输了接受高度集中的政治权威统治的想法，因而政治效能感很低；第八，政治疏离，有暴力倾向，由于高度的不平等和糟糕的政治绩效，拉丁美洲的公民对政治制度的信任度很低，参与政治主要是通过政治疏离的暴力爆发来表达其挫折感；第九，家长制、腐败及对法治缺乏尊重，庇护关系（社会、经济和政治地位不平等的人之间的非正式合作）凌驾于正式的制度规则之上，公共政策中的庇护特征导致对法治缺乏尊重。[46]

另外，也有大量数据支撑了拉丁美洲政治文化特殊性的结论。皮尤的一项名为"拉丁美洲的宗教"的调查发现,在对待政治的看法上,拉丁美洲各国存在巨大差异。在"民主"和"强人政府"的关系上,拉丁美洲人总体上拥护民主,但在一些国家,支持"民主"和支持"强人政府"的比例不相上下;在宗教与政治的关系上,大多数拉丁美洲人认为政教应该分离,但在少数国家也有大多数人认为国家"应该促进宗教价值观和信仰"。[47]另一项基于美国晴雨表的调查数据的研究则发现,2004—2020年,拉丁美洲政治文化没有发生明显改变。具体表现为,公民对民主制度的支持没有发生明显增加,甚至还一度出现下降的趋势;相反,对不受制约的总统权力的平均支持率上升了15个百分点(尽管总体信任度只有30%),而对选举的信任度略有下降。值得注意的是,军队一直是拉丁美洲国家中公众信任度最高的机构,超过了政党、国会、总统。在政治参与的方式上,拉丁美洲各国民众更愿意接受抗议而不是投票或竞选公职。[48]军队不是代议制民主的机构,几乎没有受到公众的批评和监督,它也不经常出现在新闻中。考虑到拉丁美洲地区在20世纪普遍有着军人统治的历史,拉丁美洲的民众对于军队的信任度这一事实,似乎也说明拉丁美洲民主的未来仍然令人担忧。运行良好的民主需要街头抗议,但显然更需要有秩序的参与,包括积极的投票或竞选公职,确保负责任的政党和政府上台,同时惩罚那些不负责任的政客。拉丁美洲国家的民众对街头政治的偏好,也是其政治文化的特殊性所在。

拉丁美洲长期的军人统治历史、高度的社会经济不平等、犯罪暴力和腐败等都使得威权主义、民粹主义的价值观有着持久的生命力。[49]这些价值观可能在移民家庭中通过祖父母或父母潜移默化的影响,被传递给了下一代的新移民,从而使他们在对民主的理解、认同、政治参与等许多方面表现出独特性。具体到美国,美国的拉美裔人口从1970年的960万增加到2020年的6 210万,50年间增长了6倍。拉美裔人口占美国总人口的19%,仅次于美国白人。在许多方面,拉美裔美国人和美国白人没有什么不同。他们想要安全的社区、好学校、负担得起的医疗保健、受保护的环境,以及分享"美国梦"的机会。但在其他方面,西班牙裔也有所不同。例如,他们更有可能在家庭中使用西班牙语,更有可能收看西班牙语电视节目、阅读西班牙语报纸，更有可能让自己、父母或祖父母移民的国家的经历影响他们对美国政治的态度。皮尤研究中心的调查显示，在政府规模问题上，拉美裔美国人比普通美国人更愿意看到一个提供更多服务的大政府，而不是一个服务更少的小政府。大约75％的拉美裔人都希望有一个提供更多服务的大政府，只有19％的人说他们宁愿要一个提供更少的服务、更小的政府。相比之下，41％的美国公众说他们想要更大的政府、更多的服务；近一半(48％)的人说他们宁可要更小的政府、更少的服务。[50]

美国拉美裔人口及其文化和生活方式影响力的上升不仅引起保守势力的警惕，也让许多自由派知识分子忧心忡忡。亨廷顿在阐述其"文明冲突论"时明确指出，虽然拉丁美洲文明是欧洲文明的后代，但它却是沿着非常不同于欧洲和北美的道路演进的。它具有社团主义、独裁主义的文化，而这种文化在欧洲的程度要小得多，在北美则根本不存在。[51]亨廷顿虽然说的是冷战后世界政治的冲突，可是顺着这个思路则发现，如果一个国家内部也面临着不同的、都具有重要影响力的文化（这也是文明的重要部分），这个国家又何尝不会存在文化之间的冲突呢？后来，在《我们是谁？美国国家特性面临的挑战》一书中，亨廷顿更是认为，20世纪60年代后，美国移民来源的变化、多元文化主义的盛行、西班牙语的广泛盛行，都对美国人的盎格鲁-新教文化及自由和民主的政治信念构成严重的挑战。[52]这背后的实质就是文化和价值观的差异。罗伯特·达尔在其《论民主》一书中，强调民主的关键条件之一是民主信仰和政治文化。如果公民不能创造、维持普遍支持民主理念和实践的文化，民主就不可能维持。但达尔也对美国是否能够仍然维持这种有利于民主的文化持有疑问。在1998年首次出版的《论民主》中，达尔表示："到了20世纪末，在美国，以往的同化方法在对付日渐扩大的西班牙裔和其他产生自我意识的少数民族团体时，能否获得成功，这还是未知数。将来，美国会发展成为怎样的多元文化社会？是同化不再保证文化冲突处于民主程序的和平控制之下，还是相反，文化的差异造就出高度的相互理解、容忍和融合的气氛？"[53]倘若在观念和理论层面已经明显存在两种甚至多种不同的文化，那么普通美国人的日常生活中,对于不同文化的经历则要更加深刻。

　　相比较而言,在生活方式、文化传统、宗教信仰上,穆斯林更是和白人完全不同的族群。在伊斯兰世界,伊斯兰教的宗教信仰,一直是穆斯林忠诚和义务的首要对象,而民族国家则一直不太重要。在亨廷顿看来,在阿拉伯人和穆斯林中,政治忠诚的结构一般与现代西方正好相反。在西方社会,民族国家是政治忠诚的顶点,狭义的政治忠诚从属于它并被归于对民族国家的忠诚。超越了民族国家的群体——语言或宗教社会群体,或者文化,对忠诚和义务的要求则不那么强烈。相对而言,在伊斯兰世界,民族国家则处于次要的位置。[54]他认为,伊斯兰教和西方世界之间存在着固有的文化冲突。造成穆斯林和基督教冲突模式的原因,"不在于12世纪的基督教狂热和20世纪的宗教激进主义这些暂时的现象,而在于这两种宗教的本性和基于其上的文明",穆斯林认为"西方文化是物质主义的、腐败的、颓废的和不道德的","西方的问题不是宗教激进主义,而是一个不同的文明——伊斯兰"。[55]许多西方学者深信,穆斯林不可能被西方主流文化融合和同化。伊斯兰文明和西方主流文化之间的冲突难以调和。

　　虽然有包括像爱德华·萨义德(Edward Said)这样著名的学者坚持认为,伊斯兰教及其核心的《古兰经》与民主是相容的,激进的穆斯林绝不能被视为主流伊斯兰教的代表,也有一些人指出穆斯林世界内部存在异质性,但更多人认为伊斯兰世界和民主不相容。[56]在政治学中,也有大量的研究支持了穆斯林政治文化特殊性的结论。2010年发表在《民主杂志》上的一篇文章指出,基于世界价值观调查(WVS)收集的关于19个西方国家和11个穆斯林占多数的国家的数据,研究发现穆斯林和西方社会在涉及政治态度的五项指标(选举产生领导人、世俗领导人、民主价值观、政治参与、性别平等)上存在巨大差异,得分普遍明显低于西方国家。穆斯林可能并不反对一般意义上的民主,但显然并不赞成西方的自由民主。经验证据表明,在伊斯兰世界,宗教对态度的影响比在西方世界要大得多,而且伊斯兰教目前并不支持自由民主的思想。[57]还有的研究更是悲观地认为,"如果从健全的意义上理解民主,那么在大多数伊斯兰世界,实现民主的障碍几乎是不可逾越的"[58]。

　　自 20 世纪 70 年代后,作为一种解决移民、民族、文化和宗教问题的社会政策,多元文化主义(multiculturalism)[59]在西方国家得到不同程度的承认和鼓励。虽然多元文化主义旨在尊重少数族群的文化和生活方式、建立不同族群和谐共处的社会,但这一政策也鼓励了少数族群尤其是穆斯林保留其伊斯兰教文化和生活方式,形成了与主流社会分裂的、并行的"平行社会"。[60]价值观上的巨大差异,日常生活中肉眼可见的反映价值观的宗教信仰、生活方式、文化习俗,让西方本土尤其是欧洲国家的民众在社会结构的巨大变化中感到价值观受到了冲击。进入 21 世纪,一系列与宗教激进主义相关的事件进一步刺激了欧洲国家民众的神经。美国的"9·11"恐怖主义袭击、2004 年马德里恐怖袭击事件、2005 年法国两名北非裔穆斯林青年在躲避警察追捕时意外身亡引发的全国性骚乱、2005 年伦敦爆炸案、2005 年一名库尔德裔的德国女子被"荣誉谋杀"等事件进一步刺激了欧洲民众的神经。2004 年,美国历史学家、世界著名中东和伊斯兰学者伯纳德·刘易斯(Bernard Lewis)在接受德国媒体采访时称,到 21 世纪末,穆斯林将成为欧洲大陆的多数族群,欧洲将再一次被伊斯兰征服。[61] 2006 年英国女记者梅拉尼·菲利普斯(Melanie Phillips)出版《伦敦斯坦》(*Londonistan*),称英国政府奉守文化多元主义和道德虚无主义……结果导致伦敦沦为恐怖主义的国际神经中枢,伦敦也将成为"伦敦斯坦"。[62]美国记者克里斯托弗·考德威尔(Christopher Caldwell)出版《对欧洲革命的反思:移民、伊斯兰与西方》(*Reflections on the Revolution in Europe：Immigration，Islam，and the West*),认为穆斯林移民与其说促进了欧洲文化,不如说是取代了欧洲文化。[63]法国历史学家朱斯坦·韦斯在美国《外交政策》杂志上的文章《欧拉伯的荒唐事》中说:"到 2050 年,欧洲将会认不出来了。在巴黎的圣日耳曼大道,林立的清真食品店将取代目前的浪漫酒吧;柏林的路标将用土耳其语书写;奥斯陆和那不勒斯的小学生,将在课堂上朗诵《古兰经》。"[64]正如贝塔斯曼基金会(2015)对伊斯兰教的一项特别研究所揭示的那样,在公众层面,反伊斯兰教情绪也在急剧增加。以德国为例,2014 年的民意调查显示:57％的德国人认为伊斯兰教构成威胁;61％的人相信伊斯兰教与西方格格不入;40％的人说"因为伊斯兰教,我觉得在我的国家是个陌生人";24％的人认为不应允许穆斯林移民德国。2012 年 10 月 YOU GOV 在英国进行的一项调查还显示,49％的人认为穆斯林和英国本土白人之间会发生文明冲突。[65]这些充分反映了当时欧洲人的心理。而当主流社会采取措施试图维护主流价值观时,又常常会遭到少数族群的激烈反对。2004 年,法国政府通过《公共学校宗教标志法》,禁止学生在公立中、小学佩戴明显的宗教标志,包括伊斯兰头巾、基督徒十字架和犹太人小圆帽。2010 年,法国政府颁布《反罩袍法》,禁止妇女在公共场所穿着带面纱和头罩的长袍。这些旨在加强法兰西社会主流价值观、弱化伊斯兰意识形态色彩的政策,引起了穆斯林与法国政府之间的激烈冲突。

其次,在经济和社会领域,经济形势和就业条件的恶化,刺激了主流族群对少数族群的敌意。第二次世界大战后,西欧国家经济快速恢复,国内青壮年劳动力严重不足,许多国家开始实行吸收外来移民的劳工政策,并且将目光转向他们的前殖民地来弥补本国的劳动力短缺。来自土耳其、北非马格里布三国(阿尔及利亚、突尼斯和摩洛哥)的客籍工人大量进入西欧国家。这些劳工大多集中在建筑、纺织、皮革、机械、钢铁、采矿等部门就业,不需要过高的技术和学历要求。此外,还有印度尼西亚人和苏里南人去了荷兰,印度人、巴基斯坦人和孟加拉人进入了英国。考虑到环绕欧洲的地带由北非和中东伊斯兰国家组成,大多数外国劳工欧洲的移民是穆斯林。这些移民在 20 世纪 50 年代和 20 世纪 60 年代离开祖国来到欧洲寻找工作,追求优越条件和更高的工资。这些第一代移民中的绝大多数是年轻人。他们并不打算永久定居,而是希望积累足够的积蓄,以便盖房、开店、买出租车等,为回国做好准备。由于他们的逗留被视为暂时的,这些移民,无论是单身还是已婚,几乎都把收入寄回国。总的来说,这些移民为许多欧洲国家的经济繁荣做出了贡献,他们修建了公路和铁路,在煤矿、工厂工作,打扫街道、办公室,是非正规经济部门的主要劳动力,主要从事欧洲人不愿意做的工作。直到 1970 年,西欧既没有移民"问题",更不用说穆斯林"问题"了。移民在公共场所基本上是隐形的。他们没有与宗教相关的具体要求,因为他们不打算永久定居。欧洲没有"伊斯兰恐惧症",尽管阶级种族主义确实存在。这些移民没有受到广泛的歧视和偏见，因为他们正在为欧洲社会的福祉做出贡献。或者说虽然他们也遭受歧视或偏见，但这种歧视和偏见主要是基于他们从事的是被看作比较低级和不体面的工作，而不是因为他们是穆斯林。总之，移民被视为礼物而不是负担，更不是威胁。

但在 1973 年石油危机后，欧洲经济发展放缓，经济繁荣戛然而止。正如阿拉伯人所说，1973 年的石油危机是"压垮骆驼的最后一根稻草"。从那一年开始，欧洲国家制定了限制正常移民的法律，同时放宽了家庭团聚的限制。移民原本留在母国的家人大规模融入欧洲。这些措施产生了显著的定量和定性效果。从社会学的角度来看，女性移民和儿童带来了第二代移民，移民中的工人数量相对下降。从经济学的角度来看，经济不景气使欧洲人开始面临就业机会不足而非劳动力不足的挑战。本土人口与外来移民在劳动力市场上开始出现竞争态势。认为外来移民挤占本国就业机会和社会福利的声音开始出现。此外，经济低迷、矿山和工厂倒闭之后，面对危机，移民首当其冲。失业率飙升，导致英国和法国发生大范围骚乱。尽管大多数观察家认为，城市隔离以及缺乏机会和向上的社会流动性是骚乱背后的关键因素，但在欧洲的民众看来，移民是不稳定的因素。特别是，与本土的欧洲人相比，外来移民往往生育较多子女，受益于欧洲的社会福利制度，相比较而言享受了大量生育和教育补贴。在欧洲人看来，移民不仅增加了社会服务的负担，而且还从本国失业者手中抢走了本来就不多的工作。

在历史上，每当发生经济危机时，种族主义的排外情绪总是很容易出现。在法国，20 世纪 70 年代以后日益攀升的失业率、日益壮大的失业大军以及稳定增长的外国移民，不仅在法国的普通民众层面，而且在法国的精英阶层那里，都产生了"停止外来移民""外国人抢了法国人的饭碗""移民使法国陷入困境"的呼声。[66]在一直拒绝认为自身是移民国家的德国，人们也深刻地感觉到："福利国家的福利之船已经满了，福利国家的人们再也不能负担起更多的移民。"[67]有学者也开始通过研究指出，福利国家不能与劳动力的自由流动共存。[68]

进入 21 世纪以来，关于移民对经济增长和福利体系究竟是机会还是负担的争论从大众进一步蔓延到学术界，尤其是在欧洲。尽管许多研究主张移民的正面效应，也有许多学者予以批驳。著名的经济学家米尔顿·弗里德曼曾经说过一句名言："你不可能同时拥有自由移民和福利国家。"他认为，一个边界开放和享有慷慨福利的国家将成为较贫穷移民的避风港，这将给东道国带来重大的财政负担。不断增加的移民可能会暴露出福利国家固有的封闭体系与发达国家相对开放的经济之间的紧张关系，从而对欧洲相对慷慨的福利国家构成严重挑战。[69]一些学者甚至认为，欧洲移民的增加最终将导致欧洲福利国家和政治的美国化。曾任哈佛大学教授的意大利政治经济学家阿尔贝托·阿莱西那（Alberto Alesina）认为，种族多样性是解释为什么美国没有类似于欧洲的福利国家的一个关键因素。他们发现，如果从人口中随机抽取两个人属于不同种族的概率仅增加一个百分点，那么社会支出占国内生产总值的比率预计将减少 7.5 个百分点。因此，他们推断，随着欧洲族群多样性的增加，日益加剧的种族分裂将被会挑战慷慨的福利国家。[70]此后，他进一步通过对全球 54 个国家的分析，进一步证实种族分化与社会支出之间存在负相关关系。他们提出，慷慨的福利国家取决于一个同质的社会，因为对福利国家的支持取决于公民之间的团结，而这种团结是通过诸如文化和语言等共同的纽带培养起来。不断增加的移民将挑战欧洲相对慷慨的福利国家。[71]

新加坡政治家李光耀在谈到欧洲时，也提到了欧洲人口构成变化对欧洲经济和福利的影响。李光耀说，比规模更重要的是人口的组成，这是了解北欧例外论的关键。瑞典、挪威和丹麦的民族都相对单一，这使它们拥有一种欧洲其他地方不可能有的内部凝聚力，其人民有更加强烈的一体性和团结意识。因为有这种强烈的同胞意识，即使在社会福利为平衡预算而必须征收重税的背景下，人们也愿意勤奋工作。这是因为他们认为这样做是为了自己人。一旦有大量移民在周围，而且法律规定福利发放不得有歧视，人们的态度就会改变。因此，李光耀认为，欧洲越来越面临着种族问题，种族问题又因为宗教因素变得更加复杂。但是，欧洲也没有办法停止接受移民，因为他们能满足国内迫切的需要。因此，很有可能出现的一个局面是，只要情况允许，欧洲各国政府就会让移民进来，只有在选举期间，当极右政党通过激愤的言辞力压温和派对手时，才会踩刹车。无论怎么看，欧洲陷进的都是一个无可奈何的两难境地。[72]

与欧洲相比，美国的经济史在很大程度上就是一部移民史。而且，美国也没有欧洲那样完善的福利体系。但是，在金融危机以后，关于移民影响美国经济、移民影响美国人就业的声音开始变得更响了，报纸上充斥着"移民抢走了美国人的饭碗"的言论。在 2016 年美国总统大选前后，美国的双月刊《政客杂志》的一篇标题为《是的，移民伤害了美国工人》的文章明确指出，当前美国政治中有关移民改革的辩论集中于移民的数量和来源上，却忽略了移民带来的负面影响这一重要事实，即大量涌入的移民严重损害了美国人的前途。文章的作者是哈佛大学肯尼迪学院经济学和社会政策教授乔治·博尔哈斯（George J. Borjas）。他认为移民获得政府援助的比例高于本地人，为移民提供的所有服务成本较高，而他们支付的税收较低（因为他们的收入较低），这不可避免地意味着，每年移民都会造成至少巨大的财政缺口——这是美国本土民众的负担。[73] 博尔哈斯还出版《我们需要工人：揭开移民叙事》（*We Wanted Workers：Unraveling the Immigration Narrative*）一书，认为在最近的移民浪潮中唯一持续的赢家似乎是那些雇用相对较少的高技能专业移民和低技能移民的公司。移民创造的经济效益被为移民提供服务的财政负担所抵消，移民使本地人变穷了。[74] 社会学家阿莉·霍克希尔德（Arlie Russell Hochschild）也就移民对美国人心理变化的影响打了个比方：普通人耐心排长队，等着走进写有"美国梦"字样的大门，看到别人——非裔美国人、女人、移民——突然插队，站到他们前头，而精英在帮那些人，却对他们视而不见。"你成了自己土地上的陌生人。别人看到的你，和你眼中的自己并不相同。这是为被看到、被尊重而战。要觉得自己被尊重，你必须感到自己是在前进，感到别人认为你在前进。但你明明没有犯错，却在以你察觉不到的方式倒退。"[75]

族群多样化带来的经济社会和文化层面的反应，逐渐出现在政党政治领域。

第一，政党利用种族进行政治动员，甚至出现了形形色色的种族主义色彩的政党。

在欧洲,比例代表制为边缘政党的出现创造了条件。到 20 世纪70 年代以后,随着移民的增加,欧洲那些具有一定规模少数族群的国家,开始出现以反移民为核心主张的种族主义政党。1972 年 10 月,让-马里·勒庞创建了"法国统一阵线"(Front National pour une Unité Française),简称"国民阵线"(Front National)。国民阵线成立第二年发布的《保卫法国人——国民阵线的纲领》(Defending the French—The Front National Program)总结了该政党的意识形态和纲领目标,主张反欧洲主义、缩小公共部门,尽量减少国家干预,以及大幅度改变移民政策。[76]勒庞在 1978 年发表文章表示,国民阵线已成为一个反对移民的积极政治运动,其选举活动也以此为基础。[77]简言之,国民阵线在成立后的前 10 年里,主要政治策略是将社会经济危机以及犯罪率的上升与外来移民的增加建立联系,声称外来移民对法兰西文化的特殊性构成威胁,破坏了法兰西民族的纯洁性。国民阵线的政治话语就是通过诉诸法兰西民族主义来反对外来移民、非法兰西种族。在 1982 年的选举中,国民阵线在巴黎、尼斯、蒙彼利埃等大城市以及德勒、格拉斯、土伦等东南沿海城市的得票率有所突破。这些城市正是移民人数较多的地方。在 1984 年的欧洲议会选举中,国民阵线赢得10.95％的选票和 10个席位,与第三名法国共产党相当。1986 年的议会选举中,国民阵线获得 9.8％的选票和 35 个国民议会议席。此后直至 1998 年,国民阵线在议会选举和地区选举中的得票率一直维持在 10％以上。在 1995 年的总统竞选中,勒庞作为国民阵线的候选人竞选总统,获得了 15％的选票,其中 30％来自低收入者、25％来自失业者、18％来自工人阶级。[78]在当年的市政选举中,国民阵线还获得包括土伦、尼斯等四个城市的市长职位。在 1997 年的议会选举中,国民阵线吸引了约 100 万支持者,获得 15.24％的选票,被认为是法国第三大政治力量。[79]

在德国,1983 年德国共和党成了右翼保守势力,其背景也是外国移民的日益增加。共和党将外国移民数量的增加,看作对德国人民继续过上幸福繁荣生活的主要威胁。它在选举方面的成果,在很大程度上应归结为社会上的排外浪潮日益高涨。共和党强调传统的保守价值观,主张建立一个强大的日耳曼人的国家。虽然没有提出什么具体的社会和经济措施,但共和党的支持者主要来自那些在经济上和社会上处于不利地位的选民,他们的愤恨和不满情绪遭到传统政党的忽视。[80]共和党也采用了一套种族主义的话语,宣扬德意志民族的光荣传统和优越性,并企图为德意志民族在第二次世界大战中的角色翻案。在1989年的欧洲议会选举中,共和党就获得了超过7％的选票。除共和党外,极右翼的政党还有德意志人民联盟(Deutsche Volksunion,DVU)、德国民族民主党(National-Demokratische Partei Deutschlands,NDP或NPD,也译为"国家民主党")。[81]在1993年,共和党和人民联盟的党员人数都达到高峰,分别有2.39万和2.6万人。在1998年德国大选中,共和党获得1.8％的选票,德意志人民联盟获得1.2％的选票,德国民族民主党获得0.3％的选票。[82]这些政党几乎都有着强烈的反移民倾向。

此外,在意大利,极端民粹主义政党伦巴第同盟(Lega Lombarda)也是成立于20世纪80年代初。1990年,伦巴第同盟在欧洲议会选举中获得8.1％的选票,在地方议会选举中获得18.9％的选票。在1992年的大选中,伦巴第同盟获得8.7％的选票,在伦巴第地区的得票率是20.5％,在北方地区的得票率是17.3％,成为意大利的第四大党。在比利时,弗拉芒集团国民阵线的选票在1994年的地方选举中增长到9％。在1990年奥地利的大选中,自由党的得票率从1986年的不足10％上升到15％以上,在议会获得33个席位。在1991年的地方选举中,自由党在维也纳获得22.6％的得票率,成为维也纳第二大党。在北欧地区,丹麦、挪威都出现了以反移民为主要政策之一的右翼政党。在丹麦,丹麦人党在1988年的大选中获得9％的选票,比1987年翻了一倍。在1989年的挪威大选中,挪威人党获得13％的选票,成为挪威第三大党。[83]这些政党无一例外,都把矛头指向外来移民,以带有种族主义的口号来号召本土的种族支持者。

20世纪80—90年代,欧洲激进右翼民粹主义政党崛起的简短历史,表明了这些政党如何快速渗透到西欧政治中。这些政党通常由富有魅力和善于在公众面前出现的领导人领导,成功地动员了相当一部分西欧国家的选民。其中的重要动员策略就是煽动欧洲人对外来移民的敌意。这些政党都或多或少地采用了种族主义的话语，企图诉诸一种本土的民族、文化、历史传统来攻击当前的移民政策以及族群多样化的事实。法国的国民阵线、比利时的弗拉芒党和奥地利的自由党是最早将出生率下降与外国移民联系起来的政党。国民阵线在宣传小册子中形象地将不断增加的移民、清真寺数量和"空着的摇篮"联系起来，以传达他们的信息，即"我们将面临无法支付养老金的巨大风险，最重要的是，我们将看到我们千年的身份和法国人民本身消失"。移民"威胁着法国民族的生存、领土安全、遗产、文化和语言的完整"。这些文字和图片迎合了人们的焦虑情绪和日益增长的普遍不安全感。[84]

进入 21 世纪，西方国家族群结构变动背后的经济文化问题不仅没有缓解，反而进一步加剧。2008 年席卷整个西方世界的金融危机和2010 年中东变局后席卷欧洲的难民潮，使传统的政党政治面临着巨大的挑战。这些带有种族主义倾向的政党被归到右翼的、民粹主义的、极端主义政党等各种不同的类别下。它们中的有些随着形势的变化逐渐被取代或淘汰，也有的不时进行调整和改革，缓慢适应了欧洲各国政党的竞争格局，并在欧洲政党政治中生存下来。带有种族主义倾向的政党家族成员中影响力大的有法国的国民阵线、德国的选择党、瑞典民主党、意大利的兄弟党等，此外还包括英国的独立党、奥地利的自由党、芬兰的正统芬兰人党、挪威的进步党、瑞典的民主党、荷兰的自由党、德国的国家民主党、意大利的北方联盟、希腊的金色黎明党、丹麦人民党等，以及瑞士、丹麦等国家的边缘势力。

第二，政党与族群结盟，族群政治塑造了政党制度。

在美国，选举制度和总统制结合的强大制度效应遏制了带有种族主义特征的小党的生成。然而，在过去的半个世纪里，族群的多样化和族群政治成功地塑造了美国的两党与不同族群之间的联盟。这一转变最初发生在民主党。在历史上，民主党主要代表南方种植园主、自耕农的利益，共和党主要代表北方工商业资产阶级的利益，两党都是白人的政党。从 1861 年南北战争爆发至 1933 年大萧条的七十多年时间里，只有 16 年里共和党不是执政党。黑人始终是共和党的支持者。在罗斯福时代,民主党在罗斯福新政基础上打造了一个基于自由主义的广泛的"新政联盟",包括工会、蓝领工人、南方白人、少数群体(黑人、天主教徒、犹太人等)。黑人转向支持民主党。到20世纪60年代后期,黑人民权运动、妇女权利运动、同性恋权利运动、环境运动以及反战运动等左翼的政治激进主义运动出现,并各自吸引了一部分选民。民主党吸收了这些组织、群体和选民,从而疏离了南方白人、天主教徒甚至劳工组织。1972年,民主党提名来自南达科塔州的参议员乔治·麦戈文(George Stanley McGovern)为候选人。麦戈文以其激进自由主义倾向获得了学生、女权主义者、同性恋人群以及主张文化自由的专业人士的热情,却分裂了民主党:美国劳联—产联拒绝支持他,南方的民主党领袖与他保持距离,超过三分之一的民主党选民最终越过党派界限,支持共和党时任总统尼克松。麦戈文的失败没有让民主党人重建更加温和的意识形态联盟,却更加依赖身份群体及其建立的各种新运动。这些身份群体在塑造民主党政策方面取得了巨大成功,以致"到20世纪80年代,左翼民主党代表了各种'单一议题'运动——黑人、墨西哥裔、女权主义者、环保主义者、和平主义者、同性恋者和老年人——就像他们对党的机器所做的一样"[85]。民主党在许多议题领域取得了政策上的成功,尤其是通过将越来越多的具有独立关注点的选民有效纳入一个功能强大的民众联盟,促进了身份认同群体的权利。当代民主党虽然在具体政治上越来越多地围绕中间偏左的立场联合起来,但拒绝将自由主义视为一项象征性的正当事业。[86]民主党的立场和政策重点随着选民的演化而改变——最明显的是,它从罗斯福新政时代以工人阶级和南部选民为基础的党,转变为日益由种族和宗教少数派、文化进步人士、单身和职业女性领导的当代面向大众的政党。[87]

在民主党逐渐和少数族裔结盟的过程中,共和党也越来越依靠白人的支持。从20世纪50年代开始,共和党向南方拓展,强调意识形态保守主义,反对自由主义。在平权运动、女性运动、同性恋运动等浪潮下,共和党逐渐获得了种族平等的反对者(南方白人)、天主教徒的支持。到20世纪70年代,南方富有白人已经离开民主党;到20世纪90年代,中等收入的白人也追随他们富裕的同伴加入共和党。虽然很难说共和党人有意采用了种族主义的话语,但是随着有关种族政策的辩论逐渐转向具有全国性争议的议题,如多元文化主义政策、国家干预主义、司法激进主义和州权等具有全国性争议的主题时,共和党人获得了越来越多的跨地区的保守派白人的赞成,从而也进一步损害了共和党吸引少数族裔选票的可能性。

随着美国族群多样性的提高,民主党和共和党之间的族群差异明显且日益扩大,少数族裔群体的成员仍以压倒性的多数认为,民主党更符合自己的利益;自由派之外的白人则认为,共和党更符合自己的利益。两党都是种族群体联盟。进入 21 世纪,少数族裔越来越成为民主党支持者联盟的重要组成部分。非洲裔对民主党的支持趋于一致,拉美裔和亚裔在选民中所占比例也越来越大(他们倾向于民主党与共和党的比例为 2∶1,甚至达到 3∶1)。种族认同在少数族裔公民对民主党及其候选人的支持中起着重要作用。而白人种族主义在一定程度上激发了美国白人对奥巴马的反对,反移民和反穆斯林的态度也在特朗普的当选过程中发挥了重要作用。皮尤研究中心持续的调查显示,美国人党派认同中的种族趋势在增强。2018 年的一份调查显示,到 2010 年以后,白人选民更倾向于支持共和党;超过一半的白人选民(51%)认同共和党或倾向共和党,43% 的白人选民认同民主党或倾向民主党。相比之下,非洲裔美国选民仍然压倒性地支持民主党:84% 认同或倾向于民主党,只有 8% 在某种程度上认同共和党。拉美裔选民更倾向于民主党或倾向于民主党,比例是 63% 对 28%。而亚裔选民也大多认为自己是民主党人或倾向民主党(65% 倾向民主党人,27% 倾向共和党人)。[88] 2020 年的调查显示,非西班牙裔的白人选民继续以相当大的优势认同共和党或倾向共和党(53% 对 42%)。由于整体选民的种族和族裔多样性不断提高,民主党的选民构成比共和党发生了更大的变化:现在 40% 的民主党登记选民是非白人(黑人、西班牙裔、亚裔和其他非白人种族群体),而共和党的这一比例仅为 17%。[89] 这些都充分显示,党派和意识形态冲突仍然与美国的种族、族裔政治联系在一起。族群塑造了美国的两党制。

第三,族群政治或种族政治冲击了传统的主流政党,破坏了西方国家政党政治的稳定。

现代西方政党政治几乎从一开始就是和阶级政治联系在一起,种族主义政党被认为是只存在于非西方发展中国家的现象。第二次世界大战后,欧洲国家的政党政治在阶级政治的基础上,形成了左右竞争的结构。主流的左翼政党主要由社会党或社会民主党构成,主流的右翼政党主要由保守主义政党构成;左翼主张政府干预市场,更倾向于平等,右翼主张市场自由竞争,更倾向于自由;左翼追求更好的社会保障和经济再分配,右翼则想缩小政府规模、推动私营部门发展。左右轮流执政的竞争格局维持了战后欧洲政党政治的稳定结构。族群动员以及具有种族主义色彩的政党的出现,破坏了欧洲政党政治的左右竞争结构。一方面,传统主流政党表现出明显下滑趋势,政治控制的能力明显下降。在一些国家,如法国、希腊和意大利,带有种族主义色彩的政党不断出现并在政党竞争格局中生存下来,传统的左右翼主流政党同时受到冲击。另一方面,过去建立在阶级政治基础上的左右之分也不再是衡量政党政治竞争结构的首要标准。许多新兴的政党诉诸种族主义口号,并迫使主流政党在种族问题上让步。

在这一过程中,左翼阶级政治的失败和右翼的种族主义政党的成功最值得注意。过去30年来西方国家的不平等指数在不断上升,但左翼政党不仅没有壮大,反而衰落了。在受新自由主义影响最深远、不平等指数最高的美国,2008年金融危机之后,左翼有“占领华尔街”运动,右翼有“茶党”运动。但前者在游行示威之后渐渐销声匿迹,后者则成功接管了共和党和大半国会。2016年,选民没有支持最左翼的候选人桑德斯,而是选了右翼种族主义的特朗普。在欧洲大陆,传统左翼正面临着危机。德国的社会民主党和法国的社会党是最明显的证据。填补它们留下的权力真空的有极端左翼势力,但更强大的对手是带有民族主义色彩的极端右翼,在德国是选择党,在法国是国民阵线。左翼未能利用日益加剧的全球不平等,却拱手让民族主义的右翼取而代之。弗朗西斯·福山认为这不是什么新现象:左翼政党不敌民族主义者,百余年来一直如此,而且恰恰是在穷人或工人阶级选民这种本该是最牢固的基本盘之间。[90]福山所说的是在第一次世界大战期间欧洲各国的无产阶级者最终选择为本国的资产阶级民族国家而战的事实。在民族和阶级之间,欧洲各国的无产阶级选择了民族。100 年后,当西方社会内部的同质化水平下降,民族多元化成为既成事实,这是否意味着无产阶级最终会抛弃阶级认同、拥抱种族认同呢?当前欧洲国家带民族主义色彩的政党的崛起或多或少提供了一些答案。

与主流左翼政党衰落相比,激进左翼在思想和政治上则显得相对活跃。它们在批判社会民主党的"新自由主义化"的同时,提出了要成为左翼"替代性"政治代表的目标。在南欧国家,一些激进左翼政党甚至在选举政治中实现了突破,如希腊的激进左翼联盟。但这个激进左翼内部构成复杂,包含了从民主主义到共产主义在内的广泛的政治力量,很难作为一种统一的声音表达立场。这不仅导致左翼势力自身的发展空间受到挤压,更直接影响到了欧洲的政治稳定及其发展方向。一方面,主流社会民主党的衰落和激进左翼的政治作用受限,意味着欧洲政治整体的右倾化短期内难以改变,这直接加剧了欧洲政党政治的结构性失衡。另一方面,左翼势力的衰落和分化也意味着欧洲传统政党的结构性稳定被打破,从而影响到了欧洲民主政治的稳定性。

本 章 小 结

未来,西方国家的族群多样化趋势将持续下去。到 2050 年,美国的族群构成将与现在大不相同。欧洲裔白人在美国人口的比例将降至47%,拉美裔人口将上升到 29%,黑人占总人口仍将维持在 13%,亚裔人口的比例将达到 9%。[91]到目前为止,一半的拉丁裔美国人只生活在3 个阳光地带州:加利福尼亚、得克萨斯和佛罗里达。这一事实限制了拉丁裔美国人的选举影响力。目前居住在加利福尼亚州、得克萨斯州和佛罗里达州的 3 270 万拉美裔人占据了参议院的 6 个席位,而从怀俄明州到特拉华州等 7 个最小且白人占绝大多数的州只有 560 万人,却选出了 14 个参议员。未来随着拉丁裔美国人的增长,许多州的选举人票可能会重新分配,在那些摇摆州,拉丁裔美国人将会扮演关键的作用。拉丁裔人口的激增正在改变美国政治的选举计算。[92]

在欧洲，假设所有进入欧洲的移民都立即永久停止，即各国实行"零移民"政策，到2050年，欧洲的穆斯林人口仍将从目前的4.9%上升到7.4%。这是因为穆斯林比其他欧洲人更年轻、生育率更高。假设欧洲立即停止接受难民而仅仅接受其他渠道的常规移民，那么到2050年欧洲的穆斯林人口将上升至总人口的11.2%。但是，假设除了典型的常规移民外，2014—2016年间进入欧洲的难民人数未来无限期地持续下去，宗教构成也保持不变（即主要由穆斯林组成），到2050年，穆斯林可能会占到欧洲人口的14%，几乎是目前比例的三倍，虽然总数仍然远远小于欧洲的基督徒和无宗教信仰的人口。由于各国的移民政策会有调整，而难民现象也不可能一直持续，因此，皮尤研究中心预测，2050年欧洲穆斯林在总人口中的占比将在11.2%—14%之间。[93]移民在不同国家造成的冲击是不一样的。对于德国和法国这两个大国来说，即使从现在开始实行"零移民"政策，到2050年前后两国平均每10个人中就有一个穆斯林。对于挪威、瑞典、芬兰这些国家而言，未来都将面临存在一个数量庞大的穆斯林的事实。所有这些都表明，西欧、西北欧的民族国家将会真正成为历史，因为这些国家的族群结构发生了根本性转变，它们不再是由一个相对单一的民族组成的国家。

从目前来看，族群与西方国家政党的互动正在出现。在传统政党制度的历史轨迹下，政党有策略地利用族群进行政治动员，或者诉诸某种种族主义的意识形态。这些政党仍然是以白人为主导的政党，但它们的成功恰恰证明了西方政党政治与族群政治具有内在契合性。值得思考的是，随着西方国家族群多样性的加剧，政党是否会更加积极地利用族群进行政治动员，并具有族群政党的特征？在遭遇族群多样性大幅度提升之后，西方民主政体面临着自由原则、民主原则以及权力与权利结构的不对称。西方民主政体赋予了公民自由和平等的权利，这就意味着少数族裔公民有自由的政治参与、政治动员、政治竞争和大规模的社会运动的权利，同时也具有了反对既有自由、民主规则的权利。[94]换句话说，西方民主政体承认少数族裔的公民权和自由，同时也承认少数族裔保留自己语言文化、传统习俗和生活方式的自由。历史上针对少数族裔的强制同化政策难以复制。少数族裔作为"人民"的一部分，有权利从自身独特的价值观和行为方式来重塑民主的政治理念和政治规则。在当前民主理念和规则下运作、由白人主导的政党，可能会受制于外在约束条件的改变，从而改变自己的行为模式。

更重要的是，随着少数族群规模的扩大，他们是否会走上离开主流政党并成立自己政党的道路？当前西方国家的少数族群仍处于政治上的无组织状态。然而，随着少数族群政治参与水平的提高，西方国家的政党政治是否能够将他们成功整合到现有的政治参与结构中，还没有定论。少数族裔的地理分布、代议制度的设计都将影响到少数族群是否会在政治上组织起来。即使在全国层面不可能出现一个少数族裔的政党，在特定的地方一级出现少数族裔的政党，也不是完全不可能的。在多族群的发展中国家，族群与政党的结盟比比皆是，并不仅仅是因为这些国家较为贫穷。如果选举政治的逻辑是相通的，当代西方发达国家的族群和政党的关系绝不是例外。

注释

1. ［英］安东尼·史密斯：《民族主义：理论，意识形态和历史》，叶江译，上海人民出版社 2006 年版，第 13 页。

2. 安东尼·史密斯的《民族认同》一书就讨论了在前现代的族群与现代的民族之间具有怎样的连续性。参见［英］安东尼·史密斯：《民族认同》，王娟译，译林出版社 2018 年版，序言。

3. 常宝：《"民族"、"族群"概念研究及理论维度》，《世界民族》2010 年第 3 期。

4. Donald Horowitz, *Ethnic Groups in Conflict*, University of California Press, 1985, p.53.

5. Kanchan Chandra, *Why Ethnic Parties Succeed Patronage and Ethnic Head Counts in India*, Cambridge University Press, 2004, p.2.

6. 例如，安东尼·史密斯就认为，族群的六个主要特质包括一个集体性的适当名称、一个关于共同祖先的神话、共享的历史记忆、一个或多个与众不同的共同文化要素、与一个具体的"祖地"的联系、在人口的主要组成部分间存在团结感。对族群认同来说，最重要的是虚构的血统和现象的祖先。参见［英］安东尼·史密斯：《民族认同》，第 31—32 页。

7. Donald Horowitz, *Ethnic Groups in Conflict*, pp.319—320.

8. ［美］杰克·斯奈德：《从投票到暴力：民主化和民族主义冲突》，吴强译，中央编译出版社出版 2017 年版。

9. Donald Horowitz, *Ethnic Groups in Conflict*, p.291.

10. Christophe Jaffrelot, *Modi's India：Hindu Nationalism and the Rise of Ethnic*

Democracy，Context，2021.

11. Arend Lijphart，"The Puzzle of Indian Democracy：A Consociational Interpretation"，*American Political Science Review*，Vol.90，No.2. June 1996，p.258.

12. Donald L. Horowitz，"Constitutional Design：Proposals versus Processes"，in Andrew Reynolds（ed.），*The Architecture of Democracy：Constitutional Design，Conflict Management，and Democracy*，Oxford University Press，2002，pp.19—25.

13. James R. Scarritt and Shaheen Mozaffar，"The Specification of Ethnic Cleavages and Ethnopolitical Groups for the Analysis of Democratic Competition in Contemporary Africa"，*Nationalism and Ethnic Politics* Vol.5，1999，pp.82—117.

14. Shaheen Mozaffar and James R. Scarritt，"The Puzzle of African Party Systems"，*Party Politics*，Vol.11，No.4，2005，pp.399—421.

15. ［英］J.S.密尔：《代议制政府》，汪瑄译，商务印书馆 2009 年版，第 221—222 页。

16. 同上书，第 223 页。

17. 同上书，第 227—228 页。

18. ［英］安东尼·史密斯：《民族认同》，第 76—77 页。

19. 参见 Frederick Jackson Turner，*The Frontier in American History*，Henry Holt and Co.，1920，pp.22—23，190。

20. Woodrow Wilson，*President Wilson's Addresses*（G. M. Harper，ed.），1918. 转引自［美］米尔顿·戈登：《美国生活中的同化：种族、宗教和族源的角色》，马戎译，译林出版社 2015 年版，第 92 页。

21. ［美］米尔顿·戈登：《美国生活中的同化：种族、宗教和族源的角色》，第 115 页。

22. 这篇文章的背景是，第一次世界大战期间美国推行"美国化运动"，通过移民、教育、大众传媒等部门配合以相应的政策，要求移民去除原有文化和对出生国的情感，遵循盎格鲁-撒克逊文化导向而迅速转变为一个美国人，也就是说成为一个文化上的 WASP（白人、盎格鲁-撒克逊、新教徒）。"美国化运动"的逻辑是认为犹太裔、爱尔兰裔移民是低等民族，美国应限制移民以防其盎格鲁-撒克逊文化传统被破坏。霍勒斯·卡伦在 1915 年的这篇文章中并没有使用"文化多元主义"（cultural pluralism）一词。1924 年，卡伦将这篇文章收录在他的《美国的文化与民主：美国人的群体心理学研究》一书的第二章中。在这一章，卡伦阐述了"文化多元主义"的含义。Horace M. Kallen，"Democracy Versus the Melting Pot." *The Nation*，Feb. 18 and 25，1915，Reprinted in *Culture and Democracy in the United States：Studies in the Group Psychology of the American Peoples*，Anro Press and New York Times，1970.

23. ［美］米尔顿·戈登：《美国生活中的同化：种族、宗教和族源的角色》，第 77 页。

24. 同上书，第 141 页。

25. 同上书，第 181 页。

26. 同上书，第 201 页。

27. 同上书，第 67 页。

28. 像英国的爱尔兰人、西班牙的加泰罗尼亚人、比利时的弗拉芒人等在历史上都与民族国家构建的过程相联系，在前文中已有解释。

29. Allan Nevins and Henry Steele Commager，*America：The History of a Free People*，Little，Brown and Co.，1942，p.58.

30. United States Department of Homeland Security，*Yearbook of Immigration Statistics：2015*，Washington，D.C.：U.S. Department of Homeland Security，Office of Immigration Statistics，2016，Table 20.

31. Ibid.，Table 2.

32. https://www.census.gov/prod/cen2010/briefs/c2010br-02.pdf.

33. https://www.census.gov/library/stories/2021/08/2020-united-states-population-more-racially-ethnically-diverse-than-2010.html.

34. https://www.census.gov/programs-surveys/decennial-census/decade/2020/2020-census-results.html.

35. William H. Frey, *New 2020 Census Results Show Increased Diversity Countering Decade-Long Declines in America's White and Youth Populations*, Brookings, August 13, 2021.

36. 参见张善余、陈暄:《当代国际人口迁移的新形势》,《世界地理研究》2000 年第 4 期。

37. Houssain Kettani, "Muslim Population in Europe: 1950—2020", *International Journal of Environmental Science and Development*, Vol.1, No.2, June 2010.

38. Klaus J. Bade, Drehscheibe Deutscland: Wanderungen in Geschichte und Gegenwarte. Deutschland Frankfurt: Frankfurter Societaets-Druckrei GmbH, 2000, 12. 转引自宋全成:《从民族国家到现代移民国家——论法国的移民历史进程》,《厦门大学学报》(哲学社会科学版)2006 年第 3 期。

39. 这里指的是欧盟的 28 个成员国加上挪威和瑞士。

40. Paul Taylor, Mark Hugo Lopez, Jessica Martínez and Gabriel Velasco, *When Labels Don't Fit: Hispanics And Their Views of Identity*, https://www.pewresearch.org/religion/2017/11/29/europes-growing-muslim-population/.

41. 保罗·舍夫:《欧洲,不要再提"多元文化"了》,观察者网,2013 年 5 月 10 日。

42. [美]加布里埃尔·A.阿尔蒙德、西德尼·维巴:《公民文化:五个国家的政治态度和民主制度》,徐湘林等译,商务印书馆 2014 年版。

43. 文化论者认为政治文化影响民主的发展。参见[美]罗纳德·英格尔哈特:《静悄悄的革命:西方民众变动中的价值与政治方式》,叶娟丽译,上海人民出版社 2017 年版。制度主义者则认为政治文化是公民对制度及规则适应的结果,政治文化对政治制度几乎没有什么作用。参见 Bob Jackman and Ross Miller, *Before Norms: Institutions and Civic Culture*, University of Michigan Press, 2005。

44. 参见 Ronald Inglehart, "How Solid Is Mass Support for Democracy-and How Can We Measure It?" *Political Science & Politics*, Vol.36, No.1, 2003, pp.51—57; Pippa Norris, *Democratic Deficit: Critical Citizens Revisited*. Cambridge University Press, 2011。

45. Roderic Ai Camp eds., *Citizen Views of Democracy in Latin America*, University of Pittsburgh Press, 2001, p.17.

46. John A. Booth, Patricia Bayer Richard, *Latin American Political Culture: Public Opinion and Democracy*, CQ Press, 2014, pp.14—16.

47. Pew Report, *Religion in Latin America*, *Chapter 7: Views on Politics*, https://www.pewresearch.org/religion/2014/11/13/chapter-7-views-on-politics.

48. Dinorah Azpuru, "Can Latin American Political Culture Help Save Democracy?" *LASA Forum*, Spring 2023, Volume 54, Issue 2.

49. https://www.idea.int/news-media/events/state-democracy-latin-america-and-world.

50. https://www.pewresearch.org/hispanic/2012/04/04/v-politics-values-and-religion/.

51. [美]塞缪尔·亨廷顿:《文明的冲突及世界秩序的重建》,周琦等译,新华出版社 1998 年版,第 30 页。

52. [美]塞缪尔·亨廷顿:《我们是谁:美国国家特性面临的挑战》,程克雄译,新华出版社 2005 年版,第 16—17 页。

53. [美]罗伯特·达尔:《论民主》,李柏光、林猛译,冯克利校,商务印书馆 1999 年版,第 161 页。

54. [美]塞缪尔·亨廷顿:《文明的冲突与世界秩序的重建》,第 189 页。

55. 同上书,第 232、236、241 页。

56. Azzam Tamimi, "Islam and Democracy from Tahtawi to Ghannouchi," *Theory, Culture and Society*, Vol.24, March 2007, pp.39—58.

57. Ephraim Yuchtman-Yaar, Yasmin Alkalay, "Political Attitudes in the Muslim World", *Journal of Democracy*, Volume 21, Number 3, July 2010, pp.122—134.

58. Jean Bethke Elshtain, "Religion and Democracy," *Journal of Democracy*, Vol.20, April 2009, pp.5—17.

59. 1971 年,特鲁多总理在众议院演讲中正式宣布"双语框架下的多元文化主义政策"(multiculturalism within a bilingual framework),作为处理法语民族主义和日益增长的文化多样性的解决方案。这是西方世界第一个宣布实施文化多元主义的国家。几乎在同一时期,英国、澳大利亚也开始鼓励并采用文化多元主义的政策。1975 年,瑞典继加拿大和澳大利亚之后,正式宣布在国内实施多元文化主义政策。这是欧洲大陆第一个明确实施多元文化政策的国家。此后,在各国国内少数族群规模不断扩大的背景下,作为一种解决移民问题、民族问题、文化问题和宗教问题的社会政策,这种允许外来移民保持其文化与宗教的多元文化主义政策在英国、法国、荷兰、比利时、德国和丹麦等国家都得到不同程度的承认和实施。在美国,1915 年犹太裔哲学家霍勒斯·卡伦就提出了文化多元主义一说。到 20 世纪 80 年代末,美国的学术界和大众媒体开始日益频繁地使用"多元文化主义"(multiculturalism)一词,并用它来替代"文化多元主义"。在事实上,"文化多元主义"的概念更加古老,仍然强调主体文化的主导地位,反映的是"熔炉"(melting pot)政策框架下主流文化对非主流文化的同化和融合。多元文化主义强调民族和种族差异,反映的是"沙拉碗"(salad bowl)政策框架少数族群保留其特殊文化,避免同化和融合。关于两者的区别,参见 Jane Barnes Mack, "Cultural Pluralism and Multiculturalism: E Pluribus Unum or Ex Uno Plura?" *Hitotsubashi Journal of Social Studies*, Vol.26, No.2, 1994。

60. 宋全成:《族群分裂与宗教冲突:欧洲多元文化主义面临严峻挑战》,《求是学刊》2004 年第 6 期。

61. Die Welt, *Hamburg*, 28 July 2004.

62. Melanie Phillips, *Londonistan*, Encounter Books, 2006, p.15.

63. Christopher Caldwell, *Reflections on the Revolution in Europe: Immigration, Islam, and the West*, Doubleday, 2009.

64. Justin Vaïsse, "Eurabian Follies", *Foreign Policy*, Jan. 4, 2010, https://foreignpolicy.com/2010/01/04/eurabian-follies/.

65. Bichara Khader, *"Muslims in Europe: The Construction of a 'Problem',"* in the *Search for Europe: Contrasting Approaches*, BBVA, 2015.

66. 宋全成:《论欧洲移民问题的成因》,《文史哲》2007 年第 4 期。

67. Myron Weiner, *Studies on International Migration and International Relations: Population and Development Review*, 1995, pp.441—442,转引自宋全成:《论德国移民问题与社会一体化》,https://www.sinoss.net/uploadfile/2010/1130/2008.pdf。

68. Gary P. Freeman, "Migration and the Political Economy of the Welfare State", *The Annals of the American Academy of Political and Social Science*, Vol.485, May 1986, pp.51—63.

69. M. Friedman, "Question and Answer Session with Milton Friedman," Discussion at the 18th Annual Institute for Liberty and Policy Analysis (ISIL) World Libertarian Conference, San Jose, Costa Rica, August 20—22, 1999.

70. A. Alesina, E.L. Glaeser and B. Sacerdote, "Why doesn't the United States have a European-style welfare state?", *Brookings Papers on Economic Activity*, Vol. 2, 2001, pp.187—277.

71. A. Alesina and E.L. Glaeser, *Fighting Poverty in the US and Europe: A World of Difference*, Oxford University Press, 2004.

72. [新加坡]李光耀:《李光耀观天下》,北京大学出版社 2015 年版,第 85—88 页。

73. George J. Borjas, "Yes, Immigration Hurts American Workers", *Politico Magazine*, September/October 2016.

74. George J. Borjas, *We Wanted Workers: Unraveling the Immigration Narrative*, W. W. Norton & Company, 2016.

75. [美]阿莉·拉塞尔·霍赫希尔德:《故土的陌生人:美国保守派的愤怒与哀痛》,夏凡译,社会科学文献出版社 2020 年版。

76. Sylvain Crépon, Alexandre Dézé, and Nonna Mayer, *The Front National in France: Continuity and Change Under Jean-Marie Le Pen and Marine Le Pen*, Palgrave Macmillan, 2018, p.11.

77. 吴国庆:《法国政党与政治制度》,社会科学文献出版社 2008 年版,第 260 页。

78. Sylvain Crépon, Alexandre Dézé, and Nonna Mayer, *The Front National in France: Continuity and Change Under Jean-Marie Le Pen and Marine Le Pen*, 2018, p.21.

79. Edward G. DeClair, "The French Extreme Right and the European Elections of 1994," in *Politics on the Fringe: The People, Policies, and Organization of the French National Front*, Duke University Press, 1999, p.122.

80. 申华林:《试析德国政治中的右翼激进主义势力》,《西欧研究》1992 年第 5 期。

81. 2011 年,德意志人民联盟与国家民主党合并。

82. 刘立群:《德国极右翼势力问题探究》,《欧洲研究》2003 年第 2 期。

83. Hans-George Betz, "The New Politics of Resentment: Radical Right-Wing Populist Parties in Western Europe," *Comparative Politics*, Vol.25, No.4(Jul., 1993), pp.413—427.

84. Ibid.

85. Maurice Isserman and Michael Kazin, "The Failure and Success of the New Radicalism", in *The Rise and Fall of the New Deal Order, 1930—1980*, ed. Steve Fraser and Gary Gerstle, Princeton University Press, 1989, p.235.

86. [美]迈特·格罗斯曼、戴维·霍普金斯:《美国政党政治——非对称·极端化·不妥协》,苏淑民译,当代世界出版社 2021 年版,第 123 页。

87. 同上书,第 157 页。

88. *Wide Gender Gap, Growing Educational Divide in Voters' Party Identification*, Pew Research Report, March 20, 2018.

89. *In Changing U.S. Electorate, Race and Education Remain Stark Dividing Lines*, Pew Research Report, June 2, 2020.

90. [美]弗朗西斯·福山:《身份政治:对尊严与认同的渴求》,刘芳译,中译出版社 2021 年版。

91. Jeffrey S. Passel and D'Vera Cohn, *U.S. Population Projections: 2005—2050*,

February 11，2008.

92. Albert Morales，Claudia L. Rodriguez，and Thomas F. Schaller，"Latino Political Attitudes：Myths and Misconceptions"，*Society*，2020，Vol.57，No.6，pp.693—697.

93. 这里指的也是欧盟的 28 个成员国加上挪威和瑞士。参见 Pew Research Center，Europe's Growing Muslim Population，November 29，2017。

94. 包刚升：《西方政治的新现实——族群宗教多元主义与西方自由民主政体的挑战》，《政治学研究》2018 年第 3 期。

第四章

数字技术与政党

科学技术的发展与资本主义民主之间有着天然的联系。技术革命使资本主义社会的生产力得到高度发展，实现了从工业社会向信息社会的转变。在这种转变过程中，资本主义民主也发生了改变，政党从议会内走向议会外的社会，政党的动员和沟通也从依赖于权贵人物转向依靠党的基层组织和干部。近年来，信息技术，尤其是以互联网为代表的数字技术的广泛运用，使政党的科层制组织结构趋向扁平化，技术专家在政党的动员和沟通中扮演了更重要的角色。数字政党的出现更进一步冲击了传统的政党政治生态，并直接对西方代议制民主提出了质疑。本章讨论数字技术兴起对西方国家政党组织结构和运作方式变化的影响。

第一节　科学技术与民主

自从资本主义产生以来，科学技术方面已经发生三次质的变革。18世纪中叶到19世纪最初几十年，以蒸汽机的发明为标志的第一次技术革命引发了以英国为中心的第一次产业革命。工业革命中成长起来的新兴资产阶级向土地贵族发起挑战，并最终确立起统治地位，建立民主制。

19世纪末期到20世纪初期，西方发达资本主义国家出现了以电气化为代表的第二次技术革命，引发了以美国、法国为中心的第二次产业革命。资本主义从自由竞争向垄断阶段转变，三权分立体制进一步完善。在技术革命推动形成世界市场与资产阶级大发展的同时，"整个社会日益分裂为两大敌对的阵营,分裂为两大相互直接对立的阶级:资产阶级和无产阶级"。工人阶级走上政治舞台,并先后成立了自己的政党。

技术变革推动了资本主义民主的发生、发展和演变,同时成为资本主义民主的异化力量。对这一关系最深刻的揭示莫过于马克思的异化劳动理论。马克思针对资本主义机器大生产带来的针对工人阶级的剥削,认为技术的更替一方面造成了社会财富的迅速积累,人对自然的操控能力变强,资本主义工业以前所未有的速度向前发展;另一方面,技术的发展增大就业困难,促使失业率上升,社会处于危机四伏的环境,报复人类操控自然的灾害现象开始频繁出现。于是,这种无法调和的双重矛盾束缚人类,使其被技术所奴役。[1]马克思认为技术异化的生成来源是资本主义制度而非机器本身。"而机器发展本身是为了减轻劳动强度、缩短劳动时间,满足人类对自然的控制,增加生产者的财富。"[2]

进入 20 世纪,对技术与资本主义民主关系的批判被法兰克福学派发扬光大。马尔库塞指出,依靠资本家操控技术力量的工业社会是一种新的极权主义社会。"一种平稳的、安逸又民主的束缚在发达工业社会中流行开来,它的标志是技术演进。"[3]随着技术深入演进,其统治力渗透至人与社会操控的各个方面不断深入。[4]马尔库塞认为,科学与技术成了意识形态,是因为科学技术和意识形态一样,具有明显的工具性和奴役性,起着统治人和奴役人的社会功能。马尔库塞从政治、生活、文化和思想等多视角指出,人的反抗与批判被压制,并且使社会与人都走向单向度的根源是技术的进步。在政治方面表现为,技术进步导致工人阶级的非革命化。革命意识被技术发展下的极权社会同质化,从而走向政治对立面。科学技术排斥了自由和民主。

哈贝马斯既反对那种认为技术和民主最终趋向一致的乐观主义观点,也反对那种认为技术似乎排斥了民主的悲观主义论断。[5]他所关心的,反映了技术与民主关系中的另一方面,即技术官僚在政治领域的地位和作用问题。哈贝马斯把知识专家和政治的关系模式分成三种:第一种是两者密切合作的实用主义模式;第二种是专家和领袖之间权限划分的政治决定论模式;第三种就是政治的技术统治论模式,这种模式把政治统治还原为合理的行政管理,只能被设想为以全部民主为代价。因为在相同素质的情况下,由哪个领导集团来执政已经变得无关紧要。技术统治论下的行政管理使任何民主的意志形成变为没有对象的东西。[6]

20 世纪下半叶,以电子和信息革命为标志的第三次科技革命出现。这次科技革命带来的第三次产业革命促进了生产力的极大提高。西方国家迎来了"资本主义的黄金时期"。[7]福利国家的出现使得在两次世界大战期间困扰西方国家的阶级矛盾明显缓和。尤其是在 20 世纪 90 年代后,信息技术对社会经济以及政治过程、民主制度的影响日益凸显,技术与民主的关系再次成为学术界讨论的热点。讨论的话题涉及政府透明度和合法性、电子政府、电子投票、全球公民、网络行动主义、政府的信息监控、网络与公共领域的复兴、社会资本、网络与社会、网络社会的言论自由等,核心是网络信息技术是否能够实现参与式民主,乃至实现直接民主。

最初,人们普遍认为,信息技术的发展将进一步为民主赋能。从约翰·奈斯比特(John Naisbitt)的《2000 年大趋势——90 年代十大新趋向》到阿尔文·托夫勒(Alvin Toffler)的《创造一个新的文明:第三次浪潮的政治》,再到曼纽尔·卡斯特尔(Manuel Castells)的信息时代三部曲《网络社会的崛起》《认同的力量》《千年终结》,人们乐观地认为,在"21 世纪民主"中,受到适当教育的公民完全有能力通过使用电脑、卫星、电话、电缆和电子投票技术或其他工具来达到"直接民主"[8];人民将会成为真正意义上的"全球公民"。在未来的"电子共和国"[9],"电子民主"即为由电子技术武装起来的"在线公民"将自由地行使自古代雅典民主以来最为直接的统治权力,以广泛互动为基础的电子民主摒弃了党派偏见,互联网为民主政治的发展提供了有效的工具,并对传统的民主政治理论提出了挑战。[10]在信息技术最为发达的美国,学者认为新技术将转变政治民主的性质,美国民主将复归古希腊的城邦民主。[11]电子邮件能克服美国民主系统中的危机。如果普遍接入电子邮件,美国将经历政治制度的更新。[12]还有学者将网络选民称为"第五阶级",并认为网络政治可造成政治的巨变,网络民意将促使政党政治衰退、司法体系公开化、国会权力萎缩,最终达成网络的直接民主。[13]总之,在乐观主义者看来,信息技术的发展之所以能够将带来民主的复兴,首先是因为网络信息技术的发展能够塑造社会资本;[14]其次,网络信息技术提供了重构公共领域的机会。[15]

当然,也有一些谨慎的乐观主义者则认为,网络信息技术与民主的发展必须建立在一定的前提条件基础上,例如先行资源(antecedent resources)的满足、包容性(inclusiveness)、商议(deliberation)与设计等。[16]网络信息技术时代的数字鸿沟(digital divide)问题也被认为与民主的开放、平等理念相悖。随着互联网技术的深入发展及上述问题的越发明显,一些学者认为,信息技术没有被用来扩展民主,而是强化了固有的体制,甚至使得民主倒退。安娜·马利纳(Anna Malina)认为,信息时代民主的未来取决于信息是作为容易接受的社会产品(social good),还是作为昂贵的消费产品(consumer product)。如果是后者,则有害于民主的发展。商业规则统治网络,信息是资本牟利的新手段,而不是民主的新载体。[17]现实中,处于统治地位的社会上层集团,更有能力并可能将技术用于巩固既有的有利于自己的体制。理查德·莫尔对此忧心忡忡,网络与其说是民主的幻想,更可能是噩梦。[18]扬·范迪克(Jan Van Dijk)发现,在政治系统中使用信息技术的目的非常不同。一些团体寻求维护现在的民主系统,信息技术可能用于强化既有的官僚政治。[19]

进入 21 世纪,信息技术与民主的关系更加复杂化。技术甚至成为政权变革乃至革命的催化剂。2010 年末,肇始于北非突尼斯的一场突如其来的"革命",迅速点燃几乎整个阿拉伯世界,持续数月、空前规模的民主浪潮导致多国政权更迭,深刻改变了该地区的政治面貌,影响延续至今。"维基解密"网站向所有接入互联网的民众提供了展示"本·阿里和他的妻子莱拉·特拉贝尔西家族贪腐行为的电文"的资料。这和 26 岁的年轻人穆罕默德·布瓦吉吉自焚抗议政府粗暴执法结合在一起,成了"阿拉伯之春"的导火索。"阿拉伯之春"让人们看到,推翻一个国家政权的武器,不是枪炮弹药,而是网络和手机,是 Facebook、Twitter、YouTube、Wikileaks 等社交媒体。

在"阿拉伯之春"爆发前后,中东地区拥有 3.5 万个活跃的博客,Facebook 活跃用户高达 1 700 万(其中埃及有 500 万,突尼斯有 200 万),Twitter 用户的年均增长率为 142%。许多本土的社交网站也拥有强大的用户群。[20]电子技术社交媒体在促进政治抗议参与者之间的沟通和互动方面发挥了重要作用。在埃及,在互联网上形成的关系网络对于将抗议活动的核心群体组织起来发挥了至关重要的作用。[21]一些人甚至给他们的孩子取名为"Facebook",以纪念该平台在革命中的作用。阿拉伯国家民间社会的领袖也强调了"互联网、移动电话和社交媒体"在抗议活动中的作用。[22]此外,该地区的民众还利用数字媒体来扩展言论自由权,并将其作为公民参与的空间。[23]总之,抗议者利用社交媒体组织示威,传播有关他们活动的信息,提高国内其他地区和全球范围的民众对正在发生的事件的认识,在突尼斯和埃及两个政权的迅速解体过程中发挥了重要作用。关于新媒体技术与"阿拉伯之春"这一导致中东、北非地区政权变革的大规模社会运动之间的关系,无论是政策界还是在学术界,都受到高度重视。

当前,互联网和人工智能的有机结合和广泛应用已经成为驱动新一轮科技革命的关键因素。新一代数字技术不断取得突破,全球加速迈入数字技术年代。在理论上,包括云计算、大数据分析和物联网(Internet of Things)等技术的融合与更加先进的 5G 互联网技术结合在一起,具有使全人类受益并扩大民主的潜能。社会与政治的联系更加密切,决策者以更加精准的识别和判断不同群体、不同地区的利益诉求并采取精准的政策应对。然而,真实的情况是媒介内容、媒介劳动力和媒介受众不断被转化为市场化的商品,技术加深人与人之间的不平等,剥削工人和消费者,并扩大国家对几乎所有社会领域的监控,其结果则是阶级固化严重。[24]对于数字技术的政治后果,最有发言权的是垄断了数字技术使用及其经济效应的大型商业巨头。而他们恰恰是最不可能讨论数字技术政治后果的人群。西方国家最主要的技术公司多由资本主义企业控制,其主要利益就是利润最大化。这些技术公司主要隶属于 5 家主导公司:苹果、Alphabet(谷歌的母公司)、亚马逊、微软和 Facebook。它们受益于政府放松管制的政策,拥有了控制市场的力量。它们还受益于军事和情报机构的支持，这些机构在美国通过其在国内政治系统中的庞大预算和权力地位，对世界各国政府施加影响，来实现对国际、国内事务的控制。对于当今世界来说，数字资本主义和国家监控的"联姻"是对民主最大的威胁。[25]

第二节　技术年代的政党

历史上的三次科技革命带来的政治经济秩序的变迁是西方政党发展演变的大背景。在第一次技术革命之前，最早出现在英国的"托利党"和"辉格党"，还只是议会中围绕詹姆士王位继承问题形成的两大派别。政党仅存在并活动于议会内部，是典型的贵族党。然而，随着技术革命推动工业革命的出现，新兴的工厂主、手工业者等资产阶级开始要求在政治上分享国家权力，其主要的诉求就是进入议会。他们拥有先进的技术、机器，拥有大工厂，是英国贸易、生产、消费等领域的领导阶层，因而能够在政治上施加压力迫使地主阶级放权。在这种背景下，选举制度得以改革，拥有投票权的英国人的数量增加，"托利党"和"辉格党"正式更名为保守党和自由党。这意味着早期议会内部围绕着权贵人物出现的政治派别正式演变为现代意义上的政党。很难说，这个时期的政党主动利用蒸汽机、纺纱机、织布机等先进的技术让自己变得不一样，但显然它们被动或主动地适应了由蒸汽机、纺纱机和织布机统治的时代。现代政党是技术革命的时代产物，它们被迫随着技术进步而发生的社会变革来调整自己的结构和活动方式。

在第二次技术革命时期，政党就已经完全开始利用技术为自己服务。到19世纪末期，政党已经开始自上而下建立松散的中央与地方组织体系，并且发挥了动员选民、遴选精英、参加选举、组织政府的功能。新的技术的出现为政党履行这些功能发挥了重要作用。首先，交通技术的发达和交通工具的改进，大大改进了政党的活动方式。政党领袖可以乘坐火车在全国各地旅行，会见不同的政治人物，这使得在全国范围建立自上而下的政党组织成为可能。他们也能在所到之处与地方上的精英以及更大范围的公众进行会面。这样，一些过去曾经只存在于遥远的首都的全国性政治领袖,开始变成真正意义上的公众人物。其次,这一时期印刷品尤其是报纸的蓬勃发展,在政党建立与大众的联系方面发挥了重要作用。早期的报纸发行量不大,基本上是精英阶层的消费品,而且通常都有明显的党派倾向,因此在事实上也将精英阶层按照报纸的倾向分为若干类别。到 19 世纪 80 年代和 90 年代,报纸发行量有了巨大增长,并且其增长速度快于美国城市人口增长。[26]与此同时,报纸也开始转变其强烈的政治派性,转变为独立的媒体立场。在这一重大转变的背后,是新闻内容的大众化。[27]工人阶级的壮大、选举权的普及、政治参与的扩大,与报纸的大众化、去精英化、去党派化密切联系在一起。

更重要的是,建立在电力革命基础上的交通运输技术的改变、印刷品尤其是报纸的蓬勃发展,极大地促进了人口流动,并为工人阶级的组织和集体行动提供了可能。工人阶级正式登上历史舞台。不仅如此,工人阶级还力图超越国家的界限,实现国际性的联合。1864 年国际工人协会(第一国际)成立,这是人类历史上国际工人阶级的联合组织。欧洲不同国家、包括北美地区的工人阶级联合起来,通过斗争争取工人阶级权益、支持被压迫民族的解放斗争和各国的民主运动、支持巴黎公社、创新发展科学社会主义。[28]到 1889 年,国际工人阶级成立第二个国际联合组织。这些国际性联合极大地促进了社会主义在欧洲和美国的发展。到 1890 年前后,世界各国的工人阶级纷纷成立社会主义政党。1869 年 8 月,德国社会民主工党成立,1890 年改名为社会民主党,一直延续到现在。1879 年,法国工人党成立,1902 年社会党成立。1900 年,英国劳工代表委员会在伦敦成立,1906 年改称工党。1892 年,意大利劳工党成立,1895 年改称意大利社会党。在工人运动最为蓬勃的欧洲,各国的社会主义政党几乎都是在这一时期成立的。在没有社会主义传统的美国,此时也相继出现了各种打着社会主义旗帜的政党。可以说,没有交通技术和传播技术的变革,世界范围的政党变革和政党联合是不可能出现的。

尽管每一次技术进步都为政党的发展创造了条件,但技术全方位影响政党组织结构和活动方式,是在战后第三次科技革命时期。电子信息技术带来了电视、网络等现代通信工具的普及，使得政治传播的性质发生了根本转变。在大众传媒出现以前，政治信息的传播费时费力，政治家之间以及政治家与大众之间的沟通主要依靠面对面的人际沟通。政党想要将自己的理念传递给社会，首先得依靠党内的积极分子和干部从党的上层获得信息，然后通过层级的组织结构和人际沟通再传递给更广泛的民众。当政治家需要和公众建立联系时，他们也往往依赖于多层次的中间组织将信息层层传递到社会层面。这就使得各种各样的桥梁组织变得必不可少。在此过程中，什么样的信息会被传递、其结果如何，都受到各种外部环境的影响。当计算机、互联网、移动电话等现代通信工具大规模普及时，政治家、政府与公众的政治沟通变得直接。政治家就可以直接面向公众，传达他们想要输送给民众的立场和政策。政党领袖可以直接诉诸成千上万的民众。

早在 1967 年写作《西方民主国家的政党》时，利昂·D. 爱泼斯坦就注意到大众传媒技术的发展对于政党的影响。爱泼斯坦认为，当代的交流技术，伴随着它们在其中起作用的社会条件，已使得大众传媒在可影响选举人的诸多机构中脱颖而出，变得越来越重要，随之而来的是党员组织变得相对不重要，但不是说这些组织将消失。[29]在爱泼斯坦看来，电视比政党组织的工作更有成效。更重要的是，不仅电话或者其他大众媒体取代了政党的群众组织功能，而且政党还需要专职人员经营大众传媒型的竞选活动，对他们的要求也在某些方面与意识形态或委任制基础上招募的党员所能提供的才能不一致。在充分利用广播、电视这些新的技术时，政党的人格化变得必不可少。富有个人魅力的政治家利用技术平台去寻找选民，熟练运用技术手段推销自己的想法。这些都导致政党的反组织倾向。[30]

信息传输是政治技术的核心，是政党的"黄油"和"面包"。政党必须找到一个有效的、双向的与组织中的积极分子和投票人沟通的程序。政党能够在多大程度上确定其听众、制定一则具有吸引力的消息、发动支持者，对它们的成功来说意义重大。[31]因而，是否能够熟练地使用技术手段实现这一目标，往往决定了政党能够在多大程度处于领先地位。斯蒂芬·弗兰泽奇（Stephen Frantzich）在《技术年代的政党》中也写道，随着大众通信技术,尤其是电子媒体的出现,更多候选人看到它们能够高质量、标准化、高效率地将政治信息传递给投票人的潜力。[32]在弗兰泽奇的年代,政党对技术的运用主要还是表现为政党活动的阵地从印刷媒体向视听媒体的转变。候选人更情愿在广播电视中出境,更直接地和选民建立联系。由于电视频道有固定的受众群体,政党也可以更加准确地知道应该在哪些电视台、哪些频道、几点钟的节目出境,从而达到最佳效果。同时,政党也可以根据电视收视率的情况、事后的民意测验来获得反馈,并调整活动的策略。弗兰泽奇指出,因此候选人在大众媒体中力图缓和自己的党派立场,将那些相对中立的选民或其他政党的支持者吸引过来。与此同时,政党来利用新技术,以正确的方式将正确的信息发送到合适的人那里。有了买下的广告,候选人及其支持者就重新获得了一些对传递什么、向谁传递的控制权。实现这些目标所需要的技术上的复杂性,为政党提供了一个开端。[33]

互联网技术的蓬勃发展为政党政治运行的方式带来了深刻变革。在互联网技术最早得到广泛运用的美国,政党很快意识到利用网络将产生完全不同的效果。1992 年,比尔·克林顿开始利用电子邮件和自动邮件列表进行竞选。这可以看作互联网 1.0 时代政党开始拥抱互联网技术的标志。互联网 1.0 时代的典型工具是电子邮件、网络主页和博客。1996 年美国总统选举时,民主党候选人比尔·克林顿和共和党候选人鲍勃·多尔发起了第一次利用互联网的政治运动。总统竞选网站的新闻报道大放异彩,定期讨论新闻机构是如何推出在线报道的。两党都建立了自己的竞选网站,电子邮件、电子布告栏都置于网站主页上,用来扩大宣传。当年的夏天,微软与美国全国广播公司(NBC)合作创建了 MSNBC,并放在互联网上,其中包括一个“96 年的决定”板块。在这个板块中,选民可以获得有关总统选举的信息。这是截至目前学者搜集到的最早的政党利用互联网从事竞选活动的信息。全球第一家网络服务提供商 CompuServe 还主持了一场与众议院议长纽特·金里奇(Newt Gingrich)的在线问答,并称这是当年“参加人数最多”的聊天之一。[34]

在民主党方面,克林顿和戈尔建立了一个直接面向选民的网站

（www.cg96.org）。戈尔发表了专门针对这个网站的讲话。他在讲话中称，民主党在承诺利用技术为美国人提供参与所需的信息和取得成功所需的工具方面，又迈出了重要的一步。美国人有机会以前所未有的方式参与克林顿/戈尔的竞选活动。戈尔把这个网站视作民主党虚拟的竞选总部，把民主党的竞选活动和克林顿总统对未来 4 年的愿景直接放到美国人的手头。在这个网站上，民主党人列举了克林顿政府的国情咨文、总统发表的各种最新的声明以及克林顿政府第一任期取得的成就，并呼吁美国人通过这个具有互动功能的网站，将对政府的建议、想法和想要反映的问题提出来。[35]

在共和党方面，共和党候选人鲍勃·多尔和杰克·肯普也建立了自己的竞选网站（www.dolekemp96.org）。它的主体框架共包括六个部分，分别是关于多尔和肯普的家族介绍、和多尔互动、多尔的竞选纲领（关键词是"更多机会""小政府""更强大和更安全的家庭"）、如何参与多尔的竞选、竞选跟踪、实时报道。网站还包含注册登记、成为志愿者和捐款的内容，尽管并不知道当时是否以及有多少人通过网站进行了政治捐款。

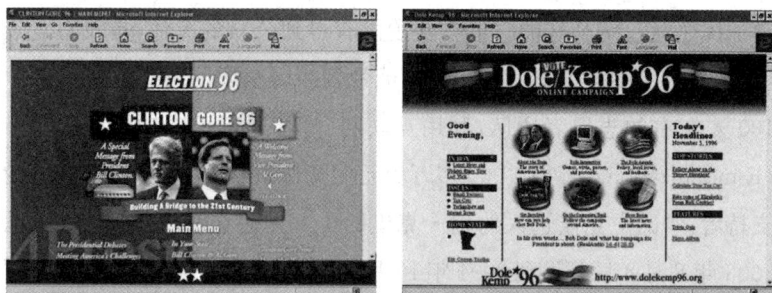

图 4.1　1996 年美国总统大选中民主党与共和党建立的竞选网站

资料来源：www.4President.us。

很显然，1996 年的总统大选充分见证了政党和政治家利用互联网进行政治动员和竞选的努力。此后，很多候选人开始建立自己的个人网站。这个时期的互联网对政党来说，总体上是分发通讯、党刊、会议备忘录等政党信息的一种新手段，其功能类似于电子档案柜、文件库。

政党把一些人们常见的政党信息,比如各机关的电话号码簿、新旧杂陈的公告、新闻稿等,简单地剪贴和搬运到网页上。政党"利用因特网去做政党以往在选举中重复的老套路",[36]只能单向度地传递政治家个人的立场和政策偏好,不太容易与规模庞大的受众建立直接的互动关系,但是它们帮助政党绕开了报纸、电视和广播等中间媒介,将政治传播的主动权控制在自己手中。

在建立门户网站外,政党和政治家也开始利用博客作为宣传和交流的工具。1998 年,美国人德拉吉在自己的博客网站"德拉吉报道"(Drudge Report)上首先报道了克林顿和莱温斯基的绯闻,这被认为是最早的成功的政治博客。2000 年,在布什和克里的总统竞选中,政治博客被广泛运用,一些博主获准参加民主党和共和党大会的采访活动。[37]在 2002 年的中期选举中,政党利用互联网竞选的大多数活动,仍然集中在建立网站、选民档案和在线筹款方面。但是个人博客的互动功能吸引了政党和候选人的注意。乔治·布什、约翰·爱德华兹、卫斯理·克拉克等人纷纷开设了自己的博客。在 2004 年总统大选的民主党初选中,佛蒙特州前州长霍华德·迪恩(后任美国民主党全国委员会主席)在利用互联网竞选方面最成功。迪恩是在卸任州长后临时决定参加民主党总统初选的。他一开始没有得到公众的关注,也没有竞选资金,只有 400 多名支持者。但是他带领 3 名全职网络工程师和一个 100 人左右的志愿者团队,利用互联网、博客进行了成功的电子动员(E-mobilization),筹得 4 000 多万美元的竞选资金,争取到 100 多万的支持者。[38]民主党候选人约翰·克里的个人博客(JohnKerry.com),从 2003 年 8 月 8 日开设到 2004 年 10 月 4 日关闭,总共留下 397 882 条评论。[39]此后,参与美国总统选举的候选人纷纷开设博客,将其作为与大众的对话媒介、讨论空间与网络即时交谈的手段。

随着政党对互联网工具的使用,技术平台开始参与政党活动。在 2000 年的总统竞选中,技术平台首次赞助了民主党和共和党的大会,AOL 和 Psuedo.com 将它们的标志添加到了政党的庆祝活动中。一个名为 internet.com 的网站报道称,候选人比尔·布拉德利和约翰·麦凯恩在互联网搜索中击败了阿尔·戈尔和乔治·沃克·布什。2004

年总统大选之后,网络竞选活动进一步扩大,各政党内部的委员会正式
成立"电子竞选"部门。但在随后的两年里,一系列新的网络技术和社
交媒体工具出现,为政党使用电子技术出现质的飞跃提供了可能。
2004年,Facebook出现;2005年,YouTube出现;2006年,Twitter出
现。这三个主流的互联网技术平台直到现在,都还在信息技术传播和
电子化社会交往领域占据着垄断地位。Facebook在出现两年后就开
始了政治广告,其创始人马克·扎克伯格(Mark Zuckerberg)表示:"在
即将到来的选举中,自由、不受限制和不受操纵的信息流对民主也至关
重要。"[40] 2006年,弗吉尼亚州参议员、正在寻求2008年共和党总统候
选人提名的乔治·艾伦被一名"追踪者"跟踪,该"追踪者"带着录音机
或者摄像机,企图拍到候选人说了什么或做了什么可能让人感到尴尬
的事情。艾伦在制止该"追踪者"时的言语中涉及种族歧视。视频很快
被上传到YouTube。当时的YouTube还是一个刚刚成立一年的视频
分享平台,艾伦相关视频的迅速传播对候选人发出了警告信号,他们说
的任何话都可能立即被成千上万甚至上百万人看到,从而在一夜之间
毁掉他们的个人形象。

2008年总统大选时,互联网创造了巨大的政治效应。随着越来越
多的候选人使用MySpace、Google、YouTube、Facebook和其他平台,
这些公司也开始吸引更多资源和人力来为这些活动提供客户支持,并
确定潜在的合作伙伴关系,以便其网站获得更多的政治内容。Myspace
作为当时美国最大的社交网站,设立了一个专门讨论政治的板块关注
大选。它与MTV合作,在大学校园里与主要总统候选人和美国青年
进行了一系列一对一对话。MySpace还是第一个与总统辩论委员会建
立伙伴关系的社交网站。它还创建一个新网站MyDebates.org,"为观
众提供互动工具参与大选进程,包括个性化的问题记分牌、民意调查、
国家统计数据、实时网络流媒体等"。候选人蜂拥而至。Facebook宣
布创建页面和广告平台,使候选人能够更好地与选民建立联系,还和
ABC新闻建立了合作伙伴关系,以创建一个美国政治应用程序,让人
们可以在其中分享对他们最喜欢的候选人的支持,学习如何注册投票,
以及加入辩论小组。Facebook还投放广告来帮助人们登记投票,并在

新闻提要顶部做了第一个"我投票"选举日提醒。与微软、UStream.tv和谷歌/YouTube 类似,Facebook 也出现在民主党和共和党的全国代表大会上。马克·扎克伯格的妹妹兰迪·扎克伯格(Randi Zuckerberg)是 Facebook 的一名员工,她直言不讳地谈到民主党人如何在党的全国代表大会上接受 Facebook,共和党人却没有。共和党唯恐在社交媒体的使用上被认为落后于民主党,对兰迪·扎克伯格的言论表示强烈反对,称共和党已将"新"媒体纳入其计划。

与此同时,在 Facebook 和 YouTube 上开设账户,成为政党和候选人的规定动作。在 2008 年大选中,奥巴马利用互联网的效应,不亚于霍华德·迪恩所做到的。奥巴马把新兴的社交网络、网络视频、邮件系统、搜索引擎甚至是网络游戏都变成了自己的媒体武器。奥巴马的竞选资金主要来自数百万捐赠者的政治捐款,其中许多是通过 Paypal 等互联网工具支付的小额捐款。Facebook 的联合创始人之一克里斯·休斯加入了奥巴马的总统竞选团队,休斯将其在 Facebook 工作时构建社交网络的经验吸收到竞选中。休斯和他的团队为奥巴马设计了名为"My Bo"(我的奥巴马)[41]的竞选网站,发布竞选信息,形成奥巴马的支持者网络,让他们能彼此联系、创建团体、规划活动和筹集资金。选民打开该网站,登记个人真实信息注册后就可以在网站上发布自己的观点和意见,并与"奥巴马"互动。整个网站以突出和强调"奥巴马无处不在"(Obama Everywhere)为特点,选民也确实通过该网站体验到了奥巴马无处不在的宣传。

随着奥巴马在 2008 年总统大选中使用社交媒体的成功,数字技术开始与政党政治密切结合在一起。数字媒体技术的及时性、广泛性、便捷性,使其远远超过传统技术,成为政党政治动员的工具。首先,数字媒体技术主动向政党政治靠拢。YouTube 不仅关注美国的大选,还重点介绍了西班牙、英国、希腊和波兰的电视选举节目。在以色列,选民使用视频平台向总理候选人提问。在 2009 年印度大选之前,YouTube重点介绍了谷歌选举中心,人们可以在这里获得有关竞选议会候选人的新闻和信息。各种各样的社交平台上,都有帮助人们注册投票并查看有关选举日详细信息、追踪选举过程的最新动态。其次,已经没有政党能够置身数字技术之外。几乎所有政党都在自己的网站上全方位展示党的历史、纲领、领导人和竞选过程；政党在 Facebook、Twitter、You-Tube 等重要的社交媒体平台上开设官方账号，争取更多关注者和浏览量；几乎所有的政党领袖、政客都拥有自己的社交账号，在党的官方渠道外展示个性化的自己。政党也熟练使用数字技术进行民意调查和选情分析，在技术使用方面落后的政党几乎很难确保在选举方面的成功。

在数字化浪潮中，政党的组织和活动方式发生了巨大的变化。

首先，技术手段已经成为政党形象展示和政治宣传的主要工具。在数字技术出现之前，政党主要依靠党的各级领导人和组织结构、政党组织的集会和其他形式的活动、党的历史、党在政府中的角色来构建自己的形象。在互联网 1.0 年代，政党开始建立网站，网站从而成为普通人了解政党的最直接途径。1994 年，美国国会选举中政党第一次建立网站，到 2000 年，全世界大约有 1 250 个政党建立了自己的网站。1997 年英国大选时，只有几个主要政党使用互联网和选民进行沟通。仅仅在 4 年后，几乎所有政党就都有了自己的网站，并利用网站发布信息。[42] 当今世界，已经很难找到没有自己网站的政党了。由于这些网站由政党自己运营管理，因而有了发布政党纲领、政策主张、活动动态、政党领袖等方面信息的主动权，不需要经过报纸编辑和电视节目的加工。以英国保守党为例，该党的网址（www.conservatives.com）对于保守党的介绍就是"保守党，带领英国前进"（Conservative：Getting Britain Moving）。打开主页后，首先看到的是现任保守党领袖的头像，旁边是加入如何保守党、成为保守党正式成员或者成为保守党志愿者的方式。此外，保守党的主页还包含了党的最新动态、保守党的组织结构、政策理念，以及保守党在年轻人、女性和商业团体这些特定群体中的存在、理念和呼吁他们加入保守党的方式。此外，民众还可以在保守党的主页上看到保守党议员的构成。任何一个人想要了解保守党，只需要登录保守党的主页就行了。的确，这也符合互联网时代人们获取信息的模式。对于政党而言，不依靠党的组织、党的干部和积极分子挨家挨户、一个社区接着一个社区地去巡回游说，就可以吸引到那些对保守党感兴趣的支持者，也可以筹集到政党竞选所需的资金了。

此外，政党在 Facebook、Twitter、YouTube 等数字技术平台上都有自己的官方账号，可以更加及时地传播党的信息。在 YouTube 上，英国保守党有 7 万订阅者，发布了 463 个视频。在更具互动功能的 Twitter 上，保守党有 58 万关注者，工党有 99 万关注者。尽管在两党的官方数字中，正式的党员分别只有 17 万和 41 万。作为一个政党，这些数字是非常客观的。因为他们主要呈现的是政党的一些官方活动，首相的演讲、议会辩论、访问和公开讲话。与之相对应的，是这些政党领袖的个人账户。2022 年 10 月当选为英国保守党领袖和首相的里希·苏纳克的 Twitter 账户有 125 万名关注者。他的推文包含了首相个人简短有力的口号、富有激情的演讲片段、与印裔英国人共度排灯节、保守党在选举中团结奋进的场景等照片。可以说，在公民普遍缺乏政治参与热情、疏离政党的年代，数字技术平台已经成为政党形象构建的主要途径。

其次，基于数字技术的社交媒体已经成为政党进行政治沟通的主要途径。几乎所有当代西方政党都面临党员数量逐年减少、选民投票率不断下降、公众对政党和政客信任水平不断下降的问题。政党正在不断远离公众的日常政治生活。然而，社交媒体的出现似乎赋予了政党重新打造支持者、沟通选民的潜能。政党在网络上制造议题，激发公众关注和参与，组织募捐，收集民意。这一切之所以成为可能，都是因为技术高度发达，绝大多数选民能接入互联网资源。智能手机的普及，更是让这种全天候、全覆盖式的政治沟通成为可能。对于移居国外的部分党员，英国工党和澳大利亚工党通过网络建立组织机构，加强党员彼此之间联系，便于他们与国内的党组织进行联系。

在政党或政党领袖的 Twitter 账户上，是精心修饰过的领导人的照片、视频、语言，塑造一种平易近人的领袖形象。2012 年总统选举结束后，奥巴马在选举日宣布胜利后，在 Twitter 和 Facebook 上发布了一张他和第一夫人拥抱的照片，标题很简单，叫"又一个四年"。它成为了迄今为止转发和点赞最多的帖子。

最后，政党几乎完全依靠数字技术来了解公共舆论。在传统技术年代，政党只能通过电视报纸等形式大致了解民众的一般立场，这些政策议题通常比较宽泛。在大数据时代，政党则可以通过专业技术人员精确地了解公共舆论。海量信息可以帮助政党分解任何一个具体问题，从而获取选民在该特定问题上的态度。政党还可以利用大数据技术精准地定位某一个地区、某一类人群、某一个特定时期、在某一个特定问题上的态度和看法，从而更加精准地分析选情，制定竞选策略。大数据可以帮助政党准确地找出哪些人是摇摆选民，哪些社会网络是关键资源、最佳演讲日期和演讲地点是什么。在 2016 年的总统大选中，特朗普雇佣剑桥分析公司（Cambridge Analytica）作为他的数据运营团队。剑桥分析公司获取了 5 000 万 Facebook 用户信息，并通过各种渠道购买人口数据，如土地登记、汽车数据、购物数据、奖励卡、俱乐部会员、杂志消费、教会活动等，在此基础上将全美人口分为 32 类性格特征。据说，特朗普的竞选团队成员可以精确地了解每一幢房子里的居民的性格类型和政治观点。剑桥分析公司的前首席执行官尼克斯夸耀公司为特朗普所做的工作，说："我们做了所有的研究、所有的数据、所有的分析、所有的目标定位，我们进行了所有的数字竞选、电视竞选，我们的数据为所有的战略提供了信息。"[43]

美国共和党全国委员会主席吉姆·尼科尔森（Jim Nicholson）说："这是一个新的世界，要么数字化，要么死亡。"[44] 显然，政党没有死亡，政党在拥抱数字技术方面乐此不疲，并尝到了甜头。政党挖掘数字化工具潜在的政治功能，用于扩大参与、选民沟通、政治宣传、投票动员和政治营销，这反过来也推动着政党政治的数字化转型。[45] 然而，这一切对于政党自身来说意味着什么？

从政党的内部来看，西方政党在一两百年的历史中建立起来的从中央到地方的一套组织结构，即内部精英遴选、录用和晋升机制在数字媒体年代瓦解。在 20 世纪 70 年代到 21 世纪初期，关于政党组织衰落的讨论通常集中在基层组织涣散、党员流失、党的中央组织内部关系变化等方面。维持这套组织结构的科层制度是不变的。政党从社会吸收党员，党的高层领袖通常是从资深政治家中产生，政治家依附于政党并成为党候选人，进而成为政府领导人。数字技术与政党的联姻改变了这一切。党的基层组织从形式涣散变成实质多余。数字技术的无中心、无界限的离散结构，使政党通过社交媒体来吸引追随者和选民更加容易,而且即时效果更好。党的基层组织与党员,以及基层组织与民众的依赖关系不存在了。同时,过去由党的组织掌握精英遴选、竞争、提名候选人的权力也受到极大削弱。互联网技术为候选人提供了单独接触选民的机会,使其能够独立于党的中央组织。候选人对政党的依赖大大降低,甚至出现政党更加依赖候选人的现象。候选人个人素质和魅力日益成为左右竞选成败的重要因素。[46]不少学者指出,"社交媒体可以影响政党的权力关系,因为它允许候选人在竞选中更加独立于党的中央"[47]。而且,社交媒体"加强了政客对政党的影响——因为政客现在可以相对容易地获得自己的竞选工具和与记者直接沟通的渠道。因此,社交媒体也可能破坏党的集中化,使候选人个人更多地独立于政党的领导"。[48]

从政党的意识形态来看,数字技术解构了政党具有共同认可的原则或者一套相对稳定的意识形态的特征。政党在从早期的贵族政党向大众型政党转变的过程中,都有着自己相对独特而稳定的意识形态和政策纲领。意识形态,既是赖以区别于其他政党的标签,也是吸引追随者和支持者的旗帜。在大众参与还没有普及的年代,政党及其意识形态还承担了政治社会化的功能。主流政党的意识形态还代表着国家的主流价值观,具有整合社会思潮、凝聚国家意志力的功能。换句话说,当政党的意识形态反映了一个国家和社会的主流价值观时,政党最有可能获得最广泛的支持;当政党的意识形态能够引领一个国家和社会的主流价值观时,政党也最有可能成为真正的领导核心,而不仅仅是一个政权的组织者。可以说,政党的意识形态,以及基于意识形态、政策纲领的政党认同,在塑造政治态度和行为方面起着至关重要的作用。但在数字媒体年代,经由代际传承和投票关系建立起来的稳定的政党认同被瓦解。政党为了在社交媒体中受到欢迎,更愿意选择回避意识形态这样严肃的政治话题,把联系社会的重心放在渲染候选人形象、围绕具体议题吸引公众注意力等方面。除了在具体议题上有政策差异外,很难看出政党在意识形态领域有什么区别。更重要的是,当政党没有那么鲜明的意识形态立场,社交媒体中的非理性、极化现象就很容易导致政党成为公共舆论的追随者而非引领者。

当然,政党的正式组织依然非常重要,党员仍然在领袖的产生过程中发挥重要作用,尤其是那些有着上百年历史的政党。以英国保守党为例,如果首相下台,先由保守党议员选择两名候选人,再由 19 万党员投票选出获胜者。如果其中一位候选人中途退出,另一名候选人则自动当选成为党的领袖。有时候,议会党团和党员意见并不一致。2022年夏天,保守党鲍里斯·约翰逊政府下台后,莉兹·特拉斯和里希·苏纳克竞争党的领袖一职。在党员投票中,特拉斯赢得了 81 326 张选票,苏纳克赢得了 60 399 张选票。尽管保守党议会党团更加青睐苏纳克,但党员的投票具有决定作用,因此特拉斯当选为党的领袖。然而,在仅仅上台 45 天后,特拉斯宣布辞职,保守党内展开第二次领袖选举。这次,前首相鲍里斯·约翰逊被媒体报道有可能会再次参选。在他和苏纳克之间,保守党普通党员更倾向于约翰逊。因为对很多英国人而言,苏纳克都不算真正的英国人(苏纳克出生在英国),他是印度人的后裔。然而,在议会党团内部,苏纳克获得了近 200 名保守党议员的支持,远远超过了约翰逊。最终约翰逊以无法领导党内团结为由提前退出竞选,避免了最终投票。对类似于保守党这样的政党而言,党的组织、党员仍然是最重要的决策者,但是数字技术的出现,让党员直接投票选举产生领袖这一过程变得更加容易。

在历史上,每一次技术革命的到来都让政党在组织形态和活动方式上发生改变。与以蒸汽机和电力为代表的技术相比,数字技术更加直接、紧密地与政党结合在一起。政党或许没有意识到,数字化技术已经不是外在于政党的一种技术手段,而是政党的生存方式。政党不能离开数字技术存在。社交媒体可以没有政党,政党却不能没有社交媒体。在政党只能依靠数字技术才能维持生存的时代,很难说政党是变得更强大了还是更脆弱了。有学者指责数字媒体加速了政党衰落,这与大约半个世纪前爱泼斯坦在《西方民主国家的政党》所说的对大众传媒越来越多的使用将消灭政党组织如出一辙。

第三节　数字政党的出现

2006 年,瑞典出现了一个自称是信息社会"网络党"的政党"海盗党"(Pirate Party)。这个政党缘起于一个专门用于储存、分类和搜集BT种子(提供免费快速下载)的名为"海盗湾"的网站。该网站的不断发展壮大损害了许多娱乐公司的利益。2005 年瑞典政府颁布了新的版权保护法。海盗党就是在反对新颁布的版权保护法背景下成立的,创始人是信息技术工程师里克·法尔克维奇。2009 年,华纳兄弟、索尼音乐、哥伦比亚影业等公司以侵权的名义将海盗湾告上法庭。海盗湾的 4 名运营者分别获得一年监禁以及巨额罚款的处罚。这一判决以及随后在瑞典各大城市的示威游行为海盗党赢得了大量支持者,其成员数量从之前的 1.5 万人增至 4.5 万人,一跃成为瑞典第三大党。在当年的欧洲议会选举中,瑞典海盗党在选举中赢得 7.1%的选票,克里斯蒂安·恩斯特龙成为首位进入欧洲议会的首位海盗党成员。

在瑞典海盗党的示范效应下,德国、芬兰、捷克、英国等欧洲国家本国的"海盗党"相继成立。在 2009 年的欧洲议会选举中,出现了各种各样的海盗党候选人。2010 年 4 月,一个鼓励各国海盗党之间合作与团结的国际组织国际海盗党在比利时成立。在德国,海盗党的分支柏林海盗党在 2011 年的柏林议会选举中获得 8.9%的选票。海盗党提名的15 名候选人全部当选。在 2012 年 3 月萨尔州议会选举中,海盗党获得 7.4%的选票,该州的 381 名海盗党成员中有 4 人进入州议会。截至2012 年底,德国海盗党的全国民调支持率曾一度高达 13%,与绿党不相上下。在冰岛,海盗党在 2015 年冰岛议会选举中获得14.48%的选票,成为议会第三大党,与排名第二的左翼绿党实力相当。在捷克,海盗党在 2017 年也以 10.8%的得票率首次进入众议院。捷克海盗党还在 2018 年布拉格市议会选举中组建联合政府,该党的代表兹德涅克·赫日布(Zdeněk Hřib)成为布拉格的市长。目前,全世界有 40 多个国家都有海盗党的组织。它们的共同宗旨是支持公民权利、直接民主(包括电子民主)或参与政府、版权和专利法改革、自由分享知识(开放内容)、信息隐私、透明度、信息自由、言论自由、反腐败和网络中立。

2009 年 10 月,意大利著名喜剧演员贝佩·格里洛(Beppe Grillo)与其搭档、网络战略家吉安罗伯托·卡萨莱焦成立了一个新的政党五星运动党(英语"Five Star Movement",意大利语"Movimento 5 Stelle",缩写 M5S)。这个政党的前身是格里洛在 2005 年发起的"格里洛朋友运动"的宣传活动。该运动受美国民主党候选人霍华德·迪恩(Howard Dean)的经历启发,以网络为据点,以网络新媒体传播为主要方式,以年轻人为鼓动和宣传对象,宣传政治主张和政治理念。最初,贝佩·格里洛和他的支持者都拒绝接受"政党"这一定位,他们认为五星运动是"公民的自由协会"。随着时间的推移和政党政治实践的嬗变,格里洛认为有必要将五星运动转变为政党。其后,通过博客、Facebook 等,格里洛在网络上宣布成立五星运动党,积极参与意大利政党政治活动。2010 年,五星运动党对外宣布参加意大利地方选举。在这次选举中,五星运动党在意大利北方一些城市诸如皮亚琴察、帕尔马、热那亚、蒙扎等地获得的选票都超过了 10%。

2013 年意大利大选时,五星运动党在众议院选举中获得 109 个席位,成为众议院第二大党,在参议院选举中获得 54 个席位,成为参议院第三大党。在大选前,有大约 80 万人参加了格里洛的最后一次集会。作为一个成立仅 4 年的政党,五星运动党的发展令意大利的主流政党震惊。由于格里洛的不合作原则,五星运动党虽然是议会第二大党,但并没有加入政府。到 2018 年意大利大选时,五星运动党作为单一政党,在大选中得票率最高,赢得 32.7% 的选票,在议会获得 227 个席位。前总理伦齐领导的中左联盟得票率仅为 23.42%,失去了执政党地位。前总理贝卢斯科尼领导中右联盟与五星运动党组建联合政府。五星运动党的重要成员罗伯特·菲科当选为众议院议长,与五星运动党联系密切的无党派法学教授孔特出任总理。由于五星运动党组建联合政府后,没有兑现大选前给选民的承诺,党的支持率严重下滑。在孔特政府时期,许多五星运动党的议员加入反对党阵营。2021 年 1 月,在新冠疫情、政治动荡等多重危机中,孔特政府宣布辞职。联盟党、五星运动党、民主党和意大利力量党等政党协商组建了一个横跨左中右的超级联合政府。但新政府内部在经济、环境和外交政策上存在分歧。2022 年 7 月,五星运动党退出联合政府,议会提前大选。意大利兄弟党以 26% 的得票率成为第一大党,曾经如日中天的五星运动党只得到 15.5%

左右的选票。

2014 年 3 月,西班牙马德里的知识左翼在反腐败政治运动的基础上成立了一个新的"我们能"党,创始人是大学教授巴勃罗·伊格莱西亚斯·图里翁(Pablo Iglesias Turrión)。成立的当天,"我们能"党就获得了 5 万名线上支持者。成立后的头 20 天,有 10 万人加入其中。"我们能"党在两个月后首次参加欧洲议会选举,就获得了 120 万张、近 8％的选票。此后,"我们能"党在西班牙的支持率直线式上升。民意测验显示,到 2014 年 11 月时,"我们能"党的支持率就超越社会主义工人党,甚至领先执政的人民党。在 2015 年地方选举中,"我们能"党与绿党等共同推举的候选人,在马德里、巴塞罗那等重要城市赢得市长选举胜利。在 2015 年 12 月 20 日的第 11 届西班牙众议院大选中,首次参加选举的"我们能"党获得 20.7％的选票,赢得 69 个众议院席位,成为西班牙第三大政党,并直接挑战了后佛朗哥时代以来近 40 年时间里,由右翼人民党与中左翼社会主义工人党轮流执政的政治格局。进入议会的 4 个主要政党人民党、社会主义工人党、"我们能"党和公民党均未能获得绝对多数选票,各主要政党围绕建立联合政府或少数党政府进行了长达两个半月的艰难谈判,最终以各党组阁失败而告终。2016 年 6 月,西班牙重新大选。"我们能"党和"统一左翼"(IU)以及其他几个较小的左翼政党,在选举前联合起来组成"我们能"联盟。右翼的人民党以 33％得票率再次胜选,在众议院 350 个席位中占 137 席。"我们能"党在选举中保持住了第三大党的地位。对于一个成立仅两年的政党来说,"我们能"党创造了奇迹。2019 年,西班牙分别连续举行了两次议会大选。"我们能"党及其盟友在 11 月的第二次选举中赢得了 12.8％的选票和 35 个席位。社会主义工人党与"我们能"党组建了联合内阁,"我们能"党的党魁巴勃罗·伊格莱西亚斯为第二副首相。这是西班牙民主化以来的第一个多党联合政府。

瑞典"海盗党"、意大利五星运动、西班牙"我们能"党代表了一种新的政党类型。与那些利用网络资源但仍然保留了传统的政党组织结构,并依靠这套组织体系来运作的政党相比,这些政党被称作"数字政党"似乎更合适。数字政党是近十来年出现的新政党形式。它们尽管在意识形态方面存在明显差异，但基本上都代表了由数字技术支持的一种新型政治参与的组织方式，在形式上对普通公民更加开放，更直接、更真实、更透明。海盗党、五星运动党和"我们能"党代表了数字政党的经典形态，然而在现实政治中还有许多现象也表现出与上述三个政党类似的组织趋势，例如法国的"不屈的法国"(La France insoumise)和英国工党科尔宾的竞选团队"动量"(Momentum)。"不屈的法国"是由前社会主义政治家让-吕克·梅朗雄(Jean-Luc Mélenchon) 2016年2月10日建立的左翼民粹主义政党。"不屈的法国"比"我们能"党更加左倾，宣扬以公平、公正、开放、包容等理念为核心的左翼传统价值观和政策主张；反对经济自由化政策，主张"彻底政治变革"；呼吁通过公民投票制定新宪法，建立第六共和国，号召民众发起"公民革命"。"不屈的法国"区别于传统左翼政党的是，它拥护数字民主，主张消除传统的官僚结构，"反建制"色彩鲜明。该党使用一个名为"祖国建设者"(NationBuilder)的软件来聚集支持者，开发了自己的专用平台来制定政策和战略决策，并利用社交媒体、YouTube视频甚至游戏视频作为宣传工具。科尔宾的竞选团队"动量"是一个左翼政治组织，在2015年秋，杰里米·科尔宾(Jeremy Corbyn)当选为工党领袖后成立。它宣称在争取工党领袖竞选活动的活力和热情的基础上，增强参与性民主、团结和基层权力，并帮助工党成为21世纪的"变革性执政党"。"动量"因其有效使用社交媒体广受赞誉，并于最近建立了自己的在线平台"我的动量"(My Momentum)，可以让会员参与讨论并作出决定。

很明显，在互联网变得比电视更具影响力的时代，所有政党都必须主动或被动地"走向数字化"。到目前为止，各种政党和政治组织在运作中都采用了不同的数字技术，例如建立党的网站以及政党和特定候选人的社交媒体渠道。海盗党、五星运动党、"我们能"党等数字政党的特征在于它们是真正基于数字技术而生存的。对传统政党而言，数字技术的使用往往涉及政党组织内部流程以及政党与其目标公众的外部交流。[49]但对数字政党而言，数字技术的使用直接涉及政党内部的组织方式以及"党内民主"决策的形式。换句话说，对传统政党而言，技术带来的变革只发生在它们与外界社会的关系中；而对数字政党而言，政党的整个组织生活都是开放的,政党还希望重塑直接、参与式的民主理念。[50]数字政党不仅把数字沟通作为一种工具,而且将数字化转型带入政党的核心、内部决策结构。

数字政党是一种混合型政党类型,它没有大众型政党拥有的那套自上而下的官僚结构,却具有大众型政党的动员能力和群众基础。[51]数字政党利用互联网平台将成千上万的公民围绕共同的话题和利益组织起来,打破了大众型政党党员人数下降的趋势。海盗党、五星运动党、"我们能"党、"不屈的法国"和英国工党科尔宾的竞选团队"动量"等在几个月或者几年的时间里就吸引了传统政党几十年里才招募到的同样数量的支持者。瑞典海盗党在成立的头 3 个月中设法吸引了 13 000 名成员,不到 3 年的时间里,成员超过 5 万名,党员数量超过瑞典议会 7 个政党中的 5 个,该党也在选举中成为瑞典议会第三大党。海盗党的青年组织"青年海盗"有超过 21 800 名成员,是瑞典最大的青年政治组织。五星运动党在 2009 年成立,到 2013 年意大利议会选举时已拥有约 41 万党员,以 25.4% 的支持率成为意大利议会选举中的第二大党。"我们能"党在 2014 年 3 月成立,不到一天时间就有 5 万多名线上支持者;不到一个月就有 10 万人加入;两个月后首次参加欧洲议会选举,就获得了 120 万张选票;在不到一年的时间里其支持率就超过了传统的工人社会党。到 2018 年,"我们能"党的成员数量超过 50 万,高于传统第一大党西班牙工人社会党(其党员人数大约为 18 万)。

在运作方式上,数字政党类似于互联网平台。海盗党、五星运动党、"我们能"党的在线平台和 Facebook、Google 以及 Netflix 一样,是一个民主参与的平台。不同的是,前者局限于政治领域,后者多半在社会生活领域。它们的共同特征是,开放、数据共享、互动。数字政党提供巨量信息,基本对成员免费,只有在极少数的情况下才需要成为注册的会员,履行相应义务,数字政党的存在也像这些平台的存在一样,有赖于其成员在上面生成的内容。

在决策方式上,数字政党积极倡导电子民主,通过在线参与的方式来形成决策。例如海盗党开发了"动态反馈民主应用程序"(Liquid-Feedback)平台,在该平台上展开了关于数字权利的讨论。2009 年,五星运动党在成立自己的互联网平台前，还特地和海盗党的成员讨论学习他们的经验。随后，五星运动党开发了自己的在线平台"卢梭纲领"（Rousseau platform）。在西班牙，"我们能"党也有一个自己的在线参与平台"参与"（Participa）。"不屈的法国"也开发了自己的软件"祖国建设者"。科尔宾的竞选团队"动量"建立了自己的在线平台"我的动量"，可以让会员参与讨论并作出决定。此外，这些政党还开发了一系列的决策平台。如"我们能"党运用 Loomio 作为决策平台，进行党的在线讨论和交流，全球超过一半的 loomio 用户实际上都是"我们能"党的活动圈和党的地方组织。[52]这些决策平台的功能都比较相似，重点在于和成员之间的互动，例如进行议案的审议、投票等。

　　数字政党的出现，首先归结为数字技术的广泛渗透所产生的社会快速转型。如果说数字政党的出现意味着出现了一种新的社会结构的话，那就是出现了一个在互联网技术尤其是数字网络技术年代中成长起来，并深信技术能够改变政治的群体。这些新的技术经由社交媒体、应用程序、大数据和各种各样的电子设备，被普通民众掌握，上百万人可以同时出现在某一个政治场景中，而且还能够互动。这种技术变革带来的社会转型在日常经济和就业领域也清晰可见。手机、电脑在我们的生活中无处不在同时一刻也不能缺少。世界顶级的企业已经不再来自汽车、石油等这些传统产业，而是类似于苹果、谷歌、亚马逊这样的数字技术公司。正如欧洲海盗党在其介绍中提到的，"欧洲海盗党希望社会能够欢迎并适应数字革命。我们认为数字革命是人类社会全面更新的时刻。因此，我们将捍卫互联网作为一种公共利益和公共事业视为我们的主要目标之一"[53]。

　　然而，在数字技术中成长起来的一代人并没有完全从数字技术中受益。谷歌、亚马逊、苹果公司的市值虽然远远超过通用汽车、美孚石油等，但是他们在全球范围雇用的人数却少得多。例如最新的数据显示通用汽车在全球雇用了 157 000 名劳动力，尽管这一数字与其在历史上的高峰期无法相提并论，但是仍然比谷歌在全球的雇用 139 995 人要多。但前者的资产净值是 658.15 亿美元，而后者的资产净值是 2 225.44 亿。同样，美国钢铁公司（United States Steel Corporation）

2020 年的资产净值是 38.51 亿美元,雇用 42 000 人。[54]而苹果公司 2020 年的资产净值是 653.39 亿美元,雇用 147 000 人。更重要的是,大型科技公司的雇用者中许多是临时工人。例如,在亚马逊雇用的上百万员工中,绝大部分是快递从业人员。他们随时都面临着工作被人工智能、机器人取代的危险,很难说他们有一份有技术含量的、体面的、高薪的职业。正如研究数字政党的政治学家保罗·热尔博(Paolo Gerbaud)所言,数字技术革命带来的冲突之一就是关于经济民主的,它涉及许多人特别是年轻人所遭受的严重贫困和不稳定,这是经济危机(对年轻一代打击最严重)和数字技术公司扩张所造成的数字破坏共同产生的结果。[55]

在这种经济结构下,产生了一个庞大的数字技术年代的"局外人"。这些所谓的"局外人"指的是经历了不稳定的社会和经济状态、努力维持生计、缺少福利保障制度而经常捉襟见肘的人群。保罗·热尔博认为,数字政党是"局外人"的政党,因为他们感到被排斥在社会之外,因此对被视为更热衷于代表数字时代的"内部人"的现有制度和建制派怀有不满。自 2008 年国际金融危机以来,"局外人"的反抗变得普遍。许多人都是千禧一代,他们面临着高失业率,怀有工作不安全感,为数字政党及其所代表的社会运动提供了强大的支持。[56]年轻人对数字政党的支持率如此之高,首先是因为年轻人最能拥抱互联网技术。通常他们都受过一定程度的教育,最能适应数字技术、新媒体。其次,年轻人也是受数字技术革命影响最大的群体。这与他们在当前西方国家所处的社会经济地位存在密切关系。金融危机将西方发达国家多年来面临的经济停滞、就业形势严峻、工资水平停滞、贫富差距增大等现象放大。年轻人作为主要经历者,对现存政治秩序不满,政治态度趋向激进。因此,他们更容易接受数字政党提供的社会变革信息,以及这些政党重新分配财富的承诺。

美国有线电视新闻网(CNN)将典型的海盗党成员描述为"穿着连帽运动衫、举办酷炫派对、用海盗船炫耀自己组织名字的技术青年"。[57]英国广播公司(BBC)将海盗党的支持者描述为"年轻的、精通技术"的一代人。海盗党成员绝大多数是年轻人和 IT 知识分子;在 2010 年英国大选中,8名海盗党候选人中有3人的年龄只有19岁,最大的41岁。他们也是熟练的互联网用户,善于利用社交媒体。[58]《华盛顿邮报》的多米尼克·巴苏尔托(Dominic Basulto)说:"一个(海盗)政党领导人的一条推文就有能力激活年轻选民。"[59]民意测验机构SWG,2014年的一项调查发现,五星运动党的成员在45岁以下的人群中所占比率非常高,在55岁以上的人群中比率很小,其中在35—44岁之间的群体中最多。[60]"我们能"党的支持者绝大多数文化程度较高,年龄介于25—50岁之间。青年支持者尤其是那些"毫无未来希望的大学毕业生"是其中的多数。[61]在2017届法国总统选举中,"不屈的法国"的候选人梅朗雄是年轻人最受欢迎的候选人,有30％左右的18—24岁的年轻人投票支持他。在美国,桑德尔的支持者也主要来自低于全美平均收入的人群。他在年轻人中最受欢迎。科尔宾的工党支持者中也来自低收入人群,以年轻人居多。数字政党的支持者共同代表了一个年轻且受过高等教育、熟练使用技术但通常缺乏经济安全感的群体。

因而,数字政党在经济社会立场上属于政党谱系的左翼。数字政党对当前严重的贫富差距不满,希望改变由技术造成的发展不平衡问题。它们对大型银行、大型跨国公司持怀疑的态度,认为这些银行和公司是从其主导地位中获利的。相反,数字政党重视中小企业,认为中小企业和个体户是财富的创造者,并且是经济危机以来面临困境的群体。他们主张消除大公司对市场的控制,消除资源扭曲,恢复健康的市场经济,提供某种程度的经济干预。同时,数字政党的政策主张向中下阶层倾斜。在德国海盗党的社会政策中,就包括实行由政府财政支持的充分就业政策;有尊严的生存、无条件的基本收入和工资制度等,同时包含免费的学前和学校教育、"环境呵护型"的能源政策等,这些政策主张吸引了大量对社会现实不满以及对政党政治失望的选民。另外,海盗党还鼓励移民融入、反对种族主义。科尔宾是英国工党的左翼。美国民主党的桑德斯一直呼吁实行提高每小时最低工资,向大企业征税。"不屈的法国"提出要倾听社会底层的声音,并为社会底层民众争取利益。比如,该党深入法国大城市郊区的低收入地区,挨家挨户地"倾听"城市边缘居民的心声,通过与工人阶级、低收入者、少数族裔等对社会感到不满的人群接触。五星运动党主张每周工作时间降低到 20 小时，呼吁减免税收，倡导彻底改革医疗健康保险制度；反对欧元、积极推动退出欧元区公投，甚至提出要就意大利退出欧盟进行全民投票。这些都迎合了广大失意青年学生、知识分子、工薪阶层民众的呼声，尤其是那些对现行体制不满的人群。五星运动党将自己定位为一个保护中下层民众利益的组织。根据意大利选举研究中心（Centro Italiano Studi Elettorali，CISE）2014 年进行的一项研究，五星运动党的支持者在体力劳动者和失业者中所占比率最高，在养老金领取者和中上层阶级中所占比例率较低。[62]

第四节 数字技术改造民主：政党的未来？

数字政党是在西方国家民主赤字的背景下出现的。它们普遍对当前的代议民主制度表示不满，认为当前现有的包括主流政党在内的代议机构扭曲了民主的原则，不能反映民众真正的声音。数字政党指责民主赤字将国家的政治机构变成技术官僚和自私自利的政客的自留地，指责传统政党令公众失望，并承诺一套与当代社会和技术条件相匹配的解决民主赤字的方案。数字政党希望在数字技术的基础上实现对当前西方国家民主制度的改造。它们认为普通公民对日常政治生活没有发言权，现有的代议机构与当前的时代发展已经脱节。为此，这些政党在发展在线决策工具上投入大量资源，旨在为公民提供更直接的参与方式的工具。五星运动党将自己的在线参与平台命名为"卢梭纲领"。卢梭这位法国启蒙运动时期的思想家以其对代表权的怀疑和对直接民主制的推崇而在思想史上独树一帜。五星运动党以卢梭来命名他们的参与平台，清楚地表明他们对代议制民主的不满。五星运动党还主张在没有法定人数的情况下进行全国公投，自进入政府以来，它已经建立了直接民主部。它的领导人达维德·卡萨雷吉奥甚至暗示在某些时候，议会是多余的。

在数字政党的话语和实践中，可以看到数字政党和传统大众型政党对于参与理解的差异。在代议制政治中，参与是实现公民权利和政治合法性的前提。公民的积极参与被视作民主政治的前提。大众型政党正是适应公民参与及不断扩张而出现的产物。总的来说，在大众型政党的政治中，参与是一种途径，是实现民主这一目标的手段。对于数字政党而言，参与本身就是目的。瑞典海盗党在 2012 年 5 月通过的第四版党的基本原则宣言中表示，"海盗党坚信参与和以参与为特征的社会"（The Pirate Party believes in a society characterized by participation and participation.）[63]。五星运动党采用了意大利歌手乔治·加伯（Giorgio Gabber）的名言"自由就是参与"（freedom is participation）及其衍生义"民主就是参与"（democracy is participation）作为自己的座右铭。"我们能"党也把公民参与作为自己的标志。

　　数字政党对参与的强调反映了它们对当前各种各样的代议机构和组织的不满，尤其是对主流政党和官僚机构的怀疑。它们认为政党或者其他中介组织会歪曲人民的意志，扭曲人民的个性，控制人民的参与过程。只有让人民自己代表自己，自己进行政治表达，才能实现真正的民主。因而，数字政党最初都不愿意将自己定义为政党，而是将自己等同于社会运动。前者意味着官僚等级结构和代表—被代表机制，后者则意味着开放、直接参与和真正的平等。通过摆脱传统大众型政党的组织结构、运作模式的束缚，数字政党希望能够成为政党以外的东西，因而它避免通过意识形态的方式来动员民众，而是完全采用开放式的平台，围绕共同的话题和组织，实时记录民众的情绪反应，并随时进行调整。

　　数字政党真的能实现对民主的改造吗？从结果来看，数字政党的理想和实际运作之间产生了巨大的悖论。首先，数字政党虽然力图与政党保持距离，但最后无一不演变成了政党，和其他政党一起参加选举。其次，数字政党强调平等的参与，但在现实中仍然会走向新形式的不平等，那些有能力和有意愿的参与者，将比数字鸿沟中的弱者在党内拥有更大的决策权。在数字政党庞大的选民基础中，只有极少数是积极党员，绝大多数都是潜伏的支持者。就像轻易就能取消对一个 Facebook 账号的关注一样，数字政党党员的离开也是非常容易的。"我们能"党在短短 4 年里吸引的党员人数就超过了工人社会党，但该党组阁后未能兑现其竞选承诺,很快就流失了数量庞大的党员。截至 2022 年 10 月,"我们能"党的正式党员数量大约为 35 000 人,不足高峰时期的十分之一,而传统的工人社会党的支持者保持不变。数字政党天然排斥这种层级结构和官僚队伍,但在实际上又不得不依靠数量极少的积极党员,也就是那些熟悉数字技术并能够熟练运用这些技术在网络中进行组织、协调和整合的人员。与传统型政党相比,他们的重要性不在于坚定的意识形态和政策立场,而是娴熟的互联网技术。数字政党在形式上允许党员参与决策,看起来非常具有包容性。党员的参与总体上是被动的。投票本质上也是从有限的选项中进行选择,其重要性远大于政治辩论,后者才能真正让参与者对公共政治中的议题有发言权。这些政党提供的是一种公民投票式的"被动民主",在这种民主中,党员对选举过程几乎没有发言权,大多数人只能批准党的领导层作出的决定。与传统政党相比,数字政党并没有变得更加民主。[64]一旦民众意识到这种民主的实质,在线参与磋商的参与率就会大幅度下降。以五星运动党为例,2012 年在线投票的投票率高达 60%,到了 2017 年就下降到 14%。从这个意义上说,数字政党也无法避免最终陷入少数成员积极参与、绝大多数成员被动参与的局面。

对于那些被指责失去了沟通国家和社会桥梁的作用、深陷政治体系不能自我革新的传统主流政党,数字技术能够改变它们的处境吗?在历史上,交通、通信技术的变革为政党在全国建立组织网络提供了可能。当下的数字技术为政党提供更广泛的政治动员、沟通和参与提供了可能。政党也不遗余力地利用数字技术为自己赋能。其实际效果如何呢?在当今的西方国家,政党使用数字技术已经是不争的事实。从动员选民到组织志愿者,新技术已经彻底改变了选举活动。这些技术包括智能手机、平板电脑、互联网平台和应用程序,如 Facebook、Twitter、WhatsApp、YouTube 等。集会、草坪标语、电视和广播广告已不足以赢得选举,精通并利用数字技术才是关键。

回顾政党利用数字技术以来的历史可以发现,20 世纪 90 年代互联网技术出现时,人们乐观地估计数字技术的民主化潜力,并强调数字技术有能力削弱包括政党在内的传统政治机构,并以新的参与形式取代它们。[65]在政党开始利用数字技术的第一波政治运动后，人们发现，现实朝相反的方向发展。政治学家迈克尔·马戈利斯（Michael Margolis）和戴维·雷斯尼克（David Resnick）认为，互联网的出现反映竞选时"政治一如既往"，即老牌政党获胜。互联网不再赋予以前被边缘化的政党或团体权力，而是成为老牌政党、候选人和利益集团之间竞争的新舞台。拥有卓越组织、资源和专业知识的强大政党，最容易从新兴的数字技术中获得竞争优势。而且，最有可能利用数字媒体新形式参与的人，正是已经高度参与线下政治的党派和活动家。总之，数字技术的出现非但没有扰乱政党和政治，反而巩固了现有政党的地位。[66]近年来，随着移动互联网的普及，政党更加灵活地适应了数字技术的变革，通过重新配置参与途径来适应技术变革，而不会从根本上改变传统竞选活动所必需的中央集权组织、基础设施和资源。也就是说，政党有选择地将新兴技术与现有的组织和竞选活动形式相结合，以实现特定的竞选功能（特别是招募、定位、动员和筹款）；同时政党利用数字技术产生的大数据，从吸引宏观社会群体转向对微观目标选民进行说服或动员。[67]

在数字时代，政党只需要一个移动设备或互联网连接——而不是成千上万的志愿者和美元——来宣传它们的信息。数字基础设施具有更廉价、更高效、更有效地建设政党能力的潜力。鉴于政党对民主的重要性，人们认为，数字时代的民主具有比以往任何时候都更加包容的潜力——公民享受更多的信息和参与，政党也有更多的代表性。[68]在互联网广泛普及和深度渗透人们日常生活的西方发达国家，数字技术改变了传统政党的日常行政管理和它们处理国家和社会关系的方式。在传统主流政党的内部结构方面，数字技术使得党内决策和政策制定程序更具包容性，在形式上赋予了党员更多的权力。政党开发的网站、应用程序、在线参与平台，社交媒体上的存在，以及政党精英设计其政党公众形象的方式，都是数字技术的应用。政党还实现了党员的数字化招聘、整合沟通和管理，包括候选人和领导人选择在内的政党决策系统的数字化。尤其是新兴的数字政党的出现，刺激了传统主流政党更加积极地利用数字技术。

在政党与外部社会的联系上，由数字化技术刺激的党员数量和参与的增加，似乎有利于抑制过去几十年来政党党员数量不断减少、支持者不断流失的趋势。但人们同样也意识到，政党领袖和过去相比变得更加重要了。在数字时代，善于利用互联网平台的领导人很可能具有一呼百应的能力。在 Facebook、Twitter、YouTube 和 Snapchat 等平台上的大规模宣传和在线交流，是领导人建立个人威望的极好机会。对传统大众型政党来说，要在很短的时间同时吸引到几十万或上百万民众的注意力，甚至让他们有一种和领导人在对话的参与感，是不可能的。数字技术赋予了当代政治家这一能力。没有互联网，很难想象特朗普能够成为共和党的候选人。

在政党的内部决策程序上，传统主流政党也鼓励党员通过其数字平台参与政策制定。但是，与新兴的数字政党相比，这些程序通常由党的领导层主导和控制的，应用范围非常有限。数字技术主要是用来完善传统的决策形式，或者为传统的决策形式提供技术手段。换句话说，主流政党正在接受数字化的转型，但不是将数字化作为组织的基本特征，而是作为一种额外的工具，遵循持续的、渐进性而不是激进的变革。他们的目标仍然是加强对外沟通，改善党员的招募、管理和整合，以及建立与市民社会的联系。特别是那些组织（无论是党的中央组织还是地方组织）更加稳固、制度化程度更高、与社会的联系更加广泛的政党，在使用数字技术改变决策程序或组织结构的核心要素方面，变化更加缓慢，尽管它们可能在动员和参与方面使用数字技术也非常娴熟。

过去几十年，西方政党的党员数量不断下降。许多学者将其归结为政治冷漠、后物质主义的文化、对政党的失望等原因。[69]数字政党能够如此迅速地吸引到广泛的支持者，在某种程度上说明上述解释是有欠缺的。人们仍然对参与公共事务有强烈的兴趣，相信经济衰退，失业，工资水平下降，公共福利削减，两极分化日益加剧无法经由个人和社会的自发努力解决，而必须通过政治和政府来重新进行利益分配。在当代西方国家，对政治感到强烈不满的民众试图组织起来，改造现行资本主义体系。其中，组织形式——联合起来实现集体目标——的逻辑成为他们解决重大动员努力的关键。这一努力最初是通过抗议运动的形式出现的,从美国的"占领华尔街"到法国的"黄马甲"运动,愤怒的西方民众走上街头,试图以大规模社会运动的方式表示不满。随后,数字政党应运而生,西方民众希望以新的政治组织推动选举政治的转型,从而实现对代议制的改造,希望通过对数字技术的利用来实现真正的参与和民主。

然而,就像左翼的"占领华尔街"运动已经烟消云散,而保守的茶党运动成功地改造了共和党那样,数字政党带来的冲击力正在减弱,最初作为体制挑战者的数字政党正在经历体制化的过程。虽然像意大利的五星运动党和西班牙的"我们能"党这些数字政党在全国政治中具有重要性,但是其他大多数数字政党还是处于边缘地位。研究数字政党的学者也认为,像"我们能"党和五星运动党这样的政党是否会长期存在,或者会在某个时候逐渐消失,或者被新的数字政党所取代,也不确定。数字社会的快速变化和不可预测性导致数字政党的快速出现和衰落。[70]在西班牙和意大利最近一次的议会选举中,五星运动党和"我们能"党都出现了选票和议席的持续下降。但这并非数字技术的不可预测性所导致的。真实的情况是,伴随着欧洲政治右翼势力的回潮,在经济社会政策上属于左翼的数字政党,不得不面临着号召力下降的风险。更重要的是,即使是在意大利和西班牙,数字政党的上台并没有为这些国家的政治带来具有重大意义的改变。

最后,数字政党虽然在一些经济社会问题的立场上属于左翼,但是实际上缺少具有一套共同认可的原则或者一套相对稳定的意识形态的特征。对于政党,意识形态既是其赖以区别于其他政党的标签,也是吸引追随者和支持者的旗帜。在大众参与还没有普及的年代,政党及其意识形态还承担了政治社会化的功能。主流政党的意识形态还代表着国家的主流价值观,具有整合社会思潮、凝聚国家意志力的功能。换句话说,执政党的意识形态反映了一个国家和社会的主流价值观时,政党最有可能获得最广泛的支持;当执政党的意识形态能够引领一个国家和社会的主流价值观时,政党也最有可能成为真正的领导核心,而不仅仅是一个政权的组织者。政党的意识形态,以及基于意识形态、政策纲领的政党认同,在塑造人们的政治态度和行为方面起着至关重要的作用。但数字政党为了在数字媒体年代受到更广泛的关注,争取更多选票,更愿意选择回避意识形态这样严肃的政治话题,把联系社会的重心放在渲染候选人形象、围绕具体议题吸引公众注意力等方面。一旦领导人更替、具体议题发生改变,数字政党的生存就会受到威胁。更重要的是,当政党没有那么鲜明的意识形态立场,社交媒体中的非理性、极化现象就很容易导致政党成为公共舆论的追随者而非引领者。在这方面,数字政党也不例外。数字政党既为选举而生存,又缺少赖以存在的稳定的意识形态,不仅无法实现对代议制民主的改造,而且自身也蕴含着幻灭的风险。

本 章 小 结

早在政党利用数字技术之前,政党衰落或政党政府的衰落就已经是西方民主国家中的老生常谈。它包括了一系列民主制度出现危机的表现,例如政党的数量下降、民众日益变得原子化和个人化、社会资本减少、电视和大众媒体取代政党组织发挥的作用。这种不满严重影响了公民与国家机构之间以及公民与政党之间的关系。[71]数字技术似乎从民众日益变得原子化和个人化、新媒体取代政党组织所发挥的作用等方面加剧了民主危机的表现,在扭转党员数量下降、增加社会资本等方面未能缓解民主的危机。

数字政党改造西方民主的局限性,印证了早期人们关于技术与资本主义民主关系的论断。马克思最早指出,技术异化的生成来源是资本主义制度而非机器本身,因为"宗教、家庭、国家、法、道德、科学、艺术等,都不过是生产的一些特殊的方式,并且受生产的普遍规律的支配"[72]。进入20世纪,对技术与资本主义民主关系的批判被法兰克福学派发扬光大。马尔库塞指出,依靠资本家操控技术力量的工业社会是一种新的极权主义社会。"一种平稳的、安逸又民主的束缚在发达工业社会中流行开来,它的标志是技术演进。"[73]到20世纪90年代互联网技术出现时,西方人曾经乐观地估计数字技术的民主化潜力,并强调数字技术有能力削弱包括政党在内的传统政治机构,并以新的参与形式取代它们。[74]西方学者认为,在未来的"电子共和国"[75],将会实现"电子民主"——由电子技术武装起来的"在线公民"将自由地行使自古代雅典民主以来最为直接的统治权力;以广泛互动为基础的电子民主摒弃了党派偏见,互联网为民主政治的发展提供了有效的工具,并对传统的民主政治理论提出了挑战。[76]随着时间的发展,人们逐渐意识到,网络信息技术与民主的发展必须建立在一定的前提条件基础上。[77]信息技术有可能不是用来扩展民主,而是强化固有的体制,甚至使得民主倒退。有学者指出,信息时代民主的未来取决于信息是作为公共产品还是作为消费品。如果是后者,则有害于民主的发展。商业规则统治网络,信息是资本牟利的新手段,而不是民主的新载体。[78]在现实中,处于统治地位的社会上层集团,更有能力和可能将技术用于巩固既有的有利于自己的体制。数字技术年代西方民众的政治参与主要依赖 Facebook、Twitter 等数字技术平台来开展协商,这些数字技术平台几乎都掌握在大型科技公司手中。这些技术公司都由资本主义企业控制,其主要利益就是利润最大化。它们受益于政府放松管制的政策,拥有了控制市场的力量。对于数字技术的政治后果,最有发言权的正是这些垄断了数字技术使用及其经济效应的科技商业巨头。而他们恰恰是最不可能讨论数字技术政治后果的人群。同时,他们在实质上也是政治上的保守派,倾向于维护现行体制。在资本主义的统治下,政党寄希望于通过利用数字技术,实现对代议制民主的改造,无疑是一种幻觉。

注释

1. 许良:《技术哲学》,复旦大学出版社 2004 年版。

2.《马克思恩格斯全集》第 23 卷,人民出版社 1979 年版,第 483—484 页。

3. [美]赫伯特·马尔库塞:《单向度的人》,刘继译,上海译文出版社 2003 年版。

4. [美]赫伯特·马尔库塞:《工业社会和新左派》,任立译,北京商务印书馆 1982 年版,第 82 页。

5. [德]哈贝马斯:《作为"意识形态"的技术与科学》,李黎、郭官义译,学林出版社 1999 年版,第 94 页。

6. 同上书,第 103—104 页。

7. "Post-war reconstruction and development in the Golden Age of Capitalism", Ch. 2 in *World Economic and Social Survey 2017*, United Nations, 2017.

8. [美]阿尔温·托夫勒:《创造一个新的文明:第三次浪潮的政治》,陈峰译,上海三联书店 1996 年版。

9. Lawrence Grossman, *The Electronic Republic*, Viking, 1995.

10. Graeme Browning, *Electronic Democracy: Using the Internet to Influence American Politics*, Pemberton Press, 1996, p.204.

11. Lawrence Grossman, *The Electronic Republic*, p.48.

12. Richard Groper, "Electronic Mail and the Reinvigoration of American Democracy", *Social Science Review*, Vol.2, 1996, pp.157—168.

13. Dick Morris, *Vote com: How Big-Money Lobbyists and the Media are Losing their Influence and the Internet is Giving Power the People*, Renaissance Books, 1999.

14. 曼纽尔·卡斯特尔指出,社会交往的关键区别是弱纽带(weak tie)和强纽带(strong tie)。

15. Jerry Berman and Daniel J. Weitzner, "Technology and Democracy," *Social Research*, Vol.64, No.3, 1997, pp.1313—1319.

16. [美]凯斯·桑斯坦:《网络共和国:网络社会中的民主问题》,黄维明译,上海人民出版社 2003 年版,第 47—51 页。

17. Barry N. Hague and Brian D. Loader, *Digital Democracy: Discourse and Decision Making in the Information Age*, Routledge, 1999, p.38.

18. Ibid., p.49.

19. Jan Van Dijk and Kenneth Hacker, *Digital Democracy: Issues of Theory and Practice*, Sage, 2001.

20. Internet World Stats, "Internet Usage in the Middle East", 30 June, 2011.

21. Khamis, Sahar and Katherine Vaughn, "Cyberactivism in the Egyptian Revolution: How Civic Engagement and Citizen Journalism," *Arab Media and Society*, Summer 2011; Merlyna Lim, "Clicks, Cabs, and Coffee Houses: Social Media and Oppositional Movements in Egypt, 2004—2011," *Journal of Communications*, April 2012.

22. Philip Howard and Muzammil M. Hussain, "The Role of Digital Media," *Journal of Democracy*, July 2011.

23. Jeffrey Ghannam, "*Digital Media in the Arab World One Year After the Revolutions*," Center for International Media Assistance, the National Endowment for Democracy, 2012.

24. [加拿大]文森特·莫斯可:《传播政治经济学》,胡春阳、黄红宇、姚建华译,上海译文出版社 2013 年版。

25. [加拿大]文森特·莫斯可:《资本主义的内在矛盾将导致其自身衰败——马克思主义视野下的技术批判》,《新闻界》2019 年第 9 期。

26. Alfred McClung Lee. *The Daily Newspaper in America*, Macmillan, 1962, pp.69—90.

27. Edwin Emery, *The Press and America*, Englewood Cliffs, Prentice Hall, 1962, p.317.

28. 林一岚:《第一国际在世界社会主义运动史上的贡献——访中国国际共运史学会原副会长高放教授》,《上海党史与党建》2014 年第 11 期。

29. [美]利昂·D. 爱泼斯坦:《西方民主国家的政党》,何文辉译,商务印书馆 2014 年版,第 297 页。

30. 同上书,第 294 页。

31. [美]史蒂芬·E. 弗兰泽奇:《技术年代的政党》,李秀梅译,商务印书馆 2010 年版,第 78 页。

32. 同上书,第 313 页。

33. 同上书,第 316 页。

34. Katie Harbath, Collier Fernekes, A Brief History of Tech and Elections: A 26-Year Journey, Bipartisan Policy Center, Sep. 28, 2022, https://bipartisanpolicy.org/report/history-tech-elections/.

35. http://www.4president.us/websites/1996/clintongore1996website.htm.

36. S. Ward et al., "Parties and the Internet: an Overview", in S. Ward ed., *Political Parties and the Internet: Net gain?* Routledge, 2003.

37. 张晓峰、赵鸿燕:《政治传播研究:理论、载体、形态、符号》,中国传媒大学出版社2011 年版,第 126 页。

38. I. Hardy, *"Web Campaign"*, BBC World News, July 1, 2004; D. McCullagh, *"The Cyberbrains Behind Howard Dean"*, CNet News Online, February 25, 2004.

39. Sharon Meraz, "Using Blogs to Extend the Public Sphere? Data Mining the John Kerry Candidate Blog for Networked Community Structure Dynamics," *Conference Paper: International Communication Association*, 2006 Annual Meeting, 2006, pp.1—2.

40. Katie Harbath, Collier Fernekes, A Brief History of Tech and Elections: A 26-Year Journey, *Bipartisan Policy Center*, Sep 28, 2022, https://bipartisanpolicy.org/report/history-tech-elections/.

41. 奥巴马当选总统后,网站更新了界面,并改名为"为美国而团结起来"(Organizing for America),网址仍是 www.my.barackobama.com,该网站目前已经无法登录。

42. 陈家喜、陈硕:《数字时代的政党政治:变化、形态与争议》,《国外社会科学》2018年第 6 期。

43. https://www.channel4.com/news/exposed-undercover-secrets-of-donald-trump-data-firm-cambridge-analytica.

44. Rick Farmer and Rich Fender, "E-Parties: Democratic and Republican State Parties in 2000", *Party Politics*, Vol.11, No.1, 2005, pp.47—58.

45. 陈家喜、陈硕:《数字时代的政党政治:变化、形态与争议》,《国外社会科学》2018年第 6 期。

46. 陈文胜:《社交媒体时代西方政党的调适性变革及其新困境》,《当代世界与社会主义》2017 年第 5 期。

47. Rune Karlsen and Bernard Enjolras, "Social Media Campaigning and Influence in a Hybrid Political Communication System: Linking Candidate Survey Data with Twitter Data," *The International Journal of Press/Politics*, Vol.21, No.3, 2016, pp.338—357.

48. Kristof Jacobs and Niels Spierings(eds.), *Social Media, Parties, and Political Inequalities*, Palgrave Macmillan, 2016, p.11.

49. Mario Diani, "Social movement networks virtual and real", *Information, Communication & Society*, Vol.3, No.3, 2000, pp.386—401.

50. Paolo Gerbaudo, *Digital Barricades: Interventions in Digital Culture and Politics*, Pluto Press, 2019, p.13.

51. Ibid., p.78.

52. Loomio, www.loomio.org/.

53. https://european-pirateparty.eu/sample-page/.

54. 来自 2010 年的数据。

55. Paolo Gerbaudo, *Digital Barricades: Interventions in Digital Culture and Politics*, Pluto Press, 2019, p.51.

56. Ibid.

57. https://globalpublicsquare. blogs. cnn. com/2012/04/13/zakaria-the-return-of-the-left/.

58. https://www.bbc.com/news/technology-15288907.

59. https://www. washingtonpost. com/news/innovations/wp/2013/05/02/does-america-need-a-pirate-party/.

60. Alessandro Gilioli, "Chi sono gli elettori del Movimento 5 Stelle e di Beppe Grillo", L'Espresso, 30 January 2014, 转引自 Paolo Gerbaudo, Digital Barricades: Interventions in Digital Culture and Politics, p.52。

61. Owen Jones, Viva Podemos: the left shows it can adapt and thrive in a crisis, Nov. 11, 2014, http://www. theguardian. com/commentisfree/2014/nov/16/podemos-left-crisis-ukip-anti-immigrant.

62. Nicola Maggini, "Osservatorio Politico—Autunno 2014. Il bacino elettorale del M5s: caratteristiche socio-politiche e atteggiamenti tra continuità e mutamento", Centrol Italiano Studi Elettorali(CISE), 12 December 2014, cise.luiss.it/cise/2014/12/12/il-bacino-elettorale-del-m5s-caratteristichesocio-politiche-e-atteggiamenti-tra-continuita-e-mutamento/.

63. Swedish Pirate Party Declaration of Principles, 4.0 version, May 2012. https://www.piratpartiet.se/principprogram/(由瑞典语翻译而来)。

64. Paolo Gerbaudo, "Are Digital Parties More Democratic Than Traditional Parties? Evaluating Podemos and Movimento 5 Stelle's Online Decision-Making Platforms," Party Politics, Vol.27, No.4, 2019, pp.730—742.

65. Rachel K. Gibson and Ian McAllister, "Normalising or Equalising Party Competition? Assessing the Impact of the Web on Election Campaigning," Political Studies, Vol.63, No.3, Aug. 2015.

66. Michael Margolis and David Resnick, Politics as Usual: The Cyberspace Revolution, Sage, 2000.

67. Andrew Chadwick and Jennifer Stromer-Galley, "Digital Media, Power, and Democracy in Parties and Election Campaigns: Party Decline or Party Renewal?" The International Journal of Press/Politics, Vol.21, No.3, 2016, pp.283—293.

68. Political Parties in the Digital Age: A Comparative Review of Digital Technology in Campaigns Around the World, Edited by Jan Surotchak and Geoffrey Macdonald, Consortium for Elections and Political Process Strengthening(CEPPS) and International Republican Institute, 2020.

69. Pippa Norris, Ronald Inglehart, Cultural Backlash Trump, Brexit, and Authoritarian Populism, Cambridge University Press, 2019.

70. Katharine Dommett, Jasmin Fitzpatrick, Lorenzo Mosca and Paolo Gerbaudo, Are digital parties the future of party organization? A symposium on The Digital Party: Political Organisation and Online Democracy by Paolo Gerbaudo, Italian Political Science Review/Rivista Italiana di Scienza Politica, 51, 2021, pp.136—149.

71. [美]罗伯特·帕特南:《独立打保龄球》,刘波译,北京大学出版社 2011 年版。

72. 马克思:《1844 年经济学哲学手稿》,人民出版社 1985 年版,第 78 页。

73. [美]赫伯特·马尔库塞:《单向度的人》。

74. Rachel K. Gibson and Ian McAllister, "Normalising or Equalising Party Competition? Assessing the Impact of the Web on Election Campaigning."

75. Lawrence Grossman, The Electronic Republic, Viking, 1995.

76. Graeme Browning, *Electronic Democracy: Using the Internet to Influence American Politics*, *Wilton*, Pemberton Press, 1996, p.204.

77. ［美］凯斯·桑斯坦：《网络共和国：网络社会中的民主问题》，第 47—51 页。

78. Barry N. Hague and Brian D. Loader, *Digital Democracy: Discourse and Decision Making in the Information Age*, Routledge, 1999, p.38.

第五章

当代西方政党政治的挑战

政党是现代政治的产物。现代国家通过代议制度来实现"人民主权",政党正是在这一背景下产生的。政党代表人民、组成政府、制定政策,构成这套庞大的代议制国家机器的灵魂,然而,政党也受到它所代表的人民、组织的政府和它自己出台的政策的影响。进入 21 世纪,资本主义的生产方式在发生变化,新的民族和宗教认同出现,数字技术正以前所未有的方式渗透社会的方方面面,西方代议制民主正面临新的经济和社会结构。在资本驱动、族群认同和数字技术的冲击下,西方国家政治民主和经济繁荣的前景不再明朗,政党政治处于大变革中,具体表现为政治极化趋势明显、身份政治盛行、民粹主义蓬勃发展。

第一节　政治极化加剧

"政治极化"(political polarization)一词虽然是当前讨论西方国家民主政治发展中的常见概念,也被认为是当前西方政党政治面临的挑战之一,但政治极化这一现象几乎一直是人类政治生活的常态。在面临某种形式的政策失灵时,具有不同意识形态的政治集团往往会有完全相反的反应。这一点几乎适用于所有代议制的国家。西欧和北美的发达国家历史上都曾经有过在许多重大政治议题上两大政治阵营对立的局面。20 世纪 70 年代工党统治下的英国面临长期的经济衰退,传统的工党支持者认为其根源在于未能采取真正的社会主义政策,以撒切尔夫人为代表的保守党则认为必须实行彻底的以市场为导向的经济改革。在美国,20 世纪 30 年代的罗斯福新政见证了两党之间的尖锐分歧;在越南战争问题上,美国政治精英和公众也曾经分裂为支持撤军和支持加大军事投入这两大对立阵营。在同样的议题上,不同政党或政治派别存在完全相反的立场并且互相不能妥协,但最初并没有与政治极化挂钩。

政治极化成为整个西方国家政党政治发展中令人担忧的动向,是最近二三十年来的现象。保罗·狄马乔(Paul DiMaggio)认为,政治极化既是一种状态,也是一个过程,意味着同时存在相互对立或冲突的原则、倾向或观点。[1]根据这一定义,政治上的对立未必会被视为对民主的威胁。毕竟,政治观点的多元性是自由民主的标志之一。[2]但是如果两极分化过于极端,就有可能引发社会和政治冲突,不仅是协商一致,政治上的妥协几乎是不可能的,政治制度的正常运行也会受到影响。

传统的政治极化表现为左翼和右翼之间的对立。然而,随着时间的推移,越来越多的学者认为,当代西方社会的政治极化较少来自左右两翼的政策差异,更多来自如宗教与世俗、民族主义与全球主义、传统与现代、农村与城市等其他分歧。[3]政治学家通常将政治极化分为"政治精英的极化"和"社会大众的极化"两个层次。前者主要关注政党和当选官员,尤其是朝野两党之间的两极分化,通常表现为意识形态的两极化;后者关注选民或社会大众,尤其是选民对政治问题、政策、著名人物或其他公民的态度,是否完全按照党派界线出现两极分化,通常表现为情感的两极分化。政治精英的极化通常表现在立法机构或议会中,可以通过对不同党派议员在议会内部的活动尤其是投票行为得以分析。在两党制下,政治精英的极化表现为在立法机构内部,两党的议员在意识形态上几乎没有重叠,而且几乎所有关于立法和政策的冲突都源于广泛的意识形态分歧。这导致中间派别的消失和意识形态冲突调和的不可能。在多党制国家,立法机构内政治精英的极化则意味着议会内部的严重分裂,重大的立法和政策几乎不可能出台。社会大众的极化通常表现在公共舆论和政治支持领域,可以通过民意调查和选举调查的数据来进行分析。社会大众的极化在任何国家都是导致国家冲突、分裂的重要根源。

在美国,讨论政党政治中的极化问题可以追溯到20世纪80年代。

1984 年,卡内基梅隆大学的政治学教授基思·普尔(Keith Poole)和霍华德·罗森塔尔(Howard Rosenthal)在《政治学杂志》(*The Journal of Politics*)上发表《美国政治的极化》一文,认为美国政治体系的每一个层级都出现了政治极化的现象,政党政治呈现出两大极端阵营势均力敌,不再代表中间选民的利益。通过分析 1959 年至 1980 年参议院自由派和保守派立场的差异,普尔和罗森塔尔证明,美国参议院已经走向意识形态的两极。[4]但是,直到 20 世纪 90 年代开始,美国的公共舆论中才开始出现关于政治两极分化的讨论。当时的背景是 20 世纪 90 年代美国政党政治中出现了一系列令人眼花缭乱的变化。1992 年,尼克松和里根两任总统时期的顾问、保守主义者帕特·布坎南(Pat Buchanan)在共和党全国代表大会上发表了名为《文化战争》(Culture War)的演讲,批评民主党总统候选人克林顿在堕胎权、同性恋、女性主义、环境保护等问题上的立场。在讲话中,布坎南把美国人围绕上述问题展开的竞争看成一场事关美国灵魂的"宗教战争"和"文化战争"。[5]布坎南没有获得共和党的提名,他选择支持老布什;在当年的总统大选中,美国的公共舆论和政治话语也没有围绕堕胎问题、同性恋、女性主义和环境保护问题出现分裂。但在 1994 年,民主党人 40 年来首次失去对众议院的控制。这一结果被认为是美国白人对民主党在肯定性行动、同性恋、枪支控制、移民等文化议题上的不满。到 2000 年总统选举后,尤其是在小布什两届任期及 2008 年奥巴马当选总统后,精英阶层的政治极化成为美国媒体和学术界的共识。大量研究表明,在精英阶层,美国的国会正日益两极分化,民主党和共和党两党成员向意识形态的两极聚集,温和派代表的数量在稳步减少,没有多少中间派的空间。[6]

但是,在政治精英的极化是否同时伴随着美国社会的极化问题上,学者存在不同的看法。莫里斯·菲奥里纳(Morris Fiorina)在《文化战争?极化美国的神话》认为,选民之所以呈现两极分化,是因为政治舞台提供的主要是两极分化的选择。美国选民的政治偏好仍然是温和的,即使在一些热点社会问题上,公众的态度也没有随着时间的推移而拉大差距,而且对差异表现得越来越宽容。[7]这些学者认为,无论是一般的意识形态取向还是在特定问题上的立场,总体上美国公众并没有比上一代人更加两极分化。而且，他们还指出，没有证据表明精英阶层的两极分化推动了选民的两极分化，或者导致美国民众退出公共政治。[8] 然而，也有一些研究者坚持认为，精英阶层两极分化的加剧导致公众意识形态的自我意识和两极分化的加剧。[9] 美国的公众在意识形态上也呈现出两极分化的特征。民主党和共和党之间、红州选民和蓝州选民之间、宗教选民和世俗选民之间都存在巨大的观点分歧。美国政治精英之间意识形态的高度两极分化反映了美国选民内部的真实分歧。有意思的是，持该观点的研究者也认为，两极分化非但没有使美国民众感到厌烦从而远离政治过程，也没有降低他们的投票率，反而激发了选民的活力，刺激了政治参与。[10]

　　无论精英与普通民众的步调一致与否，政治极化已经成为美国政党政治的突出现象。大量研究证实，在过去的几十年里，美国在意识形态和情感上的两极分化比类似的民主国家更加严重。[11] 首先，自 20 世纪 70 年代初以来，两党都进一步远离了意识形态的中心。相对而言，民主党人在某种程度上变得更加自由，共和党人则变得保守得多，共和党人向右要远远超过民主党人向左。从 1971—1972 年的第 92 届国会到 2021—2022 年的第 117 届国会，参众两院的两党都进一步偏离了中间路线，其中共和党更甚。随着时间的推移，民主党人变得更加自由，而共和党人变得更加保守，"中间派"——从温和、自由的共和党人到有时可以在有争议的问题上找到共同点的温但保守的民主党人——已经消失。如果以 1（表示最保守）到 -1（表示最自由）来表示两党在意识形态谱系上的位置移动，在众议院，民主党从 -0.31 向左移到了 -0.38，共和党则从 0.25 向右移到了 0.51；在参议院，两党也表现出类似的趋势。随着保守的民主党人和自由的共和党人——与党团会议和选民的步调越来越不一致——要么退休，要么竞选连任失败，或者在少数情况下更换了党派，意识形态重叠的区域开始缩小。国会内部的温和派民主党人和共和党人只剩下 20 多名，而在 1971—1972 年间，这一数字超过 160 人。[12] 甚至在原本应该超越意识形态的司法系统，也见证了这种政治极化的出现。近年来美国围绕最高法院大法官的任命及女性堕胎权、平权行动等案件引发的争议，都是这种政治极化在司法系统蔓延的表现。

其次,随着两党政治版图的变化,美国的公众也逐渐和政党结盟,公众政治态度和情感也成为极化的一部分。研究者认为,政党对竞争对手的敌视要么在选民的头脑中根深蒂固,要么是选民自动形成的。这种基于政党的情感两极分化就和基于种族的两极分化一样牢固。党派对竞争对手的敌意对许多非政治性的判断和行为都有影响,不断增加的两极分化强化了精英之间的对抗而不是合作。[13]很多曾经相对中立,也就是民主党支持者和共和党支持者人数相对接近的选区已经变成深红或深蓝。[14]这种政治上的分裂,并不局限于物理世界,随着广播谈话节目有线电视新闻及在线网站等各种新媒体的发展,人们通过选择各种截然不同的媒体环境,巩固了自己政治意见上的分歧,从而在抽象意义上也变成或分裂成两个不同的群体。埃默里大学的政治学者艾伦·阿布拉莫维茨(Alan Abramowitz)的研究发现,1972—2008 年间,在一系列影响美国社会的核心议题上,共和党和民主党中立选民之间意识形态上的距离扩大了一倍。[15]在这 36 年间,民主党的选民从"中间稍微偏左"移到了"明显偏左",原本"明显偏右"的共和党选民则进一步向右移动。[16]换句话说,在历史上,共和党的中间派比民主党的保守派要左,民主党的保守派则比共和党的温和派要右,两党在很大程度上存在着一个相互重叠的部分。这使两党的温和派和中立派能够通过妥协达成共识。在过去的 40 年时间里,两党温和派和中间派之间的距离越来越远,而且由于两党各自控制的地盘数量相当,每一次选举都有可能改变国会的权力平衡,这导致两党都希望在大选中采取偏向激进一端的策略来吸引可能的支持者,并从对手那里挖墙脚。《冲动的美国》的作者保罗·罗伯茨(Paul Roberts)认为,在纯粹的文化层面,美国可能已经达到自南北战争以来两极分化程度最高的时刻。[17]与此同时,由于不断刺激选民走向两极化,被煽动的选民在政治上越来越极端化,并对政党提出越来越多的激进主张。由于害怕失去选民的支持,政党即使意识到了选民的极端化的危害,也不得不继续现有的路线,与反对党进行无谓的斗争。在这种无谓的斗争中,除了从党争闹剧中获利的商业媒体、公关公司、竞选顾问外,没有人是赢家。同时,政党内部原有的中间派和温和派将进一步被排挤，成为边缘者。失去了中间派和温和派，政党之间达成共识就变得更加困难。

造成民主共和两党极端化的表现和成因，不仅反映在两党的意识形态和对竞争对手的认知上，同时也反映在两党所信任的媒体和公共舆论上。在2020年总统选举年，皮尤研究中心的一份报告发现，共和党和民主党信任两种几乎相反的新闻媒体环境。该报告询问了30个不同的政治和选举新闻来源的使用以及信任和不信任情况。被问及的媒体包括美国有线电视新闻网（CNN）、福克斯新闻网（FOX）、哥伦比亚广播公司（CBS）、美国全国广播公司（NBC）等网络电视新闻以及《纽约时报》（*New York Times*）、《华盛顿观察报》（*Washington Examiner*）、《赫芬顿邮报》（*The Huffington Post*）等全美覆盖面最广泛的流行媒体品牌。总体而言，民主党人和倾向于民主党的独立人士认为，这些消息来源大部分是可信的，并在更大程度上依赖他们。而共和党人和倾向于共和党的独立人士认为，各种媒体平台上的消息来源是不可信的。这些分歧在保守的共和党人和自由的民主党人之间更加明显。此外，在受信任的媒体选择上，两党及其支持者也呈现出明显的对立。在被问及的30家消息来源中，超过20家以上的媒体被大部分共和党人认为不值得信任，其中共和党人认为信任多于不信任的媒体只有福克斯新闻（福克斯新闻网）和肖恩·汉尼提（Sean Hannity）、拉什·林堡（Rush Limbaugh）的访谈节目等7家。而对民主党人而言，30家媒体中有22家是值得信任的，其中不信任超过信任的媒体就包括福克斯新闻网、肖恩·汉尼提和拉什·林堡的访谈节目。在日益封闭的媒体生态中，一些典型的媒体最为明显地表现出两党在媒体信任度上呈现出的两极分化局面。例如，约三分之二（65％）的共和党人和共和党支持者表示，他们相信福克斯新闻网是值得信任的消息来源，有同样比例的民主党人和民主党支持者则持完全相反的观点。大约三分之二的自由派民主党人（66％）信任《纽约时报》；相比之下，只有10％的保守派共和党人信任《纽约时报》，50％的人完全不信任它。[18]

如今，美国政治精英和社会大众的政治极化表现在从全球气候变暖到公共卫生等一系列问题上。例如，皮尤研究中心的数据显示，气候变化问题两党政治极化最为严重的议题,只有 21％的共和党人认为这是首要的政策优先事项,而民主党人的这一比例为 78％。此外,在控枪、医保改革、堕胎权乃至新冠疫情防控是否需要戴口罩等问题上,两党都存在严重的分歧。[19]在同样的问题上,两党各自表述,关注不同的议题。由于党派之争继续渗透和主导政策,支持并与特定政党结盟的美国大众也变得越来越两极化。例如 2020 年,非裔男子乔治·弗洛伊德因白人警察暴力执法惨死而引发的抗议和骚乱引发了一场波及全美的"黑人的命也是命"(Black Lives Matter)的社会运动。民主党人及其支持者将其与警察暴力、种族歧视、不公正执法等社会问题联系在一起,共和党人则强调公共安全、法律和秩序,认为"黑人的命也是命"本身就是一个涉及种族歧视的话语。民主党和共和党及其支持者在是否支持"黑人的命也是命"运动上存在巨大差异。在美国白人中,两党的分歧更加明显。大约一半的白人民主党人(51％)表示他们强烈支持这场运动,而只有 2％的白人共和党人表示支持。[20]

在 2020 年美国大选结束后,西班牙《国家报》在评论中写道,这次选举证实了美国是一个典型的 21 世纪民主国家,即一个政治上四分五裂的国家。作者指出了政治极化在西方世界的蔓延。[21]在美国,许多主流媒体都用"两极化"这样的字眼来描述 2020 年的大选结果。《时代》杂志用"很明显,美国的两极分化非常严重。任何选举都无法克服这一点"的长标题来形容这次选举,感叹美国历史上很少在选举年发生如此多的事情,总统被弹劾,疫情夺去了 23 万美国人的生命,还有无数人经历了严重的疾病、历史性的经济崩溃,警察在明尼阿波利斯令人震惊的暴行撕裂了美国种族分裂的伤疤,导致全国各地城镇的抗议和动乱。这些事件中的任何一个都将是历史性的和创伤性的。所有这些因素加在一起,让美国公众感到前所未有的痛苦。然而,在政治上,这些地震般的事件几乎没有带来什么政治变化。2016 年,唐纳德·特朗普赢得了 58％的白人选票。2020 年,他赢得 57％的白人选票。2016 年,希拉里·克林顿赢得了 89％的黑人选票。2020 年,乔·拜登赢得了 87％的黑人选票。2016 年,希拉里赢得了 66％的西班牙裔选票。2020 年,乔·拜登赢得了 66％的西班牙裔选票。这些细微的变化可能会影响选票分布极为分散的摇摆州的输赢,但其传递的信息非常明确,即美国人的投票模式正变得固定了。美国存在严重的分歧,民主和共和两党的党派人士非常愤怒,而且没有立即改变的前景。[22]《华尔街日报》用"政治如何把国家拉向不同的方向"描述这次大选,称2020年的选举结果只是几十年来美国人彼此日渐疏远的最新证明。[23]

如果说美国的政治极化在某种程度上是两党竞争的结果,那么在西欧国家,多党政治也同样无法避免政治极化的出现。欧洲各国包括西欧和北欧发达民主国家,在过去一二十年里也见证了政治极化的快速发展。纵观1945年以后大多数西欧国家和1989年以后大多数中欧或东欧国家的历史,其精英阶层和社会大致存在两大共识:民主共识和欧洲共识。[24]民主共识是对代议制民主的广泛认可,欧洲共识是对欧洲一体化进程的广泛认可。虽然这并不意味着在政治光谱的边缘,没有反对民主和欧洲统一的声音,也不意味着民主和欧洲统一是相互依存的,但是确实在20世纪90年代之前,在整个欧洲层面,几乎没有哪个主要政党或足够规模的民众对代议制民主制度和欧洲的统一持质疑和反对态度。这一现象正在发生改变。

奥地利萨尔茨堡应用科学大学的政治学教授马库斯·保施(Markus Pausch)多年来研究民主、参与、欧盟问题,他认为政治极化的过程包含四个特征。第一,意见的分歧。即存在两种清晰可辨的对立观点,相互之间不相容、非此即彼。第二,群体形成。这两种意见由两个不同的群体持有,群体成员意识到这种差异,并认为自己属于其中一个,世界被分为"我们"和"他们"。第三,纯粹主义。两个群体完全不考虑相对一方的立场,拒绝妥协和调节的立场。在两极分化过程中形成两极的群体无法形成中间立场,因为他们的观点相差太远。第四,政治斗争。两个存在重大意见分歧的集团只是存在而不参与政治斗争是无关紧要的,但是政治极化往往意味着强烈的不信任和僵化,导致社会分裂和对话的结束,消灭对手的意愿上升乃至使用暴力。[25]在他看来,战后欧洲的两大政治共识在瓦解。其瓦解的过程表现为世界主义者(cosmopolitan)和社群主义者(communitarian)之间的对立,前者更加强调个人自由和普遍团结,后者更加强调归属感和安全感。从民主共识来看,不仅质疑民主共识的政党数量在上升,而且人们对一个不需要关心议会或选举的强势领导人的渴望也在增长。人们对代议制民主及其执行者的满意度、信任和认可度也在下降。所有这些因素都在侵蚀民主共识。这种日益加剧的不平等和普遍的不确定性的情绪与个人主义现象有关,也与具体的、确实存在的危机体验有关,促进了政治化和两极分化。极化势力的推动者利用这一点达到自己的目的,他们通过操纵沟通、仇恨言论和传播假新闻进一步分裂了社会。而从欧洲共识来看,2000 年奥地利自由党(FPÖ)进入政府,这是欧洲国家首个成为执政党的公开反欧洲的政党。当时的法国总统希拉克和德国总理施罗德,都严厉批评奥地利人民党邀请这样的极右翼民粹主义政党入阁。但是此后,从欧洲怀疑论者到反欧洲一体化的政党,先后在许多国家出现。意大利、荷兰、芬兰、比利时、匈牙利等国家质疑欧盟和欧洲一体化的政党都已经上台参与执政同盟或组建政府。在 2008 年金融危机之后,希腊差点退出欧元区。德国选择党明确反对欧元,法国国民阵线领导人玛丽·勒庞呼吁法国退欧,英国甚至已经退出欧盟。所有这些都凸显了一个事实:战后的欧洲共识不再不受挑战。欧洲及其未来已成为两极化辩论的主题。[26]

从欧洲各民族国家层面来看,政治极化的现象也是不争的事实。一般来说,在多党制下,政党通常需要相互合作结成同盟才能组成政府或保持政府稳定,如果政党之间存在严重的敌意或不信任,这种合作或同盟就很难实现。[27]研究发现,在欧洲多党制国家,政党之间的意识形态两极分化和公众情感方面的两极分化相互联系。由于政党往往对竞争对手怀有敌意,公众情感的两极分化在欧洲多党制国家也明显存在。相较于美国,西欧和北欧国家的两极分化水平要相对温和,但是在中欧和南欧,公众情感的两极分化甚至比美国还要严重。[28]

不过,与美国相比,关于欧洲的两极化,学者仍然存在不同的看法。第一,极端主义政党的出现意味着政治精英阶层的极化,但并没有必然导致社会两极化水平的提高。例如,在德国,选择党等极端政党对主流政党造成了冲击,一些学者的研究证实了两极化的趋势,另一些学者则认为,德国政党的极化现象并没有导致选民的两极分化。相反,德国东西部甚至出现了迟来的意识形态的统一。[29]哪怕是在极富争议的欧洲一体化问题上,也有学者认为欧洲怀疑论政党在寻求获得选举利益和提升战略地位方面发挥了这种作用,他们强调了围绕欧洲的政治冲突,挑战了主流政党的亲欧共识。第二,尽管绝大多数学者认为政治极化对民主是有害的,但是也有学者基于德国、荷兰和西班牙的研究发现,政治极化能带来投票率和参与的提高。激烈的政治辩论有助于将民众带到投票箱前,特别是那些对政治最不感兴趣的群体。但目前并不清楚由此带来的投票率提高对健康的民主制度有何影响。[30]

一般来说,卡特尔政党理论认为,欧洲国家的主流政党日渐放弃了传统的与阶级结盟的策略,在意识形态上变得趋同,这使得选民在意识形态上很难对其进行区分。主流政党一方面在表面上相互竞争,另一方面却在实质上形成了同盟关系以维持其统治地位。正是在这一背景下,形形色色的极端政党出现了。人们越是对主流政党表示不满,极端主义政党越能获得生存的空间。英国诺丁汉大学的政治学教授费尔南多·卡萨尔·贝尔托阿(Fernando Casal Bértoa)和西班牙马德里自治大学的何塞·拉马(José Rama)认为,欧洲国家的两极化水平自20世纪60年代以来缓慢上升。不过,直到20世纪90年代,随着欧洲政党制度的解冻以及随后出现的(民粹主义)激进政党,两极分化才达到前所未有的水平。他们用反政治建制派政党(Anti-Political Establishment Parties,APEP)获得的得票率作为衡量选举政治极化的测量指标。反政治建制派政党通常满足如下三个条件:认为自己是政治建制派各党派的挑战者;断言政治建制派和人民之间存在着根本的分歧(暗示所有建制派政党,无论是执政的还是在野的,本质上都是一样的);在重大政策问题和政治制度问题上挑战现状。[31]研究这些反政治建制派政党的得票率可以发现,除了极少数如马耳他、瑞士等国家以外,欧洲国家(尤其是西欧国家)从未面临如此严重的两极分化,特别是那些受移民影响的国家(如奥地利、法国、德国、荷兰)或受经济危机影响最大的国家(如西班牙、意大利、希腊等)。图5.1显示,平均而言,2010—2020年这十年间,欧洲国家的两极分化水平上升了5个百分点。[32]

全欧洲　　　　　　西欧　　　　　　东欧、中欧

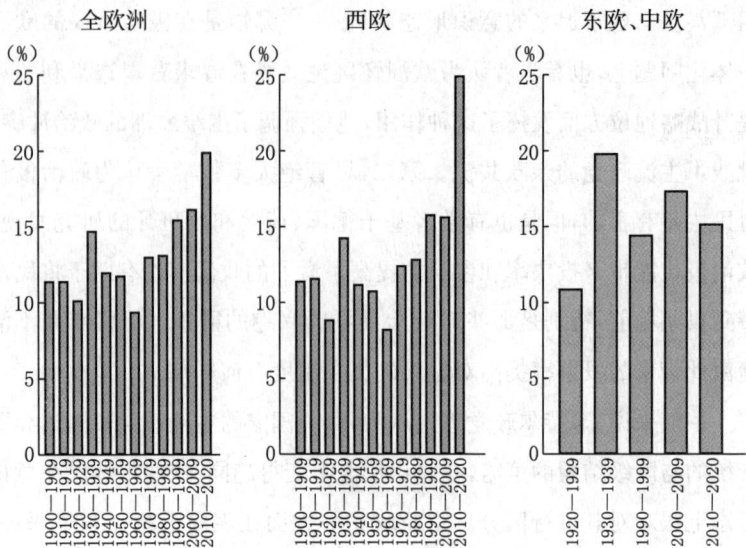

图 5.1　欧洲反政治体制政党获得的得票率[33]

　　具体到欧洲各国内部,虽然政治极化的现象没有美国严重,但是与欧洲各国的历史相比,政治精英层面两极分化的水平都明显提高。如图 5.2 所示,在欧洲各国内部反政治体制政党的得票率都明显上升。

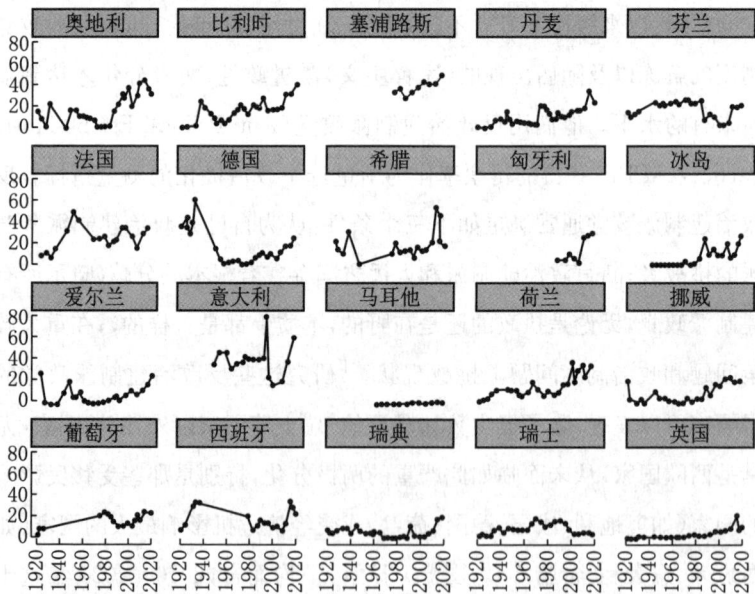

图 5.2　欧洲各国反政治体制政党的得票率[34]

两极分化在欧洲并不新鲜。第二次世界大战前后欧洲国家政党政治的剧烈斗争就曾经是这种剧烈的两极分化的表现。然而，从 20 世纪 60 年代以后到 90 年代末期的近半个世纪里，欧洲的政党政治在民主政治和欧洲一体化问题上基本上存在着高度共识。由上述分析可见，21 世纪以来，随着激进政治力量的出现，维持这两大共识的政党制度开始解冻，欧洲的极化也达到了前所未有的水平。

第二节　身份政治的盛行

近年来，身份政治成为讨论欧美国家政党政治中的热门概念。在美国，最近的两次总统选举中，身份政治问题不断凸显，传统的左右阶级分野模糊，种族民族主义抬头。民主党和共和党分别朝着代表少数族裔的政党和代表着白人男性的政党发展。由此导致的政治极化和分裂引起许多美国学者重新反思身份政治问题。以"历史终结论"著称的弗朗西斯·福山，在 2016 年美国总统大选后著书，讨论欧美国家中的身份政治。自由派知识分子、哥伦比亚大学教授马克·里拉（Mark Lilla）也撰文抨击身份政治正在摧毁美国自由派的事业。在 2020 年的总统选举中，从"黑人的命也是命"的社会运动，到两党围绕着种族和移民问题进行的相互攻击和政治动员、民主党副总统候选人的选择，自由主义者所批评的身份政治问题愈演愈烈。身份政治所导致的政治严重极化与分裂现象也成为政策界和学术界关注的焦点。在欧洲国家，围绕欧洲共同体的身份也出现了分裂；在各民族国家内部，围绕着"我是谁"这一问题，新兴的民粹主义政党和传统主流政党都在争夺话语权。

关于身份政治一词的起源存在许多争议。黑人、女性群体、同性恋群体都认为他们是推动这一术语形成的原因。毫无争议的是，身份政治一词的使用最早应该追溯到 20 世纪 60 年代到 70 年代风起云涌的社会运动。最初，它是作为少数群体自我意识觉醒的一种方式和反抗社会歧视及压迫的一种赋权手段，旨在唤起这些群体的自我意识，同时赋予他们以政治权力使其成为政治领域的一种势力。当时的美国和欧洲见证了新的、大规模的政治运动的出现。这些政治运动的主体包括黑人、激进派的学生、环保组织者、女权主义者、同性恋人群、马克思主义者、印第安人和其他原住民人群及各种各样的进步运动的参与者,其中尤以黑人,女性和同性恋人群最为突出。他们将其权利诉求建立在特殊的生理和文化特征上,反抗由白人男性新教徒主导的单一和同质化观念,要求美国主流文化承认其对差异性的追求。与此同时,出于对共产主义意识形态的反感和战后经济的繁荣,美国的左翼知识分子不再关心经济和阶级剥削问题,转而将斗争的矛头转向日常生活中的歧视。他们超越了对"经济帝国主义"的批判,转向将矛头对准"文化帝国主义",通过对主流文化强加的身份认同的反抗和对"他者"的批判来揭露自由主义一致性逻辑的局限。借助个体即政治(The Personal is Political)的口号,在左翼的意识形态批判和少数群体的社会运动中,美国政治论争的话语体系发展出了族群(ethnicity)、性别(gender)、性取向(sex)三种类型的身份政治议题。[35]若干年后,在拉丁美洲和第三世界国家,由妇女、农民、工人、原住民、受压迫的少数族群甚至是游击队所发起的革命运动等各种"新社会运动",也都被学者放在"身份政治"的标签下。到 20 世纪 90 年代以后,亚非拉及东欧地区民主化进程中的族群问题日益凸显,族群(ethnic)身份在上述国家和地区将社会分割为若干个共同体并将其高度动员到选举政治中,成为政党和政治家的权力工具,甚至发展成这些国家大规模冲突的根源。[36]作为身份政治的最集中表现,族群政治逐渐成为比较政治学的重要研究领域。身份及其身份政治这一政治术语也被用来分析更广泛的利益集团,并因此进入了主流政治话语体系。[37]

从其具体含义来看,身份政治的概念相当广泛,一些学者将其定义为"关注社会部分团体利益的政治态度和政治地位"[38]。具体来说,它指的是围绕特定的身份种类如性别、种族、部落、宗教、性取向、种姓及其他政治认同而建立起来的一种能动主义或寻求地位的社会运动,其目标是为所在的身份群体寻求政治认同和政治地位。当前,身份这一概念在我们的日常政治讨论中无处不在,被归纳到身份政治这一标签下的政治运动的范围非常广泛。围绕身份问题,也产生了大量与自由主义及其各种意识形态相关的性别、性取向、民族、种族、文化等争论。[39]正如福特所言,在某种意义上说,所有的政治都是关于身份的,同样所有的身份也都是政治的。身份政治意味着围绕某种(事先存在的)社会认同所建立起来的政治倾向。[40]因而,身份政治这一特定术语尽管是过去几十年中形成的政治产物,但身份政治的实践并不新鲜。[41]在当代世界,有关身份的争议及其政治运动在各个国家正广泛发生。人们高举宗教、种族、民族或种姓的旗帜,呼喊着"我们"和"他们"的口号,在语言和行动中制造出种种分裂。政治家和各种政治竞选管理人员使用身份政治技巧动员他们的支持者,并寻找新的选民。某些身份群体(尤其是移民)不仅受到国内政治势力的动员,同时也受到他们从前所属国家的政治势力的动员。身份政治已经成为当代世界政治话语的一部分。

在美国,人口构成的变化及其在文化、语言领域的影响,对美国人的身份认同产生了深远的影响。那些深感其传统的盎格鲁-新教文化受到威胁的欧洲白人后裔对此忧心忡忡。他们呼吁要保护英语作为唯一官方语言的地位,反对在文化上实行针对少数种族的多元主义政策。白人认为,多元主义政策已导致拉美裔人感觉不到有什么必要融入美国的主流文化,拉美裔人不仅不努力缩小自己的文化与美国主流文化的差别,反而以这一文化差别为荣,甚至要以自己的文化和价值观来改写美国人的文化和价值观。亨廷顿在其2004年出版的《谁是美国人?美国国民特性面临的挑战》一书中说:"到20世纪中期,美国是一个多民族、多人种的社会,拥有将多种亚文化包含于其中的盎格鲁-新教主流文化以及植根这一主流文化的共同政治信念。在20世纪后期,发生了一些事态,它们若继续下去,将可能使美国变成一个分成两权的、通行两种全国性语言的盎格鲁-拉美社会。"[42]2008年总统大选前,包括奥巴马、希拉里等在内的8名民主党总统候选人在迈阿密用西班牙语进行电视辩论。辩论中,两名主持人用西班牙语提问,8名竞选人头戴耳机,听到的是同声传译过来的英语,他们再用英语回答问题,由电视台同声转译为西班牙语在电视台播放。这一事件清晰反映了美国社会构成的迅速变化。[43]

与此同时,在全球化背景下,美国的商界精英在全球范围实现资产转移,就业机会向海外转移,加剧了国内收入不平等,美国工人阶级实际工资水平下降得更快。白人精英把持着美国所有各大机构,千百万非精英白人的态度则与精英白人的态度大不相同。五大湖地区周边历史上重工业发达的威斯康星、密歇根、宾夕法尼亚、俄亥俄、伊利诺伊、印第安纳和纽约州等地区,曾是美国的工业心脏,造就了大量美国产业工人和中产阶级。如今,随着制造业的对外转移,工厂倒闭或破产,这些地区的经济总量和产业工人比例不断下降,成为美国地图上的"锈带"。霍克希尔德在《故土的陌生人:美国右翼的愤怒和哀伤》一书中提到,自 21 世纪以来,白人工人阶级面临着工厂倒闭或迁往海外导致的失业、实际工资水平下降的局面。白人男性,尤其是工人阶级和中产阶级,感到自己的社会地位和经济地位降低了,职位被移民和外国人抢走,自己的文化被扭曲、语言被替代,自己国家的特性被损害甚至消失了,美国正在变成一个非白人统治的国家。同时,他们对自己的处境缺乏信心和安全感,感觉自己在与其他种族的竞争中吃了大亏,因为后者受到精英人士的照顾和政府政策的支持。可以说,在族群构成变化和经济不平等等加剧的大背景下,近几十年来美国的一些利益集团和非民选的政府官员一直推进少数种族优惠、肯定性行动、扶持少数种族和语言等政策,推动美国的社会运动逐渐从基于议题认同转变为基于身份认同。在政治上,它不是鼓励不同派别和利益合作以产生共同的目标和战略,而是鼓励离心势力、差异和分裂。[44]白人和少数族裔日渐形成在政治上相互隔阂、利益冲突的群体。但是他们的政治主张不是通过组建新的政党来实现的,而是通过新的政治运动争取影响两大党的候选人选择和政策。[45]

通过对身份政治的利用,美国民主党将自己塑造成一个代表多样性的政党,宣传自己更能代表女性、少数族群的利益。民主党人获得了黑人、少数族群、女性、同性恋人群的支持。共和党人最初是身份政治的反对者,但他们也很快和民主党人一样塑造了自己的身份认同团体。在奥巴马执政期间,共和党人的竞选议题逐渐从传统的有限政府转向身份政治,并成功地动员了白人的支持,其中以茶党运动的出现为典型。绝大多数茶党的支持者是保守的共和党人,他们的典型特征是年长的、中产阶级、白人。数据显示茶党支持者 55%—60% 是男性,89%—90% 是白人,71%—75% 在 45 岁以上。[46] 如今,美国两党越来越与特定身份群体的支持联系在一起。共和党的候选人总是倾向于呼吁中产阶级、商人、茶党的支持者、白人盎格鲁-撒克逊新教徒、乡村俱乐部成员、保守主义者、宗教人物等身份群体以及那些财富处于上流社会的成员。相反,民主党人则倾向于争取非洲裔美国人及其他少数种族群体,以及单身母亲等身份群体及好莱坞和其他文化精英大学教师和年轻人。如今的美国选民已经很难用其经济地位进行阶层划分,他们的身份和价值观在选举中更起决定性作用。在 2016 年的大选中,特朗普的支持者涵盖了上中下不同的社会阶层,但他们具有明显的白人属性和保守倾向。2020 年的大选则延续了这一趋势,美国社会不同身份团体之间的对立更加明显。

在欧洲,宗教维度对各国政治的影响在第二次世界大战后明显下降。历史上天主教徒和新教徒的冲突和竞争关系已基本消失,两大教派甚至在政治上形成了联合。宗教政党和非宗教政党的分歧通常存在于道德和伦理而非政治领域。即使如此,它们之间对立的主张也不再是社会和政治分裂的原因。就像李普塞特所说的,欧洲政治中政治竞争背后的社会分野从 20 世纪 20 年代持续到 20 世纪 60 年代。除了比利时、西班牙等少数存在明显的文化—种族政治分野的国家外,这种稳定的政治竞争主要围绕着社会经济问题、城市—乡村的分野展开,政治分野总体上是围绕着左和右的政治立场形成的。左派更加倾向社会主义,赞成扩大政府开支,更加追求平等;右派则更加保守,倾向于限制政府的权力,更加强调个人自由。如今,欧洲国家也同样面临着身份政治的问题。这主要是由于最近几十年涌入的移民引起的。和美国一样,欧洲国家也希望逐渐将这些移民纳入传统的政治生活,并尝试过两种不同的路径。一种方式是像法国那样,希望通过完全同化这些移民,将其变成真正意义上的法国人。政府禁止穆斯林女孩在学校戴头巾,移民的子女要上法语学校、学习法语,吸收法国的文化,希望移民成为法国公民。而实际情况是仍然有大量移民拒绝或不能被同化。另一种途径也被称作文化多元主义,像英国和荷兰那样。移民被允许拥有自己的学校,保留自己的语言和文化传统,甚至建立属于自己的社区。但这种方法也同样产生了大量未能整合到政治生活中的移民问题,有些带来了抗议甚至恐怖主义活动。[47]尤其是近年穆斯林难民的大量增加和欧洲债务危机的出现,加速了欧洲国家身份政治的形成。一方面,欧洲的极右翼势力不断抬头,其主打的招牌就是建立在种族基础上的民族主义。在法国,极右翼政党国民阵线多年来主张坚定的反移民政策。国民阵线的领导人在 2017 年的总统大选中以首轮投票得票率第二的身份进入了第二轮投票。在德国,极右翼政党"选择党"仅在成立五年后就进入联邦议会并成为最大的反对党。该党强烈的反移民立场成功迫使默克尔政府修改德国的移民政策。在奥地利、芬兰、瑞典等欧洲国家,移民问题所导致的族群冲突也导致了极右翼政党的发展。另一方面,民粹主义席卷欧洲。在南欧国家,民粹主义势力批评资本主义和全球化,认为是这些因素导致金融危机和欧元危机。在法国,"黄马甲"运动的参与者也将矛头对准精英和政府,认为他们是大众日益贫困化和公共服务不断减少的原因。

极右翼势力和极左翼势力,都是对传统左右之分的否定。他们的阶级立场和经济主张很难用传统的左右标准来衡量。极右翼政党可能在经济主张上左倾,民粹主义者则可能同时包括传统的左翼和右翼。欧洲的政党政治正在从阶级政治走向身份政治。一方面,在族群认同基础上形成了本土欧洲人和外来移民的身份对立。极右翼政党呼吁保护欧洲本土文化,极力反对外来移民尤其是穆斯林及其文化,主流政党仍然呼吁文化多元主义和保障族群多样化,但在极右翼势力压力下已经开始调整其政策。另一方面,在国家认同基础上形成了"国际主义者"(globalist)和"爱国主义者"(patriot)的身份之争。[48]民粹主义政党反对资本主义和全球化,对欧盟经济政策不满,甚至要求退出欧盟;传统主流政党仍然呼吁欧洲的一体化、支持开放和自由的国际贸易。战后欧洲选举政治中传统的阶级政治和阶级投票模式正在消退。在奥地利,超过 80% 的蓝领工人在 2016 年 5 月的总统选举第二轮投票中投给了极端民族保守主义候选人。在德国北部的地区选举中,蓝领工人群

体中有超过 30％的选民支持极右翼的选择党。在 2015 年法国的地区
选举中，国民阵线赢得了 50％的工人阶层选民的选票。在英国，最支
持英国"脱欧"的是英国北部传统的"安全"工党选区。[49]

身份政治产生于那些具有自我认同的社会利益团体追求权利和地
位的社会运动。这些团体宣称受到不公正的待遇，希望扩大自身的权
力，以减少在社会中的边缘地位。处在这些团体中的人们的政治立场
和身份，主要是由他们狭隘的团体身份（而非国民身份）来决定的。身
份政治的重心不在于对国家和民族的忠诚，而在于对受压迫的群体的
忠诚。[50]它不可避免地影响政治发展的走向。[51]

第一，身份政治容易造成政治分裂。[52]在过去的几十年中，美国及
其国家命运也正在被种族身份议题分裂成两个部分（共和党与民主党、
保守主义者与自由主义者、红色与蓝色）。这两部分之间的差异日渐扩
大，短时期内看不见能够快速融合的希望。各种各样的民意测验和选
举都表示，美国正在走向两种不同的极端。对 1920—2012 年历次美国
大选投票结果的分析发现，自 1984 年以来，没有哪位美国总统是在大
幅度领先对手的情况下当选的。当选总统和反对党候选人所获选票趋
向于接近。在 2000—2012 年的四次大选中，这一趋势表现得尤为明
显。选举结果的接近和稳定背后反映的是美国选民正分裂成实力相当
和具有强烈党派倾向的两部分。[53]此外，党派认同和总统选举中的投票
模式联系变得更加紧密。[54]这说明，美国人正越来越分成两个势均力敌
的集团，没有哪位政治家是在相对具有全民共识的情况下当选的。由
于族群身份的强化和族群认同的上升，在奥巴马执政期间，美国的白人
在政治上更加分裂了，受过大学教育的白人更加支持民主党，而大学以
下教育程度的白人更加支持共和党。这在 2016 年的大选中看得非常
清楚。[55]此外，2016 年的大选还进一步凸显了美国党派认同中消极的
党派之争。在竞选期间，民调显示 91％的民主党人不喜欢特朗普，
90％的共和党人不喜欢希拉里。[56]发生在美国政党政治中的两极化现
象同样的情况也可以在其他国家看到。在欧洲，温和派的中间政党在
萎缩，极左和极右势力正在撕裂整个政治体系。

第二，即使不会造成国家分裂，身份政治也成为某些政治势力实现

其政治议程的工具,成为其制造政治冲突的原因。[57]建构主义者认为,身份是导致冲突的关键因素,因为精英为了某种目的会构建并强化集体的身份认同,其最终目的在于获得或维持权力。[58]集团领袖将族群特征具体化,推动集团的极化并用集团之间的冲突来迫使追随者服从。[59]在政治过程中,身份被动员起来,谁属于哪一种身份,谁是"我们",谁是"他们",常常成为集团或者国家之间冲突的动因。而且,这种冲突有时候会成为产生、强化或改变个体身份认同的关键因素,从而在冲突与身份之间造成不断强化的恶性循环关系。[60]在美国,民主党人最早开始意识到非洲裔、西班牙裔、亚裔等少数族群和同性恋等少数群体身份政治的潜能,并成功地将这些群体统合到支持民主党的联盟中。共和党人也开始利用身份政治,并在此基础上建立起一个新的主要以下层白人为主的同盟(特朗普的上台是最好的证明)。欧洲的极端政党也正在用"我们"和"他们","欧洲人"和"穆斯林"这样的身份来区别其国民,并煽动带有种族主义色彩的议题。

第三,身份政治将复杂的经济和社会议题简单归结为身份差异,回避了严肃的政治辩论,从而降低了公共政策的质量。[61]身份政治的逻辑认定,人们所属集团的身份决定了他们个人的身份和诉求,不同身份群体的对立是经济和社会问题产生的根源。在西方国家,经济发展的状况尤其是选举年的经济指数通常是预测大选结果的重要指标。近年来身份政治的盛行,大大降低了经济发展和政治之间的关系。在 2016 年的美国大选中,竞选中的三个主要议题分别是族群平等问题、移民问题和经济问题,前两个问题都是关于身份之争。民意调查结果显示,选民在种族问题和移民(尤其是穆斯林移民)问题上的态度更加分裂。经济议题在选举中仍然非常重要,但是变得政治化了,与选民在族群问题上的态度联系在一起。也就是说,经济议题不是通过人们对个人经济处境的感知,而是通过他们对于不同族群经济地位的认知来影响投票结果的。有学者将这一现象称为"种族主义经济学"。[62]那些对少数族群态度不太友好、支持更加严格的移民政策的群体,通常认为国家和个人面临的经济处境更加糟糕;那些对少数族群更加宽容、支持更加宽容的移民政策的群体,认为当前的经济处境更好。在这种逻辑的背后,经济问题被转化为种族问题。用一位学者的话说:"特朗普让美国再次伟大是用公开的方式许诺美国白人将再次伟大……拯救美国经济的讯息已经转变为拯救白人的讯息。"[63]同样,在欧洲,在新自由主义、福利国家和族群政治压力下,资本主义经济制度面临的危机没有得到足够的反思,人们转而寻求通过脱离欧盟成员身份来强化经济主权,或者通过将矛头指向国内的少数族裔来重建其文化民族主义。

如前所述,身份政治产生于20世纪60年代少数身份群体反抗社会歧视的社会运动。这些社会运动被认为促进了美国人权事业的发展。尤其是文化多元主义者认为,强调对族群少数派社会体系的保护更有利于实现少数派个体成员的权利。其代表性人物威尔·金里卡表示,自由主义者坚持只要个人权利切实得到了保护,特定族裔或少数民族就无需再被赋予其他更多权力这一说法不成立。不同的族群有权利保护自己的文化和形成自己的族群社团,并通过族群之间的互动来创造一个理想的文化多元主义社会。[64]这种基于族群社团的政治参与其结果必然导致身份政治。在许多国家,身份政治可以为团体提供采取集体行动和获得公共产品的机会。在没有其他替代性组织资源时,部落、种族、种姓等传统身份仍然是人们获得资源和形成集体行动的主要工具。美国《外交》杂志在2019年3—4月号刊发了一组题为"合众为一:论战身份政治"的争鸣文章。[65]在这组文章中,一些学者认为,身份政治有助于增强民主。史黛西·艾布拉姆斯就指出,少数族裔和边缘群体除了与歧视他们的方式作斗争外别无选择。边缘群体并没有创造身份政治,恰恰相反,他们的身份是被主流社会群体强加的。政治是最有效的反抗手段,身份政治是被压迫群体获得认同、争取权利、追求平等和捍卫尊严的工具。围绕身份政治的斗争在一定程度上提高了民主。

但是,随着身份政治愈演愈烈,身份政治也日益同时受到部分左翼和自由主义者的批评。一些左翼学者批评身份政治过于强调差异性,是对社会主义革命平等、普遍理想的背叛。英国著名左翼学者埃里克·霍布斯鲍姆就指出,身份政治追求在给定的政治共同体内部寻求优惠、差别对待或者寻求特殊对待,是宣泄的和伪装的政治。[66]2016年美国大选后,有关身份政治的讨论重新得到关注。左派政治学者马克·里拉在其新著《自由派的过去与未来:超越身份政治》中指出,民主党曾经是工人阶级的政党,如今却演变成一个由一小部分受过良好教育的精英和少数族群构成的松散联盟。这一切是怎么发生的? 民主党为何失败? 里拉认为答案的焦点在于身份政治。特朗普现象的根源应归咎于新左派的"个体即政治"口号。这一口号曾经推动了美国社会对少数群体和边缘群体的认同,使美国社会更加包容,但它的反面逻辑"政治即个体"也渗透到政治生活中,使得美国政治成了自我表现的伪政治(Pseudo-Politics)。政治不再强调共同体和共同的善,人们的关注点从"我们"转向了"我",政治变成了一群狭隘的、排他的、精致的利己主义者的自我表现。[67]对自由主义者来说,身份政治是造成共同体分裂的原因。2018 年 4 月,英国《金融时报》首席外交事务评论员吉迪恩·拉赫曼在该报发文称,在一个自由社会中,应该由个人来塑造自己的身份认同。把族群身份认同置于个人身份认同之上,不仅是不自由的同时也是危险的。[68]历史学家阿瑟·施勒辛格(Arthur Schlesinger)早年的《美国的分裂:种族冲突的危机》和政治学家亨廷顿所著的《谁是美国人:美国国民特性面临的挑战》都认为,美国政治中多元文化主义理论的盛行,特殊利益集团围绕种族身份、民族身份、特别身份以及其他非国民身份带来的身份政治,导致美国国民身份的贬损,从而威胁到美国共同体的统一。

面对美国民主政治中由身份冲突带来的政治分裂,自由主义者如马克·里拉呼吁以"公民政治"取代身份政治,具体来说包括"制度政治优先于运动政治""民主说服优先于盲目的自我表达""公民身份优先于族群或个人身份",并提倡在校园开展"公民教育"。[69]弗朗西斯·福山开出的药方是美国应该重新围绕核心价值观确立一种超越种族、民族或宗教差异的"信念式国民身份",并通过公民教育等方式推动移民同化。[70]福山的这一说法,实际上揭示了长久以来西方政治学研究中的一种自以为是和选择性的忽略,即以英国和美国为代表的西方自由民主政体最初是以盎格鲁-撒克逊民族这一单一种族群体为基础的。美国历史上超越种族、民族和宗教的所谓核心价值观是在其强制性的同化政策基础上确立的。当西方自由民主政体的自由和平等原则从理念走向实践，新移民不再是以个体的方式融入美国文化，而是保留自己独立的社区、语言和生活方式，这具有法律和道德上的正当性。在这种背景下，什么是超越种族、民族或宗教差异的"信念式国民身份"？是否就是亨廷顿所说的"美国信念"（American Creed）？应该围绕什么样的"核心价值观"来确立国民身份？是否就是亨廷顿所说的"盎格鲁—新教价值观"？恐怕福山也没有答案。更重要的是，当经济上的不平等问题得不到解决，当身份背后的阶级利益冲突无法调和，所谓构建"信念式国民身份"，不过是企图以一种新的身份政治运动来解决当前身份政治问题的饮鸩止渴式的方案。[71]

第三节　民粹主义蓬勃发展

民粹主义（populism）在过去十几年里是欧美国家令人关注的新兴政治势力，也是西方政党研究的重要概念。从英国独立党的领导人法拉奇、法国"国民阵线"的主席玛丽·勒庞再到美国前总统特朗普、匈牙利总理欧尔班，这些政治人物及其所领导的政党都在某种程度上将自己塑造成真正代表人民，并决心彻底改变腐败和无能的建制派精英所造成的"黑暗统治"的政治势力。从形式上看，民粹主义格外信奉"人民主权"，在实际上又将自己视作人民意志的唯一和真正垄断者。

尽管"民粹主义"一词被广泛使用，但对于究竟如何定义民粹主义，无论是在政治领域还是在学术领域都存在许多分歧。一般来说，学者倾向从不同的路径对民粹主义进行定义。一种是倾向于将民粹主义视作一种意识形态，其特征是反精英和对"人民"的极端推崇。这种意识形态宣扬的是受过良好教育的、掌握权力资源的精英阶层和人民之间的对立。社会学家爱德华·希尔斯（Edward Shils）基于美国麦卡锡主义的研究指出，民粹主义是大众对统治精英的一种反抗。[72]穆德将民粹主义界定为"一种弱中心的意识形态（thin-centred ideology），认为社会最终会分裂成两个同质、对立的群体：'纯粹的人民'（the pure people）和'腐败的精英'（the corrupt elite）。这种意识形态认为，政治应该是人民集体意志(general will)的一种表达"。[73]第二种是将民粹主义视作一种行动策略。基于拉美民粹主义的经验,学者认为民粹主义是一种政治策略,这是因为领袖、组织和政策这些策略要素在拉美民粹运动中特别突出。韦兰认为"民粹主义最好的定义是一种政治策略,通过这种策略,一个个人化的领袖寻求或行使政府权力基于直接、无中介组织、无组织的大量追随者的支持"。[74]列维茨基和罗伯茨将民粹主义定义为"由个人主义的领导人自上而下地对大众进行政治动员,这些领导人代表大众挑战既定的政治或经济精英"。[75]第三种是将民粹主义视作一种话语风格。迪·特拉在分析拉美民粹主义的基础上,将民粹主义定义为一种政治修辞,其特征是将政治构建为人民与寡头政治之间的道德和伦理斗争。[76]卡津基于美国的民粹主义,认为民粹主义是为声称代表大多数美国人说话的人使用的一种语言,这种语言被他命名为"民粹主义说服"(the populist persuasion)。[77]也有学者认为,上述定义只是诸多对民粹主义概念进行界定的一种归类方法。总之,对于复杂的民粹主义现象,不管是理论研究还是实证研究,学术界没有找到一个统一的概念性定义。[78]

基于此,德国政治学家扬-维尔纳·米勒(Jan-Werner Müller)试图对民粹主义混乱的定义进行梳理。米勒认为民粹主义是一种特定的对政治的道德化想象,是一种在政治领域一群道德纯洁、完全统一但在他看来纯属虚构的人民,对抗一群被视为腐败的,或其他方面道德低下的精英的认识方式。除了反精英之外,民粹主义通常也反对多元主义,民粹主义者主张,他们且仅有他们能代表人民。[79]批评精英或者说人为制造精英—人民之间的对立是民粹主义的必要而非充分条件。否则,任何国家中任何批评当权者与现行体制的人都会被界定为民粹主义者。民粹主义与代议制民主同时崛起,是代议制民主的阴影。民粹主义者在未当权时会说其他竞争对手不过是道德低下的精英阶层的一部分;在他们主政时,他们绝不会承认有合法的反对派。[80]因为民粹主义对于"人民主权"的态度是一种排他性的代表权主张,在任何时候都以全体人民的名义发言。换言之,民粹主义的本质特征不是反对精英,而是对"人民"代表性的垄断;民粹主义者宣称,他们而且只有他们才代表"真正的人民"及其意志和利益。针对民粹主义的统治模式,米勒认为,存在三种民粹主义的治理方式及其道德支撑。首先,民粹主义者试图对本国实行殖民或者占领。也就是说,民粹主义者一旦上台,就会不惜打破现有的制度安排,来创造一个符合自己政治口味以及政治愿景的国家。其次,民粹主义者试图推行大规模的恩庇政治。政治精英用物质与非物质的恩惠来换取大众的政治支持。第三,民粹主义者实行歧视性法制主义,对我好的朋友一切好办,对我的敌人则法律伺候。民粹主义者的三种治理方式背后都是利用道德上代表人民这一核心主张来作为支撑。[81]米勒反对许多学者将民粹主义的统治与不自由的民主等同的观点,认为尽管民粹主义者一开始也许通过公平合理的方式赢得了选举,他们立刻着手以所谓真正人民的名义来削弱民主的制度机构。这样的人民被假定为一个同质化的集体,只能由民粹主义者真正代表。一言以蔽之,民粹主义扭曲了民主的流程。[82]

扬-维尔纳·米勒的《什么是民粹主义》被西方学术界誉为"对民粹主义现象最好的理论解释"。[83]但学者认为,米勒的民粹主义概念已经远离了民粹主义研究的学术传统,对民粹主义标签进行了大幅度改造,以使其专门适合于新兴的右翼保守派政客和政治势力。在历史上,民粹主义的渊源被认为出现在19世纪下半叶,当时美国农民发起了反对大资本,主张社会平等的社会运动并成立了美国人民党(Populist Party 或 Populists),与此同时,俄国知识分子和东欧农民也提出了平均地权的要求。米勒不仅无视英语和其他西方主要语言中民粹主义(populism)这一词源来自美国的人民党这一左翼政治现象的传统,而且还将历史上被学术界认定为民粹主义的左派悉数从民粹主义名单上抹去。[84]

事实上,在20世纪60年代以后,越来越多的政治家采用了早期民粹主义者的策略,民粹主义一词已经从一个属于学术研究领域的概念变成了一个通俗的术语,不仅专业研究者,而且政治家、媒体和公共知识分子都在不同程度上讨论民粹主义。因而,有学者认为,民粹主义既是一种政治思潮,又是一种社会运动,还是一种政治策略。作为一种社会思潮,民粹主义的基本含义是它的极端平民化倾向,即极端强调平民群众的价值和理想,把平民化和大众化作为所有政治运动和政治制度合法性的最终来源,以此来评判社会历史的发展。它反对精英主义,忽视或者极端否定政治精英在社会历史发展中的作用。作为一种政治运动,民粹主义主张依靠平民大众对社会进行激进改革,并把普通群众当作政治改革的唯一决定性力量,从根本上否定政治精英在社会政治变迁中的重要作用。作为一种政治策略,它指的是动员平民大众参与政治进程的方式,其主要特征是通过强调诸如平民的统一、全民公决、人民的创制权等民粹主义价值,对平民大众从整体上实施有效的控制和操纵。[85]

　　民粹主义政党的出现是当代西方国家国内社会矛盾激化的产物,包括由经济发展带来的贫富分化以及族群结构演变带来的族群冲突。政府在解决上述问题方面的能力不足导致选民最终对主流政党及其政党政府失望,转向民粹主义。阿尔伯塔兹等人则认为民粹主义是经济衰退、福利国家萎缩、移民危机以及新媒体煽动等因素共同影响下出现的"政治运动"。[86]具体说来,对民粹主义政党的出现大致有四种解释。第一种观点认为民粹主义政党是在西方国家从工业社会向后工业社会过渡后在价值观领域"文化反弹"的结果,即主张权威主义的文化保守右翼和主张个人主义的文化自由左翼之间对抗的结果。[87]第二种观点认为民粹主义是经济发展、全球化对福利国家冲击的结果。中国学者房宁等认为,西方国家民粹主义的出现在经济方面是西方国家长期的过度福利化造成了社会预期的巨大落差,在政治层面则是极端的民主化。客观上,经济危机造成了西方国家的福利体系无法维持,社会流动性下降加剧了阶级对立;主观上,一般社会公众对高福利形成了牢固的心理预期,因此当这种社会预期出现巨大落差时,民粹主义社会政治思潮就会被激发。在政治层面,极端民主化造成国家能力的严重削弱,政府出现明显的履职困难。而且,极端民主化还使得资本力量在西方国家发挥更强势的作用。这些也激发了民粹主义思潮。[88]丹尼·罗德里克认为,民粹主义的出现与全球化息息相关,其本质是受到全球化负面影响的人们的抗议表达。全球化带来的商品和资本跨境流动加剧了全球贫富差距,中低收入没有实际获益,部分中产阶级滑入底层;人员的跨境流动带来大规模移民和难民,使本国民众的安全感降低。这些都带来了民粹主义的兴起。与此同时,并非所有福利国家都能够承担经济补偿的功能,化解贫富差距扩大的风险,右翼民粹主义也总是将福利国家作为指责的主要目标。[89]第三种则认为民粹主义是以国家为中心的民主制度空心化和代表性危机的结果。俞可平认为,民粹主义兴起的主要原因则是对社会不公正、政治腐败和政府无能,尤其是对主流政党政府的失望。当代西方国家民粹主义政党的发展表明,战后带来经济繁荣和社会稳定的自由民主体制正面临着危机,具体表现为政府缺乏足够的执政能力应对来自国内外的压力;普遍的社会不公正和政治腐败,政府的合法性极大流失,人们对政府的信任急剧下降;政府没有足够的权威来推行有利于国家长远发展的政策。[90]

当前,民粹主义政党活跃在全欧洲。事实上,早在20世纪七八十年代,民粹主义政党就在欧洲国家出现,例如法国的国民阵线、丹麦的进步党、瑞士的人民党、挪威的进步党、比利时的弗拉芒利益党、海德尔领导下的奥地利自由党。这些政党总体上宣扬国家保守主义和民族主义,表现为排外、种族主义等极端立场。20世纪90年代,欧洲第二波民粹主义政党出现,例如芬兰的芬兰人党、意大利的力量党和北方联盟、英国的独立党、从进步党中分裂出来的丹麦人民党等,其共同的特征表现为反对移民和文化多元主义。21世纪以来,尤其是2008年金融危机以来,欧洲出现了新一波民粹主义政党发展浪潮,直指欧洲一体化和全球化。其结果是,一方面,老牌民粹主义政党力量发展壮大,进入议会,甚至成为执政党,例如意大利的北方联盟、奥地利的自由党和芬兰的芬兰人党竞相上台执政;另一方面,新生的民粹主义政党也不断涌现,如德国的选择党、西班牙的"我们能"党等。

德国政治学家菲利普·曼诺(Philip Manow)将欧洲的民粹主义政党按照地理分布进行了分类。第一种是北欧国家,包括瑞典、芬兰和丹麦等国,这些国家的高福利制度化解了全球化带来的分配失衡问题,但也吸引了大量难民和移民,导致国内民众对后者争夺社会资源的不满。这些国家出现的基本是右翼民粹主义政党,反对移民、反对欧盟、反伊斯兰,其冲突点不在于就业市场或自由贸易,而是跨境人员流动。第二种是西欧国家,包括法国、德国、比利时、荷兰、卢森堡、英国和爱尔兰等。西欧国家全球化和自由贸易程度高,同时福利政策没有那么慷慨,就业市场灵活,外来移民多。这些国家出现的基本上也是右翼民粹主义政党,反对移民政策,疑欧盟和反欧盟情绪强烈,冲突点在于就业市场竞争带来的矛盾,尤其是低收入人群反对欧盟的人员流动政策。第三种是南欧国家,包括意大利、希腊、西班牙等国。南欧经济模式偏向本土需求,贸易保护主义色彩较浓,加入欧元区后又失去了货币政策的经济调节手段,同时国家实行慷慨的福利政策,但移民无法享受国家的社会保障政策。南欧兴起的主要是左翼民粹主义政党,在欧洲债务危机后,这些政党很快进入议会。冲突点主要是资本和商品自由流动带来的分配矛盾,人们对经济和就业形势不满,抗议欧盟剥夺了国家的货币主权。第四种是中东欧国家。这些国家经济发展水平和福利水平都较低,一方面通过低工资低税收吸引外来投资,一方面向富裕国家输出工作移民,出现的多是右翼民粹主义,抵制外来移民,如波兰的法律与公正党、匈牙利的青年民主主义者联盟。[91]

菲利普·曼诺对欧洲民粹主义的地理划分,为我们整体上了解欧洲民粹主义政党兴起的原因和分布提供了有用的指导。在现实中,被打上"民粹主义"标签的政治势力和政治人物千差万别,同时处于政治光谱的左右两翼。左右翼的民粹主义政党广泛存在于欧洲,甚至同时存在于一个国家内部。具体来说,有影响力的民粹主义政党,在英国,有右翼的独立党、脱欧党(现改名为改革党),同时也有左翼的工党领袖科尔宾的竞选运动;在法国,既有左翼的"不屈的法国",也有右翼的国民阵线(已改名为国民联盟);在德国,是右翼的另类选择党;在希腊,有明确表示自己受到公认的民粹主义者委内瑞拉前总统查韦斯和拉美"粉红色浪潮"鼓舞的左翼阵线;在西班牙,是左翼的"我们能"党;在意大利,右翼的北方联盟(现已改名为联盟党)在经济相对开放、发达的北方活跃,左翼的五星运动则在经济相对封闭和落后的南方势力更大。在北欧国家,民粹主义政党包括右翼的瑞典的民主党、丹麦的人民党和进步党、挪威的进步党,左翼的芬兰的芬兰人党和昙花一现的冰岛的公民运动。在与欧洲有着完全不同政治传统和选举制度的美国,民粹主义政党虽然很难生存,但在 2008 年金融危机之后,带有民粹主义色彩的势力也开始以各种形式活跃于政党政治之中。左翼的包括如自称"进步民粹主义者"的民主党候选人伊丽莎白·沃伦、被视为左翼民粹主义的"占领华尔街"运动、美国的民主党人伯尼·桑德斯,右翼的则有历史上的麦卡锡主义者、乔治·华莱士和他的追随者、以约翰·伯奇协会为代表的激进保守主义、最近兴起的"茶党"运动,以及特朗普现象。

哈佛大学政治学教授皮帕·诺里斯主持了一项"全球政党调查"研究,对全球各类政党的意识形态价值观和对相关议题所持的立场进行评估,提出了一套新的用于评估政党对民粹主义修辞使用程度的方法。他将衡量政党是否使用民粹主义的修辞分为两个维度,一个是经济价值观方面的左右之分,一个是社会价值观方面的自由主义与保守主义之分。根据他的研究,使用民粹主义修辞的政党遍布整个经济光谱。比例最高的是持保守主义的社会价值观,同时奉行右翼经济价值观的民粹主义政党(比例为 46%),符合标准的"激进右翼"概念框架。但同样也有许多政党在经济和福利制度方面倾向于左翼的社会主义,例如支持在福利制度和医疗保障以及再分配方面的慷慨支出,并在基督教和移民等方面的社会价值观非常传统。相比之下,持有自由主义的社会价值观的民粹主义政党则较少,无论其在经济价值观方面是左翼还是右翼。在美国和西欧国家,比较常见的是民粹主义与"激进右翼"政党之间的传统联系,但在该地区也有一些重要的例外。仅有少数民粹主义政党同时支持自由主义的价值观和左翼社会主义的经济政策,例如西班牙的"我们能"党、希腊的激进左翼联盟和美国伯尼·桑德斯的竞选运动。[92]

这些同时处于经济和社会价值观左右两翼的政党,之所以被同时归到民粹主义政党的大家族中,是因为它们具备"民粹主义"的共同特征。首先,民粹主义政党将矛头对准精英阶层,认为正是现在的精英阶层造成国家的衰败。几乎所有的民粹主义政党都认为传统的执政党、政府和建制派辜负了人民的期望,政客不为人民着想,只在乎如何为自己谋私利。法国国民阵线自成立以来,就有着强烈的反建制主张,认为政党、国家的政府机构、媒体、大学和金融机构都不值得信任。精英,尤其是那些位居政治机构的精英,是腐败且愚蠢的,真正的智慧只存在于"普通人"身上。德国选择党在其党纲中明确表明了对精英群体的否定,这个群体就是德国社会的主流政党,他们在德国选择党的纲领中变成了"腐败的精英"。"在德国已经形成一个由职业政客构成的政治阶层,他们关心的是自己的权力、地位和物质上的幸福。这是一个拒绝民众参与政治共决的政治卡特尔……","议员的游说活动已经在一定程度上威胁到了我们的民主……许多议员利用他们的政治授权开展有利可图的行动,从而达到其个人目的","对于我们民主的最大伤害是,这些行动大部分是黑暗的,甚至是腐败的"。[93]瑞典民主党宣扬反建制,认为瑞典精英集团推行的文化多元主义实质上是向其他文化尤其是伊斯兰文化让步,会导致瑞典的民族特征趋于消失,瑞典左翼政党和右翼政党都是同样虚伪。挪威进步党和丹麦进步党最初都反对税收,认为政府通过税收剥削民众。冰岛公民运动也曾明确提出"反建制"的口号,认为冰岛的政治体制、政治家和银行家应当对金融危机的爆发及其影响负责,批评冰岛的国会议员只关注扩大自己的资本,而不关心国家利益。该党在竞选中的口号是"让我们把人民带进国会"。[94]

2011年9月,美国爆发"占领华尔街"运动,波及上千个城市。运动的组织和民众政治诉求十分明确:改变美国不公平不合理的政治经济制度。示威者将不满对准深陷贫富悬殊、金权交易、党派恶斗、战争泥淖的美国政治经济制度和社会体系。维持这一体系运作的,正是美国的精英阶层。这一活动的中心华尔街就是美国精英阶层的代表。在两党方面,伯尼·桑德斯多年来呼吁要同超级富豪和权势公司较量,改变现行的税收制度,直面美国的统治阶级。虽然连续两次以民主党候选人的名义参加总统竞选,但桑德斯毫不掩饰他对民主党的不满,认为民主党脱离了工人阶级,共和党更是超级富豪的同盟军。特朗普第一次竞选总统时,也将矛头直指华盛顿的建制派。在2016年10月22日于葛底斯堡公布的竞选纲领中,特朗普明确提出了五个方面的反建制诉求,限制国会议员任期、减缓"旋转门"流动、清除利益集团等举措是打击代议机构,冻结雇佣联邦雇员和建立新规制则是打击官僚机构。[95]

其次,民粹主义政党认为只有通过人民以及诉诸人民的直接参与,才能改变国家的衰败现象,它们才是人民的真正代表。民粹主义政党频繁使用"民主"的概念,宣称人民的意愿高于任何其他标准,认为直接民主允许人们参与政策的制定,间接民主或代议制民主则是强迫人民授权于代表,使人民与政策的制定过程相分离。为了实现真正的民主,就必须尽可能主张全民公投,并用这种形式来实现直接民主。类似的论调在法国国民阵线历史上的两位领导人老勒庞和玛丽·勒庞的言论中经常出现。德国选择党在其党纲第一章"民主和基本价值观"里提出,德国要向瑞士学习,实行直接民主,即全民公决制度,"我们想赋予民众以越过议会自行决定宪法的权力","基本法的更改和重要国际条约的缔结都要在民众同意的框架下进行","目前在一些社会问题上,德国面临着根本的社会分歧。没有民众的直接参与和协商,政府不能也无权承担这方面的责任。像瑞士一样在德国引入全民公决是选择党与其他政治联盟不可谈判和协商的内容"。[96]西班牙的"我们能"党走得更远,在党的运作上采取了与传统科层制有所不同的平行组织的民主形式,党的基层被称为"圈子",与该党的前身"愤怒者运动"的"社区会议"相类似,在西班牙全国范围大约有1 000多个。"我们能"党的核心话语是"参与",奉行自下而上的民主,"圈子"中的每个人都可以参与讨论和修订党的方案,并在网络上对相关议题进行投票,通过"圈子"进行党内选举。"我们能"党还利用在线工具Loomio作为决策平台,进行党的在线讨论和交流。目前全球超过一半的Loomio用户实际上都是"我们能"党的活动圈和地方组织。

在美国,"占领华尔街"运动的参与者呼喊着"我们代表99%""华尔街需为一切危机负责""将金钱踢出选举""要工作,不要战争""现在就革命""重塑美国"等口号,目标直指华尔街毫无节制的贪婪、美国政府不负责任的放纵,以及民生维艰的萧条现状。运动的参与者坦言:"组织这些抗议活动就是要告诉民众,美国的体制已经行不通。"活动发起者则将其与"中东、北非'革命'"相提并论,明确表示"跟我们在埃及、希腊、西班牙和冰岛的兄弟姐妹一样,恢复美国的民主"。针对美国社会关于运动目标是什么的质疑,抗议者表示"占领"本身形成一场对体制反思的运动,战略的过程就是一种民主实践。抗议者表示,没有人可以代表他们。这种论调表达的是对直接参与的呼吁。

民粹主义政党改变了传统的政党竞争格局,使得西方国家政党政府的不确定性增加。第二次世界大战后,由于美国和西欧发达国家长期保持经济繁荣,阶级结构相对稳定,政党竞争的格局总体上也保持稳定。虽然美国的民主党和共和党各自拥有的地盘有所改变,但两党牢牢掌握政权的权力格局一直非常稳定。很少有两党权力结构以外的政治势力能够对这种权力格局进行挑战。在欧洲,政党政治是左翼和右翼之间的较量。因此,从表面上看,美国的两党制和欧洲国家的多党制存在明显区别,但实际上都是两大政治集团轮流执政。前者,这两大政治集团是以单个政党的形式表现出来的,后者则是由多个政党共同组成的,在集团内部,政党相对稳定,政策主张比较接近,能够长期保持合作并形成稳定的政治同盟。由于存在这种相对稳定的政治集团,西方国家的政府在较长时间里能够保持稳定。更重要的是,稳定的政党竞争格局带来了相对稳定的社会预期。政党政府的政策通常来说不会出现剧烈的摇摆和调整。随着民粹主义政党的出现,主流政党的得票率和议会席位下降,政府的稳定性被打破,政府构成和政策的不确定性都在上升。

以英国为例,"独立党"在欧洲议会选举中的得票使得退出欧盟成为各党必须回应的重要话题。2016 年,英国通过全民公决脱离欧盟。如果没有民粹主义政党的压力,很难想象英国会作出退出欧盟这样的重大决策。在欧洲大陆,民粹主义政党势力强大到甚至打破了传统主流政党的垄断地位,上台组阁。1998 年,维克托·欧尔班(Viktor Orbán)领导的匈牙利"青年民主主义者联盟"上台,成为战后欧洲第一个主政的民粹主义政党。2010—2022 年,维克托·欧尔班带领"青民盟"连续执政 12 年后再次连任。2016 年,西班牙左翼的民粹主义政党"我们能"依靠数字技术快速崛起,打破了西班牙几十年来左右翼政党轮流执政的格局,花费了一年多时间,多党内阁才组建成功。但新政府没能维持多久,2019 年 4 月议会提前大选,在政治僵局下未能产生新一届政府,西班牙不得不在年内举行了两次选举。在 2019 年 11 月的选举中,另一个右翼的民粹主义政党"呼声党"(Vox)成为议会第三大党,经过数月谈判,西班牙终于组成由桑切斯领导的工人社会党为核心、联合"我们能"党的大政府,新政府4名副首相中的3名来自工人社会党,另一人为"我们能"党领导人伊格莱西亚斯。在法国2014年欧洲议会选举和2015年大区选举首轮投票中,玛丽·勒庞领导的"国民阵线"得票率都超过了左翼的社会党和右翼的共和党。在2017年法国总统选举中,勒庞进入第二轮投票。社会党和共和党为阻止勒庞当选,不得不联合支持作为"第三方"的新人马克龙。在2017年德国议会选举中,"选择党"分散了议会的大量席位,默克尔耗时5个月才重组中右和中左合作的"大联合政府"。

当前西方各国民粹主义政党的地位不同,与这些政党选举的结果息息相关。有些民粹主义政党地位相对稳定,有的政党则变动很大。从历次选举结果来看,民粹主义政党的势力变化与选举周期内该国的政治经济和社会状况有关。但从长期来看,民粹主义政党能否彻底改变一国传统的政党竞争结构,甚至能否自我革新、与传统主流政党靠拢,也与各国的制度环境密切相关。与简单多数选举制度相比,在比例代表制下民粹主义者政党更有可能长期存在;与总统制国家相比,议会制国家的民粹主义政党更有可能影响政府的组成和政策;与中央集权的国家相比,地方拥有更大自治权的国家的民粹主义政党,更有可能借巩固地方势力来维持其在全国的影响力。有研究认为,西欧民粹主义政党的影响力和影响方式很大程度上是由该国政党制度决定的。在极端的多党制国家,民粹主义政党直接上台执政,在这种政党制度下,执政党也面临更大的制约,典型的如意大利。在温和的多党制国家,民粹主义政党通过选举和议会发挥影响力,但由于自身形象存在争议,在组阁和议会中受到排斥。为了获得更多选票和议席,民粹主义政党面临着"去极端化"和"全民化"的压力,典型的如德国和法国。在两党制国家,较高的当选门槛导致民粹主义政党很难在议会站稳脚跟,更不用说参与领导人之争,因而街头动员是民粹主义政党发挥影响的主要手段,典型的如英国。[97]

即使民粹主义政党在各国的影响方式不同,但它们都挤压了传统主流政党的政策空间,迫使西方主流政党传统的政策立场发生改变。

例如在德国,默克尔政府在叙利亚难民危机后坚定维护接收难民的政策,但在民粹主义政党坚定的反移民立场的动员下,德国社会的排外情绪不断上升,政府不得不在 2018 年以后转变为主张限制入德的移民和难民数量。甚至在英国这样民粹主义政党几乎无法在议会发挥有组织作用的国家,民粹主义政党所引发的社会运动也迫使保守党和工党在"脱欧"问题上做出回应。保守党前首相卡梅伦本人尽管不支持"脱欧",但为了团结党内众多的"疑欧派"并与独立党竞争,仍然被迫提出"脱欧"公投,英国最终退出欧盟。在美国,民粹主义者虽然无法成立自己的政党来参加选举,但通过与主流政党合流,迫使传统的两大党不得不调整自己的政策。被称为"民主社会主义者"的伯尼·桑德斯虽然以民主党身份参加总统选举,但其政策主张和民主党建制派有明显区别。桑德斯竞选纲领的最大特征是他对全民福利的强调,包括全民医疗保险、提高最低工资、免费高等教育等计划。这些方案在美国政治光谱中都是非常激进的。比如,桑德斯的医保方案,要比奥巴马在任时致力推动的"奥巴马医保"更为激进。桑德斯把左翼民粹主义策略和民主社会主义纲领组合在了一起,带动了美国民主党内进步势力的扩大。[98]特朗普效应也让美国的共和党经历了大分裂。

尽管常常与左翼或右翼意识形态相结合,但民粹主义在思想谱系上既不属于"左",也不属于"右"。相反,民粹主义的高涨意味着传统的"左""右"政治话语的衰落。[99]虽然表面上很多民粹主义者的主张与保守主义有相似之处,也推崇保守主义的某些价值观如权威、传统,但保守主义保守的正是自由主义的传统,民粹主义在根本上则是反自由和反多元主义的。同样,一些民粹主义政党推崇更大程度的平等,但他们又将一部分"人民"从共同体中驱逐出去,声称"民主"却在实质上可能引发"专制"。[100]从历史上看,民粹主义政党从未像今天这样对西方国家的政党政治构成巨大的挑战。在第二次世界大战后的漫长时间里,西方的主要政党不断调整自身意识形态,基于阶级的左右分野的政党制度建立起来,民粹主义政党的发展壮大扩大了基于种族—文化的社会价值观的自由和保守的分野。这种新的政党竞争维度会将西方政党政治带向何方还未可知。同时,民粹主义政党依然认同投票是通过政府过程的合法路径，但他们对代议制的不信任和对更直接的民主的呼吁，究竟未来对西方民主政治有何影响，也是不确定的。

本 章 小 结

政党在现代国家政治生活中发挥着重要作用。政党组建政府，政党政府制定并执行政策，政党政治决定着国家治理的成效。西方国家的政党在历史上曾经是为促进公共福祉而形成的组织，政党政府也被认为是代表多数人的政府。这套以政党及其自由竞争为核心的民主制度在第二次世界大战后稳固下来，并一度被认为是历史的终极形态。进入 21 世纪，在资本、族群和技术的多重作用下，政党、政党政府、政党政治的地位、功能都在不同程度上发生改变。从政党自身来看，政党的吸引力和公信力在下降，政党之间的对立在加剧，政党的代表性出现危机；从政党政府来看，政府制定符合国家长远利益的公共政策的能力在下降，政府应对经济、社会发展需求和挑战的能力削弱了，政党政府的治理有效性出现危机；从政党政治来看，政党政治维持现存制度正常、健康运转的机制衰退，民主制度在倒退。

政治极化，身份政治、民粹主义是近年来西方政党政治中令人瞩目的新动向。政治极化广泛存在于政党政治中，涉及政党的意识形态、政策纲领、政党政府的构成及其政策制定。政治极化还广泛存在于政党活动的一切公共空间，包括社会、大众传媒。在一些国家，政治极化还从政治过程蔓延到司法领域。政治极化不仅累积了相互怀疑和不信任，而且扩大了对立和分裂，使社会更加难以达成妥协和形成共识。身份政治驱动政党使用那些不能重叠、相互冲突的身份进行政治动员，不仅将社会分裂成若干个身份集团，而且使政党失去了弥合身份集团之间的差距、制造共识的能力。身份政治驱动下的政党政治将复杂的经济和社会议题简单归结为身份差异，回避了严肃的政治辩论，从而降低了公共政策的质量。民粹主义的兴起则不仅人为地制造"人民"与"精英"的对立，而且反建制、反自由、反多元、反代议制，甚至反政党，这与代议制民主存在天然的冲突。在民粹主义冲击下，西方政党政治的稳定性遭到破坏。无论从上述哪个方面来看,当代西方政党政治都面临着前所未有的挑战。

注释

1. Paul DiMaggio, John Evans and Bethany Bryson, "Have Americans' Social Attitudes Become More Polarized?" *American Journal of Sociology*, 1996, 102:690—755.

2. [美]罗伯特·达尔:《多头政体》,谭君久译,商务印书馆 2003 年版。

3. Jennifer McCoy, Tahmina Rahman and Murat Somer, "Polarization and the Global Crisis of Democracy: Common Patterns, Dynamics, and Pernicious Consequences for Democratic Polities", *American Behavioral Scientist*, January 2018, 62(1):16—42.

4. Keith T. Poole and Howard Rosenthal, "The Polarization of American Politics", *The Journal of Politics*, Vol.46, No.4(Nov., 1984), pp.1061—1079.

5. Patrick J. Buchanan, Address to the Republican National Convention, delivered 17 August 1992, Houston, Texas, https://www. americanrhetoric. com/speeches/patrickbuchanan1992rnc. htm.

6. David W. Rohde, *Parties and Leaders in Postreform House*, University of Chicago Press, 1991; Nolan McCarty, Keith T. Poole and Howard Rosenthal, *Polarized America: The Dance of Ideology and Unequal Riches*, The MIT Press, 2006.

7. Morris Fiorina, Samuel J. Abrams and Jeremy C. Pope, *Culture War? The Myth of Polarized America*, 1st edtion, Pearson Longman, 2004.

8. Morris P. Fiorina and Samuel J. Abrams, "Political Polarization in the American Public", *The Annual Review of Political Science*, 2008, 11:563—588.

9. Abramowitz, Alan I., and Kyle L. Saunders, "Ideological Realignment in the U.S. Electorate", *Journal of Politics*, 1998, 60(3):634—652.

10. Alan I. Abramowitz and Kyle L. Saunders, "Is Polarization a Myth?" *The Journal of Politics*, Vol.70, No.2(Apr., 2008), pp.542—555.

11. Levi Boxell, Matthew Gentzkow, Jesse M. Shapiro, "Cross-Country Trends in Affective Polarization", *The Review of Economics and Statistics*, 2022:1—60.

12. Drew Desilver, "The Polarization in Today's Congress Has Roots That Go Back Decades", March 10, 2022, https://www. pewresearch. org/fact-tank/2022/03/10/the-polarization-in-todays-congress-has-roots-that-go-back-decades/.

13. Shanto Iyengar, Sean J. Westwood, "Fear and Loathing across Party Lines: New Evidence on Group Polarization", 2015, Vol.59, No.3, pp.690—707.

14. Alan Abramowitz, "Don't Blame Voters for Polarization, " *The Forum: Politics of Presidential Selection* 5, no. 4 (2008), https://themonkeycage. org/wp-content/uploads/2008/01/Abramowitz.Primary.Voters.pdf.

15. Ibid.

16. Alan I. Abramowitz &. Morris P. Fiorina, "Polarized or Sorted? Just What's Wrong with Our Politics, Anyway?" *American Interest*, March 11, 2013, https://www. the-american-interest. com/2013/03/11/polarized-or-sorted-just-whats-wrong-with-our-politics-anyway/.

17. [美]保罗·罗伯茨:《冲动的美国》,鲁冬旭等译,中信出版社 2021 年版,第

202 页。

18. Mark Jurkowitz, Amy Mitchell, Elisa Shearer and Mason Walker, *U.S. Media Polarization and the 2020 Election: A Nation Divided*. Pew Research Center, January 24, 2020, https://www.pewresearch.org/journalism/2020/01/24/u-s-media-polarization-and-the-2020-election-a-nation-divided/.

19. *Environmental Protection Rises on the Public's Policy Agenda as Economic Concerns Recede*. Pew Research Center-U.S. Politics & Policy. February 13, 2020.

20. Deja Thomas and Juliana Menasce Horowitz, *Support for Black Lives Matter Has Decreased Since June But Remains Strong Among Black Americans*, September 16, 2020, https://www.pewresearch.org/fact-tank/2020/09/16/support-for-black-lives-matter-has-decreased-since-june-but-remains-strong-among-black-americans/.

21. Moisés Naím, "The winner of the US election? Polarization", *Elpais*, November, 24, 2020, https://english.elpais.com/the_global_observer/2020-11-24/the-winner-of-the-us-election-polarization.html.

22. David French, "It's Clear That America Is Deeply Polarized. No Election Can Overcome That", *Times*, November 4, 2020. https://time.com/5907318/polarization-2020-election/.

23. https://www.wsj.com/graphics/polarized-presidential-elections/.

24. B. Arpino, A. V. Obydenkova, "Democracy and political trust before and after the great recession 2008: the European Union and the United Nations", *Social Indicators Research*, No.148, 2020, pp.395—415; Liesbet Hooghe, Gary Marks, "A postfunctionalist theory of European integration: from permissive consensus to constraining dissensus," *British Journal of Political Science*, Volume 39, Issue 1, January 2009, pp.1—23. C. Kreuder-Sonnen, "An authoritarian turn in Europe and European Studies?" *Journal of European Public Policy*, Vol. 25, Issue 3, 2018, pp.452—464.

25. Markus Pausch, *Polarisation in pluralist democracies. Considerations about a complex phenomenon. European Forum for Urban Security*, Paris, 2020, https://efus.eu/de/topics/%activity%/20040/.

26. Markus Pausch, "The Future of Polarisation in Europe: Relative Cosmopolitanism and Democracy," *European Journal of Futures Research*, 2021 9:12.

27. P. Warwick, *Government Survival in Western European Parliamentary Democracies*, Cambridge University Press, 1994, p.3.

28. Andres Reiljan, "Fear and Loathing Across Party Lines' (also) in Europe: Affective Polarisation in European Party Systems," *European Journal of Political Research*, Volume 59, Issue 2, May 2020, pp.376—396.

29. Jörg Hebenstreit, "Voter Polarisation in Germany: Unpolarised Western but Polarised Eastern Germany?" *German Politics*, Apr. 2022.

30. Eelco Harteveld, Markus Wagner, "Does affective polarisation increase turnout? Evidence from Germany, The Netherlands and Spain," *West European Politics*, 30 Jun 2022.

31. A. Abedi, *Anti-Political Establishment Parties. A Comparative Analyses*, Routledge, 2004, p.12.

32. Fernando Casal Bértoa, José Rama, "Polarization, What Do We Know and What Can We Do About It?" *Frontiers in Political Science*, 30 June 2021.

33. Ibid.

34. Ibid.

35. 孔元:《身份政治:文明的冲突与美国的分裂》,《中国图书评论》2017 年第 12 期, 第 59—68 页。

36. D. Horowitz, *Ethnic Groups in Conflict*, University of California Press, 1985; Anthony D. Smith, *National Identity*, University of Nevada Press, 1991; Francis M. Deng, *War of Visions: Conflict of Identities in the Sudan*, Brookings, 1995; David D. Laitin, "Somalia: Civil War and International Intervention", In Barbara F. Walter and Jack Snyder, *Civil War, Insecurity, and Intervention*, Columbia University Press, 1999.

37. Howard J. Wiarda, *Political Culture, Political Science, and Identity Politics: An Uneasy Alliance*, Ashgate Publishing Company, 2014.

38. Kristen Renwick Monroe, et al., "The Psychological Foundations of Identity Politics", *Annual Review of Political Science*, Vol. 3, 2000, pp. 419—447; David D. Laitin, *Identity in Formation: The Russian-Speaking Populations in the New Abroad*, Cornell University Press, 1998; Marc Howard Ross, *Cultural Contestation in Ethnic Conflict*, Cambridge University Press, 2007.

39. Charles Taylor, *The Sources of the Self: The Making of the Modern Identity*, Harvard University Press, 1989; Will Kymlicka, *Multicultural Citizenship: A Liberal Theory of Minority Rights*, Clarendon Press, 1995.

40. Richard Thompson Ford, "Political Identity as Identity Politics", *Unbound: Harvard Journal of the Legal Left*, Harvard Law School, Vol. 1: 53—57, Nov. 2005.

41. Howard J. Wiarda, *Political Culture, Political Science, and Identity Politics: An Uneasy* Alliance, Ashgate Publishing Company, 2014.

42. [美]塞缪尔·亨廷顿:《谁是美国人? 美国国民特性面临的挑战》,程克雄译,新华出版社 2010 年版,第 161 页。

43. "Democratic debate broadcast in Spanish", https://www.nbcnews.com/id/wbna20677525.

44. Mark Lilla, *The Once and Future Liberal: After the Identity Politics*, Harper, 2017.

45. [美]塞缪尔·亨廷顿:《谁是美国人? 美国国民特性面临的挑战》,第 230 页。

46. Vanessa Williamson, Theda Skocpol and John Coggin, "The Tea Party and the Remaking of Republican Conservatism", *Perspectives on Politics*, 2011, Vol. 9, No. 1, pp. 25—43.

47. Howard J. Wiarda, *Political Culture, Political Science, and Identity Politics: An Uneasy Alliance*, Routledge, 2014.

48. Lise Esther Herman and James Muldoon, *Trumping the Mainstream: The Conquest of Democratic Politics by the Populist Radical Right*, Routledge, 2018, p. 152.

49. [德]伊万·克拉斯特夫:《多数的未来》,载[德]海因里希·盖瑟尔伯格编:《我们时代的精神状况》,孙柏译,上海人民出版社 2018 年版,第 118 页。

50. Howard J. Wiarda, *Political Culture, Political Science, and Identity Politics: An Uneasy Alliance*.

51. 陈金英:《美国政治中的身份政治问题研究》。《复旦学报(哲学社会科学版)》 2021 年第 1 期。

52. 同上文。

53. Bafumi, Joseph and Robert Y. Shapiro, "A New Partisan Voter", *Journal of Politics*, 2009, Vol.71, No.1, pp.1—24; Gary C. Jacobson, "The Electoral Origins of Polarized Politics: Evidence from the 2010 Cooperative Congressional Election Study", *American Behavioral Scientist*, 2012, Vol. 56, No. 12, pp. 1612—1630; Larry M. Bartels, "Partisanship and Voting Behavior, 1952—1996", *American Journal of Political Science*, 2000, Vol.44, No.1, pp.35—50.

54. Alan I. Abramowitz, "Long-Term Trends and Short-Term Forecasts: The Transformation of US Presidential Elections in an Age of Polarization", *Political Science & Politics*, 2014, Vol.47, No.2, pp.289—292.

55. John Sides, Michael Tesler and Lynn Vavreck, *Identity Crisis: The 2016 Presidential Campaign and the Battle for the Meaning of America*, Princeton University Press, 2018, p.133.

56. Ibid.

57. 陈金英:《美国政治中的身份政治问题研究》。

58. J. D. Fearon, D. D. Laitin, "Violence and the Social Construction of Ethnic Identity", *International Organization*, 2000, Vol.54, No.4, pp.845—877; P. Brass, *Theft of Idol*, Princeton University Press, 1997.

59. S. L. Woodward, *Balkan Tragedy: Chaos and Dissolution after the Cold War*, Brookings Institution, 1995.

60. L. A. Coser, *The Functions of Social Conflict*, Free Press, 1956; G. Simmel, *Conflict: The Web of Group-affiliations*, The Free Press, 1955.

61. 陈金英:《美国政治中的身份政治问题研究》。

62. John Sides, Michael Tesler and Lynn Vavreck, *Identity Crisis: The 2016 Presidential Campaign and the Battle for the Meaning of America*, p.143.

63. [德]阿尔君·阿帕杜莱:《民主的疲劳》,载[德]海因里希·盖瑟尔伯格编:《我们时代的精神状况》,第19页。

64. [加拿大]威尔·金里卡:《少数的权利:民族主义、多元文化主义和公民》,邓红风译,上海译文出版社2005年版,第69页。

65. Stacey Y. Abrams, John Sides, Michael Tesler, Lynn Vavreck, Jennifer A. Richeson, and Francis Fukuyama, "E Pluribus Unum? The Fight Over Identity Politics", *Foreign Affairs*, March/April 2019, https://www.foreignaffairs.com/articles/2019-02-01/stacey-abrams-response-to-francis-fukuyama-identity-politics-article.

66. [英]埃里克·霍布斯鲍姆:《极端的年代》,郑明萱译,江苏人民出版社1999年版,第639—642页。

67. Mark Lilla, *The Once and Future Liberal: After Identity Politics*.

68. 吉迪恩·拉赫曼:《"身份认同政治"不可取》,英国《金融时报》,2018年4月20日。

69. Mark Lilla, *The Once and Future Liberal: After Identity Politics*.

70. [美]弗朗西斯·福山:《信念式国民身份——应对身份政治带来的民主危机》,《国外社会科学前沿》2019年第11期。

71. 陈金英:《美国政治中的身份政治问题研究》。

72. J. B. Allcock, "'Populism': A Brief Biography", *Sociology*, 1971, Vol.5, No.3, pp.371—387.

73. Cas Mudde, "The Populist Zeitgeist", *Government and Opposition*, 2004, Vol.39, No.4, p.543.

74. K. Weyland, "Clarifying a Contested Concept：Populism in the Study of Latin American Politics", *Comparative Politics*, Volume 34, Issue 1, 2001, pp.1—22.

75. Steven Levitsky and Kenneth M. Roberts, *The Resurgence of the Latin American Left*, John Hopkins University Press, 2011, p.67.

76. Carlos De La Torre, *Populist Seduction In Latin America：The Ecuadorian Experience*, Ohio University Press, 2000, p.4.

77. M. Kazin, *The Populist Persuasion：An American History*, Cornell University Press, 2017, p.3.

78. 郎友兴、吕鸿强：《民粹主义：概念界定方法之比较》，《理论与改革》2020 年第 4 期。

79. ［德］扬·维尔纳·米勒：《什么是民粹主义》，钱静远译，译林出版社 2020 年版，第 25 页。

80. 同上书，第 26 页。

81. 同上书，第 59—61 页。

82. 同上书，第 74 页。

83. 参见 Daniel Steinmetz-Jenkins, "The Logic of Populism," *Dissent*, Vol. 64, No.2, Spring 2017。

84. 丛日云：《为新兴右翼保守派量身定做的民粹主义概念——对米勒民粹主义理论的批评》，《教学与研究》2021 年第 2 期。

85. 俞可平：《现代化进程中的民粹主义》，《战略与管理》1997 年第 1 期。

86. Daniele Albertazzi and Duncan McDonnell（eds.）, *Twenty-First Century Populism*, Palgrave Macmillan, 2008, pp.217—223.

87. Pippa Norris and Ronald Inglehart, *Cultural Backlash：Trump，Brexit，and Authoritarian Populism*, Cambridge University Press, 2018.

88. 房宁、涂锋：《当前西方民粹主义辨析：兴起、影响与实质》，《探索》2018 年第 6 期。

89. ［美］丹尼·罗德里克：《全球化的悖论》，廖丽华译，中国人民大学出版社 2011 年版。

90. 俞可平：《现代化进程中的民粹主义》，《战略与管理》1997 年第 1 期。

91. Philip Manow, *Die Politische Ökonomie des Populismus*, Suhrkamp Verlag AG, 2018. pp.59—63, 66—67, 105—106, 112.

92. ［美］皮帕·诺里斯：《全球民粹主义测量》（上），岳春颖、王大鹏译：《国家现代化建设研究》2022 年第 3 期；《全球民粹主义测量》（下），《国家现代化建设研究》2022 年第 4 期。

93. Alternative für Deutschland, Programm für Deutschland. Das Grundsatzprogramm der Alternative für Deutschland, Beschlossen auf dem Bundesparteitag in Stuttgart am 30.04/01.05.2016, S.15, S.25, S.11, 转引自王琳：《从民粹主义视角解读德国选择党的崛起与走向》，《国外理论动态》2020 年第 6 期。

94. 任志江、王卓欣：《欧洲国家政党民粹化问题研究——以北欧地区民粹主义政党为例》，《国外社会科学》2022 年第 1 期。

95. 肖河：《美国反建制主义和特朗普政策》，《国际政治科学》2017 年第 2 期。

96. Alternative für Deutschland, Programm für Deutschland. Das Grundsatzprogramm der Alternative für Deutschland, Beschlossen auf dem Bundesparteitag in Stuttgart am 30.04/01.05.2016, S.14—17, 转引自王琳：《从民粹主义视角解读德国选择党的崛起与走向》，《国外理论动态》2020 年第 6 期。

97. 钟准：《不同政党制度下民粹主义政党的影响与局限》，《当代世界与社会主义》2020年第1期。

98. 高建明、刘鑫：《民粹主义兴起后美国左翼的演变》，《当代世界社会主义问题》2022年第3期。

99. 柳亦博：《自由民主与民粹主义的共生、异变及民主改良》，《天津社会科学》2022年第3期。

100. 〔美〕罗伯特·达尔：《民主及其批评者》，曹海军、佟德志译，中国人民大学出版社2016年版，第113页。

第六章

政党寻求出路

20世纪六七十年代以来,"政党衰落"就成为西方政治学界争论的话题。自20世纪90年代以来,西方政党面临危机这一说法也已经是老生常谈。当前欧美各国,政党除了面临党党员数量减少、支持率下降等问题外,还面临着极端主义政党兴起的挑战。政党政府应对政治极化、社会经济发展的不力,进一步损害了政党在公众中的形象和地位。事实上,西方政党在面临来自内外的冲击时也尝试转向国家和社会,寻求通过改革来提升自身地位。但历史的经验证明,到目前为止,没有证据表明政党成功找到了出路。

第一节　政党最初的反应:转向国家

虽然政党处于危机一类的说法已经存在几十年了。但从现实来看,政党在西方国家民主制度中的地位从未动摇过。人们几乎无法想象没有政党的民主。那些政党最激烈的批评者,无论是政客还是公民团体或是政治运动,一旦进入政治并试图改变现状,也立刻成立了政党并以政党的身份进行活动。那么危机一说又从何而来呢? 今天人们对于政党的许多指责,包含了用历史上的政党模式来衡量今天的政党的错位。政党被期望发挥国家和社会之间桥梁的功能。从早期的由少数贵族组成的小俱乐部,到群众基础不断扩大演变为大众型政党,再到全方位政党、卡特尔政党、公司型政党等不同形式,大众型政党时期被认为是政党最好地发挥了国家和社会之间桥梁作用的时代。[1]

大众型政党是在工业革命的过程中诞生的,反映了工业化带来的社会结构变化。大众型政党宣称自己代表社会的某一阶级或群体并将其作为自己的社会基础。为了更好地与自己宣称所代表的社会联系在一起,大众型政党建立起了从上到下完整的组织结构,与工会、商会、教会、妇女、青年组织等各种社团结盟,还发展起了包括党报、党刊、休闲俱乐部等在内的各种与社会的沟通机制,以实现对社会的渗透,壮大自己的党员队伍,巩固和扩大社会基础。

到 20 世纪六七十年代,西方国家先后完成工业化,相继进入后工业化时代。在经济结构方面,第一、第二产业生产部门在国民经济结构中的比重不断降低,服务业和信息技术产业的比重逐步扩大。劳动力结构发生了改变,第一、第二产业就业人数萎缩。随着产业结构和劳动力结构的改变,西方国家的社会分层发生了显著变化,传统意义上的体力劳动者人数在不断减少,包括白领雇员、中小知识分子、自由职业者、专业技术人员等在内的新中间阶层扩大。建立在工业化时代社会结构基础上的大众型政党无法依靠原有的社会基础生存。与此同时,随着物质生活的富足,诸如环境保护、个人自由、自我价值等后现代主义的价值观更加受到人们的重视,建立在社会财富分配基础上的"左""右"意识形态的重要性下降,建立在工业化时代价值观基础上的大众型政党无法依靠原有的意识形态生存。

政党并不是被动的社会变革的产物。大众型政党在社会结构和价值观转型的过程中,也对自身进行了调整。这些调整包括淡化与特定阶级、阶层、团体之间的结盟关系,扩大群众基础,即淡化意识形态的差异。其中最具有典型性的莫过于德国的社会民主党。1959 年,德国社会民主党通过的《哥德斯堡纲领》放弃了马克思主义的分析方法,确立了一系列"中性"的理论和原则,公开声明:"社会民主党已经从一个工人阶级的政党变成了一个人民的政党。"[2] 1971 年通过的德国社会民主党组织章程开篇明确表示:"德国社会民主党是一个民主的人民党。它联合具有各种不同信仰和思想倾向的人,只要他们承认和平、自由、公正和团结,承认男女之间的社会平等和保护自然环境。"[3] 英国的工党在布莱尔的领导下,疏远了工会,加强了与工商界的联系,也开始变成一个全民党。类似的调整不仅发生在左翼政党,也同样适用于右翼政党。这种调整也推动了大众型政党向全方位政党的演变。相对于大众型政党，全方位政党不再是特定社会群体的利益代表，而是试图成为公民与国家之间的掮客、经纪人，更好地管理国家和服务公众。[4]全方位政党的出现是西方政党在外部社会结构变化的情况下的自我调试和反应。从组织结构上看，全方位政党延续了大众型政党的模式，但不再将其成员限定在特定社会群体，而是尽可能追求获得更大范围的选民，由此带来的结果就是政党的意识形态色彩弱化，政党以赢得选举为最高目标。

全方位政党以选举和执政为目标的发展模式为政党带来选举的成功。英国的工党、欧洲国家的社会民主党纷纷脱离了与工会的关系，转向更广泛的社会，为其连续执政创造了机会。然而随着时间的发展，全方位政党追求吸引更广泛选民的目标与党员人数不断下降的事实之间的差距越来越大。在欧洲 13 个老牌民主国家，党员绝对数量缩水比例为 13%，其中英国和意大利政党党员数量下降了 50%。[5]与此同时，随着选举变得越来越专业化，政党更多地依靠技术专家和专业人士而非党的基础组织和党员来竞选，党的组织变得空心化。这与后工业时代福利国家体系下的政治经济制度、后现代主义价值观共同作用，使公众对政党的认同不断下降。以立足全社会、包容全社会为导向的全方位政党最终变成了形似无根之萍的竞选机器。政党衰落、政党危机等说法也应运而生。

政党如何克服这种文化、社会经济发展带来的挑战？皮耶罗·伊尼亚齐(Piero Ignazi)认为，自 20 世纪 80 年代开始，西方政党分别朝两个方向移动。一是转向国家，寻求公共财政弥补党员流失、工会会费不断下降带来的收入赤字，同时通过立法的形式赋予政党法律地位。二是政党进一步开放自己的组织结构，通过选择候选人和领导人，为党员和支持者提供参与党内决策过程的机会。[6]这两种反应是相互关联的：政党脱离社会，不断转向国家，最终降低了政党在公众心目中的地位；当政党意识到缺少来自社会的授权，党的领导人就启动了一些向普通党员和公众"开放"党组织的改革。

政党通过公共财政来保证政党经费已经在第二章"资本与政党"中

讨论过,这里不再赘述。事实上,在资本的压力下,政党也在寻求自身的独立性,转向公共财政以克服对资本的依附地位是其中的举措之一。政党转向国家的另一面是政党法律地位的国家化。法律由议会通过,而议会由政党掌握,政党经由国家机器以法律的形式将自身的地位巩固下来。在一个人们对政党越来越不重视和不信任的时代,宪法化和受法律监管的实质为政党的存在提供一种保障。早期规范政党活动的法律通常被放在"选举法"框架下。如 1868 年《英国议会选举法》、1883年《防止腐败和非法行为法》以及进步主义时期美国围绕选举的立法。第二次世界大战之后,将政党纳入宪法规制是西方国家政治的一个发展趋势,例如最早可见于 1944 年冰岛宪法的第 31 条。宪法规定了政党的性质和地位、政党的原则和政党的运作方式。许多国家的宪法、选举法、人权法等法律都会涉及政党的法律渊源。到 20 世纪六七十年代,一些国家开始制定专门的政党法,规定政党的法律性质和地位、一般原则、内部结构、候选人的推选和资金的筹措和公开。德国在 1967年、芬兰在 1969 年、奥地利在 1975 年、葡萄牙在 1977 年、西班牙在1978 年都制定了专门的政党法。1991 年冷战结束后,一些新兴国家也先后制定了政党法。在 2000 年,英国也进行了专门的立法。

《德意志联邦共和国基本法》第 21 条专门对政党的法律地位进行了规定。第 21 条第 1 款规定,政党参与人民政治意愿的形成。政党的建立是自由的。政党内部组织须符合民主制度的各项原则。政党须公开说明其经费来源和使用情况以及财产状况。这是从宪法上明确了政党的法律地位。1967 年首次制定并多次经法律修订的德国《政党法》共分为八章,分别为总则、内部制度、提名参加选举的候选人、国家财政拨款、财务报告的发布、财务报告不实情况下的处理程序和处罚规定、对违反宪法政党执行党禁和补充条款。在总则中,《政党法》第 1 条"政党的法律地位和任务"第 1 款规定:"政党是自由、民主基本秩序在宪法上的一个组成部分,它们通过其自由而持久地参与人民的政治意志形成过程履行《基本法》赋予它们的并且由《基本法》保证的公共任务"。《政党法》从法律上还规定政党内部组织结构必须满足的条件,如政党必须有一份书面的章程和纲领,以及党的各级组织和党员的权利。作为政党靠近国家的最重要的部分,是《政党法》对于国家财政拨款的详细规定,例如第四章"国家财政拨款"第 18 条"国家财政拨款的基本原则和规模"第 1 款规定:"政党获得资金,作为履行《基本法》赋予其任务的部分融资。分配国家资助的标准取决于一个政党在欧洲议会选举、联邦议会选举和州议会选举中获得选票、党员缴纳的党费及议员缴纳的费用总和以及该党募集到的捐款的数额"。第 2 款规定:"允许向所有政党支出的国家资助的最高总额为每年 1.33 亿欧元(绝对上限)"。第 19 条 a 第 1 款规定:"德国联邦议会议长每年 2 月 15 日确定有资格获得国家资助的每个政党上一年度(权利年)的国家资助金额"。第 20 条第 1 款规定:"必须依照德国联邦议会议长确定的数额向有权获得国家资助的政党发放分期支付款项"。在某种意义上说,在德国,宪法和法律保障了政党作为参与人民政治意志的形成过程的法律地位。政党一方面是公民自由建立的私人团体,另一方面又被国家规定其内部必须服从民主原则、公开他们的财产、说明财产的来源和使用状态,法律甚至规定,如果政党损害或破坏自由民主的基本秩序、危及国家的安全,则被视为违宪,因而政党又成了一个公共实体。

《法兰西共和国宪法》第 4 条规定:"政党和政治团体协助选举表达意见。政党和政治团体可自由组织并从事活动,但须遵守国家主权和民主原则。政党和政治团体须依法律规定的条件协助实施宪法第 1 条第 2 款宣布的原则"。宪法第 1 条第 2 款宣布的原则就是平等参与权。法国《选举法》第五章(补)"选举经费的筹措与上限"第 52-11-1 条规定,候选人的竞选经费可以享受国家报销,报销比例为经费上限的 47.5%。但在首轮投票中得票低于总票数的 5%,候选人无法享受国家报销。

美国宪法制定时,政党还没有出现,因而宪法中没有任何有关政党的规定。但是美国《联邦选举法》明确规定了"选举"一词的定义:所有的大选、补选、初选和决选;有权提名候选人的政党代表大会和政党党团会议;为了选举产生参加政党全国提名大会的代表而举行的预选;以及为了表达对竞选总统职位的人选的提名偏好而举行的预选。这部法律就是一部规范政党参加竞选以及围绕竞选而展开的各种选举活动的法律。

在英国,1998 年的《政党注册法》(Registration of Political Parties Act, 1998)中并无严格意义上的政党法律定义。但是,任何政党想参与选举,就得向选举委员会登记。这无疑是在法律上确立了政党是唯一有权利组建政府的组织。2000 年的《政党、选举及全民公投法》在其正文前明确表示:"本法要成立选举委员会;要制定政党注册和资金的规定;要制定为政治目的的捐款和费用的规定;要制定选举和全民公投宣传活动及全民公投实施的规定⋯⋯"

除了上述这些老牌资本主义国家外,第二次世界大战后,欧洲国家相继出现政党宪法化活动,将政党与民主宪政制度明确结合在一起。具体来说,就是各国要么在宪法、选举法中明确对政党的法律地位进行确认,要么是单独对政党进行立法规定政党的组织与活动。由于将政党纳入国家宪法和法律框架,同时以法律的形式确保政党接受国家的资源,涉及政党的法律争端也不再由普通民事法院而是由国家宪法法院来裁决,政党也就从纯粹由私人组成的社会组织演变成国家的一部分。政党内部的财务制度、组织结构和决策结构,甚至政党候选人的选择标准,都由国家的法律来规定。这显然表明政党已经不再是纯粹的私人组织,而是半公共的甚至完全公共的机构。

此外,政党承担了越来越多的国家功能,最主要的是政治任命和官员遴选的功能。公务员制度的实施和政党分肥制的结束防止了政党政府的腐败。但随着政党不断进入国家,政党与国家之间的界限模糊,政党参与到分配国家资源权力的过程中。首先是在一些国家,表面上看似超脱党派立场的中立机构,其人事任免是政党在背后相互讨价还价的结果。像美国的最高法院大法官,在历史上曾以其独立性著称,现在也越来越受到党派侵蚀的影响,大法官的任命就是两党政治竞争的延续。在政府内部还不断出现一些新的机构,其任职者也常常由党的支持者来担任。其次是在政策方面也同样出现政党分配国家资源的情况。政党的许多政策在客观上符合国家的长期公共利益,但也有很多政策被掩盖在公共利益的幌子下,被用来奖励那些可识别的支持者。

1992 年,美国政治学家理查德・卡茨和爱尔兰政治学家彼得・梅尔在欧洲政治学研究学会(European Consortium for Political Research,

ECPR)上提交了题为《变化中的政党组织模式:卡特尔政党的出现》一文,首次提出卡特尔政党这一概念。此后,卡茨和梅尔共同编著了《政党组织:1960—1990 年西方民主国家政党组织数据手册》(1992 年)、《政党如何组织:西方民主国家政党组织的调整与变化》(1994 年)等著作,发表了《欧洲政党组织的演变:政党组织的三副面孔》(1994 年)、《变化中的政党组织模式与政党民主模式:卡特尔政党的出现》、《公共部门中政党的优势地位:20 世纪民主国家的政党组织变化》(2002 年)、《卡特尔政党理论的重新审视》(2009 年)等文章。卡特尔政党的概念和理论在学术界引起广泛的讨论,成为过去 30 年里西方政党研究领域最重要的概念和理论之一。

卡特尔政党理论的最重要特征就是将传统政党研究中的政党与社会关系转向政党与国家之间的关系。卡茨和梅尔将国家作为一个新的维度引入政党研究,认为从政党诞生时起,社会、国家和政党之间的关系就在不断发展变化,西方政党从干部型政党发展到大众型政党再到全方位政党的演变过程中,政党逐渐远离社会而趋近国家并成为国家机器的一个组成部分。[7]卡特尔政党的首要特征是政党与国家之间的关系密切。卡茨和梅尔指出,全方位政党的年代,政党与社会的关系受到侵蚀,政党从社会获得资源减少,转而依靠国家给予的资源。他们特别强调国家公共财政补贴对政党的意义,称之为“政党的运作环境中最重要的变化之一”。[8]此外,国家还向政党提供电视、广播等电子媒体资源等间接补贴。这些补贴以政党的实力(选举中的得票率或议席数目)为依据,因而对大党和老党有利。卡茨和梅尔指出,公共财政补贴制度的实行,使国家成为政党经费的重要提供者,表明政党、国家、社会三者的关系发生了重大的变化,政党从扎根于社会中的自治性组织向“准国家机构”转变,由个人自愿组成的团体朝着国家“公器”的方向变化。这些转变固然是社会结构和技术条件变化的结果,也是政党为适应环境而主动作出的选择,因为“不管我们谈论的是国家对政党的各种规定,还是《政党法》或者国家给予政党补贴的数额,我们所说的其实都是由议会作出的决定……因而也是由政党本身作出的决定”[9]。

卡特尔政党提出后,学术界也不乏质疑之声。批评者指出,西方各国主流政党之间仍然为掌握各级政府的权力而竞争，而且竞争的激烈程度仍在不断加剧，主流政党真的结成政治卡特尔了吗？即使主流政党确实希望结成政治卡特尔来垄断国家权力并排斥竞争者，它们能够成功地阻止新兴政党的崛起吗？[10] 围绕针对卡特尔政党理论的质疑和争议，卡茨和梅尔在此后的研究中不断反思和完善，在政党与国家的关系上，除了公共财政补贴外，还考察了卡特尔政党的其他特征，在解释卡特尔政党的原因时，也关注经济全球化、冷战结束、欧盟和其他非国家行为体的影响，并对在政治卡特尔之外西方国家不断兴起的反体制政党、民粹主义政党、极端主义政党也进行了解释。这些研究集中反映在 2018 年两人出版的《民主与政党的卡特尔化》一书中。他俩认为，政党向国家靠拢、政党内部权力重心向公职部门中的政党转移是学术界公认的事实，这是卡特尔政党依然有效甚至在当下更有解释力的基础。[11]

　　卡特尔政党的出现既是政党转向国家的表现，也是政党转向国家的结果。问题是，政党转向国家，解决了自身面临的不断脱离社会的危险吗？从表面上看是的。政党在宪法上的地位得到确认，政党参与选举和组织政府的权力被合法化，政党竞选资金的不足由国家公共财政补贴。这些都帮助政党克服了脱离社会带来的合法化问题。然而，这一过程也让政党内部组织结构发生变化。卡茨和梅尔在瓦尔迪默·奥兰多·基（Valdimer Orlando Key）的政党结构三分法[12]基础上提出了政党组织的三个面孔（three faces），分别为公职机构中的政党（the party in public office），也就是政府和议会中的政党；中央机构中的政党（the party in central office），即政党常设的全国性的官僚机构和执行机构；基层政党（the party on the ground），即基层的政党组织。在卡茨和梅尔看来，在卡特尔政党的三个面孔中，公职机构中的政党占据支配地位，基层政党作用下降，党的中央机构的力量加强但向公职机构中的政党靠拢。[13]就选民基础、立场、目标和风格而言，这些政党越来越相似，分歧也越来越少，政党间的竞争可以用共谋（collusion）和卡特尔式的行为来描述。主流政党的政策建议越来越相似，政党政府的更替和政策变化之间越来越缺少直接的联系。在卡特尔政党时代，民主从社会控制政府的过程演变为一种由政府提供的服务。[14]一方面,政府管制的范围越来越大,另一方面,政府管理的活动越来越成为技术问题而非重大政策问题。对政党而言,这意味着它们的重要性下降了。在 21 世纪的第二个十年里,当"负责任"的主流政党无法应对金融危机、债务危机、难民危机时,对民粹主义政党的支持就大幅度上升了,这又对传统主流政党与国家之间的关系构成了威胁。这恐怕是政党转向国家的意外结果了。

第二节　政党重新转向社会

政党回应经济、社会和文化挑战的第二个方向是重新转向社会,通过开放党的基层组织、扩大党内民主尤其是基层民主的方式,重新加强与社会的联系并获得合法性。例如,党员被允许直接参与到政党官员和候选人的提名和选择过程中,有时候也被允许参与一些政党的决策。政党候选人和政党领导层的人选不再是由少数高级领导人在密室里决定的,而是直接交由普通党员甚至更大范围的选民来决定。在极少数特殊情况下,政党也会直接呼吁党员通过公投的形式来决定特定的政策或议题。总的来说,西方政党通过促进政党内部的包容性和扩大党内民主来应对政党吸引力、合法性下降的危机。这在数字技术冲击由政党主导的公共参与的年代显得尤为重要。

在欧洲国家,许多政党为了克服党员人数流失、基层党组织萎缩、政党逐渐脱离社会的问题,都采取了各种扩大基层组织包容性和改进基层民主的改革措施,开放了党的基层组织,将非正式党员甚至范围更广的支持者引入党的基层组织。英国的工党自 20 世纪 90 年代实现从工人阶级政党向全民党的转型后,就加快了从社会上吸收个人党员的进程。只要认同工党的基本党纲,能按时缴纳党费,言行不严重违法工党党章的规定,经过登记就可以成为工党的个人党员。法国的社会党取消了入党的限制,企图将自身打造为"跨阶级政党"。德国社会民主党在施罗德时期强调要转向"政治中间地带",将社民党的选民重点定位于所谓新中间阶层,不再完全依赖传统的产业工人。在德国,社会民主党可接受客座成员,只要其承认社会民主党的基本价值。客座成员可以参加所有党员会议,在会上有发言权、提案权和人事建议权。客座成员只限于在项目小组中享有参加选举和表决的权利,以及成为选举产生的各个委员会成员的权利。凡对党有兴趣的人,如果没有成为德国社会民主党党员,可获得支持者身份。支持者可在工作团或主题论坛中享有与党员相同的权利。

在党内决策方面,许多政党也都为普通党员赋权。[15]政党开放基层组织、扩大党内民主最重要的制度之一就是各国政党在候选人提名中先后采用了不同程度的"初选"制度。在 1965 年以前,欧洲各国政党候选人的初选制度还不普遍,但是到 2012 年时,30% 的被调查国家的政党就已经采取某种形式的对全体选民开放的初选制度。[16]1975—2012年间,研究者发现大约有 44 个国家的政党采用了初选制度。[17]英国、冰岛、法国、意大利、西班牙等各种不同政治制度国家的政党,采用了初选制度。在大多数情况下,初选严格局限于拥有党员证的党员,这被视为激励该党支持者采取加入该党的措施。但也有一些国家,入党的门槛很低,以至于党员和普通选民之间几乎不存在差异。1998 年加拿大总理乔·克拉克曾抱怨说参加进步保守党领导人初选的都是到此一游的党内游客。[18]

在英国,工党自 20 世纪 90 年代开始,就将党的领袖的选举制度由工会集体投票决定改为由全体党员通过"一人一票"来决定。2010 年,英国工党党首米利班德对工党的组织结构进行改革,引入注册支持者。选民只需要在工党网站上注册并缴纳 3 英镑(2016 年调整为 25 英镑),就可以平等参与党魁等党内重要职务的选举。实际上,工党将其支持者分成三类,即该党的正式党员(party members)、注册为工党支持者的附属工会的个人成员(affiliated supporters)和注册为支持者并支付费用的非隶属于工党的个人(registered supporters)。与正式党员不同,后两者没有工党正式党员身份,但也可以参加"一人一票"的党的领袖的选举。在 2015 年和 2016 年科尔宾连任工党党首的两次选举中,科尔宾正是依靠后两类支持者的选票而当选的。他们主要来自基层,是科尔宾的竞选团队"前进"(Momentum)的主要成员和支持者。

在保守党方面,直到 1965 年之前,保守党领袖都是在大选后由党内资深人士推举。1965 年之后,党首由议员选举产生,投票权仅限于议员。1975 年,保守党规定党的领袖每年重选,投票权同样限于保守党议员。1997 年保守党参照工党的做法,引入党的领袖选举的一人一票规则,拥有投票权的除了保守党议员外,还扩大至所有超过 3 个月党龄的党员。假如候选人超过两名,保守党议员内部投票,再将得票最多的前两名提交党员投票。

德国社会民主党的章程规定,在通过党员公决确定联邦总理候选人时,获半数以上有效选票者当选。如果没有一个候选人获得这样的多数,则在两名得票最多的候选人之间举行复选,获得最多选票者当选。

法国社会党从 1995 年开始,对党参加总统大选的候选人实行党内直选;2006 年采用积极成员即凡交付 20 欧元的都可以入党参加党内初选投票的方式;2011 年 10 月进一步向社会开放,支付 1 欧元并在"左翼价值"上签名者均可以参加投票,开了党内总统候选人对公众开放的先河。[19]

丹麦社会民主党在 2005 年的特别代表大会上修改党章,改变党主席原由党代会选举产生的办法,改由全体党员直接选举产生。泛希腊社会主义运动在 2005 年初的党代会上对党章进行修改,规定党主席的选举不仅党内全体党员有直接投票权,社会上的一般群众只要愿意参加投票,也可以参加投票。在意大利,初选向所有选民开放,无论其政治派别如何,只要参加者愿意支付少量的投票费用。

不仅如此,政党还赋予普通党员参与决策的权力。自 20 世纪 90 年代以来,欧洲国家的许多政党把一些党员关注的、可能引发党的分裂或者事关政党前途的重大问题付诸党员投票。政党这样做有时是为了避免党的分裂,有时是为了增强党内政治认同。党的领导层则通过控制议程、引导议题讨论等过程控制来实现党员投票希望达到的效果。

在布莱尔领导英国工党时,曾力倡党内公决,并在关于修改党章第 4 条(又称公有制条款)问题上,把最终问题提交全体党员表决,并在 1996 年正式引入"全党公决"模式,就选举纲领等事宜交由全体党员投票决定。法国社会允许党内不同派别的存在，以体现自身的包容性和开放性，通过竞争达到议题的多元性和丰富性。在 2003 年 5 月召开党的代表大会之前，党内五个不同派别都向代表大会提交了各自的方案，最终以奥朗德为首的主流派获得全党 62％的支持票，这一派提交的议案遂成为指导该党今后发展的纲领性文件。[20] 2005 年，在欧盟宪法问题上，法国社会党也是付诸党员投票来决定党的最终立场。在关于是否加入欧元区的问题上瑞典的社会民主党由于党内分歧严重，在 2003 年也曾通过全党公决的方式决定。

德国社会民主党的章程中专门有针对党员公决的条款，规定党员公决可改变、撤销党的机构的决议，或代替党的机构作出决议。德国社会民主党的联邦总理候选人可通过党员公决来决定。如果参加投票的党员中多数投了赞成票，且投赞成票的人数至少占有表决权的党员人数的五分之一，公决即告生效。自 20 世纪 90 年代以来，围绕民主社会主义问题、经济社会政策，社会民主党多次在党内提交党员讨论。尤其是自 2000 年起，党内围绕纲领修改问题进行了大讨论，促成了社民党新纲领《汉堡纲领》的出台。2013 年和 2017 年，德国社会民主党两度采取普通党员投票的形式，由基层党员共同决定是否与基民盟组成联合政府。在 2013 年的党员投票中，近 78％的党员参加了投票，其中近 76％对联合执政投了赞成票，使得政党在这一问题上获得合法性。

在美国历史上，政党的开放程度有限。总统候选人是由各党由国会议员在议会党团会议上挑选出来的。1789 年，政党还没有在美国出现，首任总统乔治·华盛顿由各州制宪者组成的"选举人团"（Electoral College）一致提名并当选的。[21] 1796 年开始，两党的国会议员组成"国会党团"（Congressional Caucus），各自推选本党总统候选人。这种被称为"君主会议"（"King Caucus"）的遴选体制延续了将近 30 年。1824 年，这一体制随着美国向西部扩展造成的政党内部权力分散而解体。1831 年，一个很小的少数党——反共济党（Anti-Masons）——在马里兰州巴尔的摩市的一家酒吧开会，确定候选人和竞选纲领（即政党或候选人的原则和政策性宣言）。次年，民主党人在同一家酒吧开会选举候选人。自那以后，主要政党和大多数小党都举行了由各州派代表参加的全国提名会议,决定本党的总统和副总统候选人,并商定政策立场。政党全国代表大会的提名方式实现了政党权力从联邦立法机构向各州政党组织的分散与下沉,虽然并未改变由政治精英来决定总统候选人的实质,但却将参与范围扩大到各州层次,提升了提名程序的政治稳定性。政党全国代表大会不但具有更为广泛的代表性,而且也符合政党政治扩展到各州及地方的趋势,为各州及地方的利益表达提供了渠道。[22] 但这些参加党的全国代表大会的代表不是民选的,而是由各州和地方政党委员会选出来的,所以通常选出来的候选人都是内部自己人,或者是"正确"的候选人。各层级的政党组织内部的核心集团,或政党老板控制者候选人的提名。而那些被认为和政党建制立场不符的、外来的挑战者,都被排除在总统候选人之外。

政党领袖实施的这种控制带来了很多不满。到 20 世纪初期,许多州的两党组织支持民主改革,各州出现了由选民直接参与投票的"初选"(primary)提名方式。但是,直到 20 世纪 60 年代,大约只有 16—17 个州仍然坚持在总统候选人提名时采用初选制。[23] 主要由政党精英、政党老板控制的政党全国代表大会仍然在总统候选人提名中发挥关键性的作用。一些被认为政治不正确的候选人被挡在了总统竞选的门外,包括像麦肯锡、华莱士这样的人物。

但也是在 20 世纪 60 年代,由政党组织尤其是党内领导层把持候选人挑选的做法受到压力。一方面是通信技术的发展尤其是广播、电视的普及可以让人们很容易就能看到那些有声望和魅力的政治家。德怀特·艾森豪威尔(Dwight Eisenhower)、约翰·肯尼迪(John Kennedy)和理查德·尼克松(Richard Nixon)这些人都成功地证明了自己当选的可能性。另一方面是越南战争的失败在民主党党内带来要求进一步改革的压力。尤其是 1968 年民主党在大选的失败瓦解了党内的团结,党内进步势力和普通基层支持者希望改革政党提名制度。1969 年,民主党成立了具有划时代意义的"关于政党结构和代表选择的委员会"(Commission on Party Structure and Delegate Selection),又称为"麦戈文—费雷泽委员会"。该委员会提出了 18 项改革措施。与此同时,共和党阵营内也在同时期进行了针对提名制的改革。两党的改革措施都在于削弱政党组织对总统候选人提名的控制过程,例如废止由本党现任政府官员或政党领袖直接出任全国代表大会的"当然代表"(ex-officio delegate)制度、限制由政党组织指定的代表人数、政党会议向基层民众开放、保证代表的性别、族裔和年龄结构等。到 1972 年大选时,初选提名制成了总统候选人提名的主导制度。[24]

此后,美国总统候选人的初选提名制又经历了两党的多次改革。当前,两党在初选制实施过程中也存在差异,例如"党团会议"挑选候选人的做法在一些州依然保留。对初选中的选民资格认定也存在"关门"(closed)、"半关门"(semi-closed)、"开门"(open)等几种情况。"关门初选"要求只有被明确认定或宣布为本党长期支持者的注册选民方可参与。"半关门初选"在"关门初选"的基础上对所有申明不会支持另外一党的注册选民开放。"开门初选"不要求选民申明关于党派的任何信息,只保留了唯一的门槛,即每位选民只能参与一个党的提名程序。当下,在地方、州和国会议员选举中,大概有 9 个州实行完全的关门初选制度,15 个州实行完全的开门初选制度,21 个州实行某种程度的半开门初选制度,另有 4 个州采取其他形式的候选人选择方式。总统选举情况略有不同。[25]

美国总统候选人提名制度的演进始终在回答一个关键问题:它到底是使政党发挥有限作用的直接民主方式,还是由政党主导下的代议制决策过程?[26] 在过去的两个多世纪里,美国政党关于总统候选人提名的变化,反映了政党组织精英决策向扩大普通民众参与的转变。这一过程是政党在不同时代,为回应自身主导下代议制决策过程中面临的问题的结果。面对政党所处的各种充满挑战的外部环境,美国也是通过寻求让政党更为开放来应对其面临的危机。事实上,欧洲各国政党推行初选制度、扩大党内民主的改革和美国总统候选人制度的改革,都反映了自 20 世纪 80 年代以来西方政党转向社会的努力。政党意识到自己与社会日渐脱节,并没有被动地适应这一变化,而是主动调整了自身的内部组织结构,希望通过扩大政党的包容性、内部民主化程度来化解与社会疏离带来的合法性危机。从已有的经验来看,这些改革在一定程度上有利于普通党员的参与,提高党内选举和大选中的投票率。

　　由于政党内部变得更加民主,西方国家关于党内民主的讨论和研究再次受到关注。同时关于党内民主标准的讨论也变得多元化。本杰明·冯·德姆·贝格(Benjamin von dem Berge)和托马斯·波贡特克(Thomas Poguntke)提出了关于党内民主的二维分析框架,即包容性和分权。[27]吉迪恩·拉哈特(Gideon Rahat)和阿萨夫·沙皮拉(Assaf Shapira)提出了他们关于党内民主的几个指数:参与(participation)、竞争(competitiveness)、代表性(representation)、回应性(responsiveness)和透明度(transparency)。[28]其目的都是用来评估党内民主的程度。但是,针对西方政党希望通过扩大党内民主来解决政党危机的努力,伊尼亚齐认为正如民主并不等于选举,普通党员的参与,包括投票选举领导人和候选人,以及投票通过一些政策建议,并不是党内民主的充分条件。他提出了一个真正实现党内民主的四个要素,即包容性(inclusion),允许普通党员在领导人选择和重要决策上的直接参与权;多元性(pluralism),保证给内部不同派系存在的空间,具体地说,就是保证少数人的权利;审议(deliberation),在参与制定党的政策中执行纵向和横向内部审议,让成员之间相互交流;扩散(diffusion),通过对政党组织不同部分的再赋权,使决策权在党内不同级别和行为者之间的横向和纵向扩散,遏制党内权力单一化的趋势。包容性、多元性、审议和扩散共同构成党内民主的四要素。他指出,仅仅将党内决策向公众开放是不够的。因为这忽略了党内民主的一个重要目标,那就是在激活党的组织的同时,实现对党内动态变化的控制。如果要使"民主"发挥重要作用,就应该在政党内部重新引入集体参与的激励措施和有效的内部监督。参与、分权化的组织内部的集体活动,为决策前的讨论和审议及决策后的控制提供了途径,有助于共享式、对话式的党内工作。[29]2018年,位于华盛顿特区的一个促进两党合作的智库"两党政策中心"(Bipartisan Policy Center, BPC)在其报告中指出,相比较实行关门初选的州,开门初选的州的初选中投票率更高。各州和政党应努力大幅增加在初选中投票的选民人数,将参加初选的选民比例从目前的20%提高到2020年的30%和2026年的35%。报告尤其建议各州应采取公开或半公开的初选,允许无党派人士和/或反对党成员在政治初选中投票,摒弃如政党核心小组和代表大会这种投票率非常低的候选人选择方式。[30]

但是,对于进一步民主化是否能够帮助政党应付公信力下降的挑战,西方学者基于已有的经验证明结果存疑。政党的民主化其实是一把"双刃剑",会给政党带来意外的效果。[31]政党扩大包容性的积极面是让普通党员直接参与党内决策过程。欧洲一些国家的政党先后进行了改革,允许党员直接参与选择党的领袖和候选人,甚至允许他们直接参与党的一些决策问题。但是,许多研究者也发现,在理论上,直接参与党内决策提高了党员身份的重要性,但在实际上,这些改革的意义是受限制的。[32]不仅如此,通过向普通党员赋权来扩大党内民主还产生了一系列反作用。在理论上,扩大普通党员的权利和参与可以遏制政党内部的寡头化倾向,克服民主的赤字。但在现实中,这种改革可能并不是政党想变得更加民主带来的,而是政党内部的各种压力和权力斗争带来的。诉诸普通党员可能反映了政党内部的某些领导人想要摆脱来自其他压力所导致的,也有可能是由于党的领导层无法在普通党员中取得共识。无论是哪一种,都驱使政党转向更广泛的普通党员甚至支持者。

另外,也有许多研究发现,所谓让普通党员通过选举来产生领导人,但候选人其实早在选举之前就已经决定了,选举的过程不过是为唯一的候选人"加冕"。当普通党员和选举真正参与到候选人的选择过程中时,竞争如果存在的话通常是象征性的。因此,有一种观点认为,所谓向普通党员和候选人开放的"民主化"的程序,表面上党员在其中扮演着主要角色,但实际上绕过了其他权力中心,从而加强了精英权力。[33]

瑞典的政治学家尼古拉斯·艾洛特(Nicholas Aylott)和尼克拉斯·博林(Niklas Bolin)研究发现,党的领导人的选择向更大范围的普通党员甚至选民开放,能否实现真正意义上的赋权,受到党员最终参与领导人选举之前的过程中"代理行动者"(steering agent)的影响。所谓"代理行为者"是政党,准确地来说是政党的某些被授权负责监督领导人挑选的人或团体。"代理行为者"的两个行为特征,决定了普通党员能够在最终的领导人选择过程中发挥多大作用。第一个特征是"代理行为者"选择领导人的过程管理（process management）的强弱，尤其是信息控制的强弱；第二个特征是"代理行为者"自身权力是集中还是分散，也就是说是否得到了基层党组织、党的中央组织或政府部门党组织甚至外部赞助者的指示。他以 2010—2011 年瑞典社会民主党和 2011 年绿党的领导人选择过程为例，比较后发现，社会民主党的过程管理强大，信息控制严格，"代理行为者"的权威分散，没有收到来自党的任何部分的指示，因而最后付诸党员投票的候选人几乎没有什么竞争性。瑞典民主党的党员几乎一致支持了一名候选人。相反，后者的过程管理较弱，信息没有受到严格控制，"代理行为者"的权威相对集中，基本上来自党的基层组织，反而大部分候选人一直坚持到最后，最后由普通党员参与的领导人选举也更为重要。[34] 只有当选择领导人的过程管理比较弱，同时又允许自由公开竞争，那么参与这一选择过程的群体就能发挥比较大的作用。相反，参与选择的群体就会受到限制甚至变成"橡皮图章"。

在对卡特尔政党的研究中，卡茨和梅尔也反复警告说，如果只赋予普通党员权力，就有可能使得党内的积极分子和中层精英边缘化。类似的观点也在其他许多研究中得到确认。[35] 对普通党员赋权有可能剥夺了党的中层组织的权利。皮耶罗·伊尼亚齐认为，过分强调普通党员的投票行为，掩盖了政党内部的问责和参与机制，使政党沦为一个全民公决场所，忽略了中间结构和参与者，以及讨论、审议的机会，极大地削弱了政党的民主质量。而且，它还导致整个政治制度染上了全民公投这一做法潜在的"病毒"。民粹主义政党的崛起正是这种趋势的副产品。[36]

普通党员和领导人之间的距离，建立在他们各自的政治、社会甚至个人资本的巨大差异之上。领导人接触大众媒体使他们更接近民众，更接近普通党员。曾经保留给政党领导人的尊敬和尊重已经被一种认同的情绪所取代：领导者不再因为他的"品质"而遥不可及，而是像普通公民，和大众存在共鸣。普通党员和大众对领导人的特殊看法有两种不同的潜在结果：一种是加强领导人的地位，使他们更接近人民，从而关注公民的要求；或者损害他们的形象，暴露了他们的地位和专业角色的不足,使他们成为"多余的"角色从而被公众抛弃。事实上,在党的领导人选举过程中纳入更多党员(甚至支持者)并没有增加党的吸引力,无论是在党员数量方面,还是在更高的参与度方面,包括在恢复公众对政党的信心方面。政党诉诸普通党员意味着政党内部的委托代理民主原则失效,取而代之的是一种直接的、无中介和个人的方式。这一过程还为极端主义政党的出现创造了机会。政党向普通党员甚至社会开放挑选领导人和参与决策,以领导人和追随者之间的非中介关系为中心,产生了一个意料之外但并不令人意外的结果,那就是各种各样呼吁实行全民公投的右翼民粹主义政党崛起。在政党决策过程中,对普通党员和公民赋权的不切实际的民主,无意中推动了那些原本无法进入主流政治的领导人和政党走到前台。他们将自己的声音合法化,直接呼吁无差别的、同质的人民,发出重塑整个政治体系的呼吁。

由于政党通过扩大党内民主并未带来政党的复兴,反而产生了许多意外的结果,西方学者重新开始反思政党民主。政党向全体党员甚至社会开放候选人的提名这一做法,在近年来也受到了一些学者的质疑。2018 年,耶鲁大学政治学教授弗朗西斯·罗森布鲁斯(Frances Rosenbluth)和伊恩·夏皮罗(Ian Shapiro)的《责任政党:从自身拯救民主》一书,对过去几十年来各国政党推行的民主化改革进行了检视和批判。他俩认为,各国政党为了挽救不断疏离的选民,纷纷转向通过初选和地方党团会议来挑选候选人。但实际结果却是人们对政客、政党和民主机构的信任仍然在不断流失,选民的愤怒情绪加剧,民粹主义在美国、英国和欧洲大陆许多传统的民主国家都大获全胜。罗森·布鲁斯和夏皮罗认为,政党将权力下放给基层是问题的一部分,而不是解决方案。分散政治决策的努力,使政府特别是政党的效率和处理选民长期利益的能力下降。他们回顾了历史上英国的政党政治,认为自由党和保守党两个政党都是有纪律、统一和强大的政党,两党基于政策纲领的政治竞争及其中的政策竞争主要集中于经济利益问题,再加上小选区选举制度,使得政党都尽可能扩大最广泛的选民、提供最具有包容性的政策纲领,选举费用相对较低,并产生责任政府。[37] 到 20 世纪 90 年代以后,保守党和工党都在选举的压力下进行分权化改革,开放候选人和政党领袖的挑选范围,同时引入对女性或少数族裔候选人的比例的规定。在候选人的选举中引入初选的做法,虽然在本意上是使得政党更具有代表性和更加民主,但实际上也鼓励了那些持有极端立场的候选人的出现。因为在初选中,那些更加积极的、更加激进的选民参与投票的比例更高。增加女性和少数族裔候选人的努力也并没有带来更多低收入人群的参与。当政党的领导人和普通议员团结一致时,政党运转得最好。政党领导人有很强的动力去寻找能够在自己选区获胜的候选人,并制定一个能够赢得广泛支持的全国性计划。除非他们把这两项任务都做好,否则他们将在选举中失利,无法继续担任领导人。选民通过选举来决定候选人的选择,这样做可以促使候选人为当选而努力,但政党领导人必须考虑的是更大范围的选举,这使得他们在审查候选人方面的作用不可或缺,也至关重要。以加强民主的名义分散候选人和领导人的选择,看似加强了民主,却削弱了政党的责任,使治理更加困难,这为强化民主的假象付出沉重代价。[38]英国政党政治面临的问题,与缺少负责任的政党是有密切关系的。2016年的"脱欧"公投中,如果根据威斯敏斯特模式下的议会多数原则,英国是不可能脱离欧盟的,因为议会中的多数成员赞成留在欧盟。保守党的领袖绕过政党和议会,希望通过公民直接投票来增加政府的合法性,却带来了完全在预期之外的结果。[39]

同样,在《民主是如何死亡的》一书中,丹尼尔·齐布拉特与斯蒂芬·列维茨基也对政党开放民主参与提出了质疑。他们回顾了美国历史上不少有独裁倾向却获得大量支持者的候选人,包括大萧条时期的路易斯安那州州长和参议员休伊·朗(Huey Long)和第二次世界大战后的约瑟夫·麦卡锡(Joseph McCarthy)、1968年和1972年两次竞选总统的亚拉巴马州州长乔治·华莱士(George Wallace)。休伊·朗曾计划竞选总统,挑战罗斯福,但在1935年被暗杀。麦卡锡利用冷战时期对共产主义颠覆的恐惧来推动黑名单、审查和图书禁令。在麦卡锡政治权力最大的时候,民调显示近一半的美国人支持他。即使在参议院1954年谴责麦卡锡后,麦卡锡在盖洛普民意调查中仍获得40%的支持。华莱士宣扬一种混合了种族主义和对工人阶级白人受害者意识和经济愤怒的民粹主义,在 1972 年的民主党候选人初选中获得的选票震惊了民主党人。齐布拉特与列维茨基认为,这些具有独裁倾向的政客之所以没有能够成功当选,是因为政党发挥了"守门人"的作用。也就是说,不是美国人对民主的坚定信仰阻止了这些非民主的候选人当选,而是因为政党对所有候选人进行了谨慎的审查。这种审查并不是通过民主的、公开的方式进行的,而是在密室中由少数党的高级领导人完成的。[40]最终的候选人是由一小群党内权力掮客来选择的,他们不对党内普通成员负责,更不用对普通公民负责。这种密室政治不能保证总是能挑选出优秀的候选人,但是可以将明显不合适的人物排斥在选票和办公室之外。[41]政党挑选候选人,将危险人物排除在政治竞争之外,同时又要保证挑选的候选人足够受欢迎。齐布拉特与列维茨基隐晦地批评了政党初选制度,在他们看来,2016 年特朗普的当选,正是因为共和党放弃了发挥"守门人"的作用。共和党明知特朗普无法胜任总统这一职务,却几乎没有采取任何有力的措施来阻止特朗普的提名和当选。[42]

总之,试图通过向社会开放党的组织结构和依靠普通党员的直接参与来消除社会对政党的不满和不信任被证明是不成功的,而且适得其反。到目前为止,西方主流政党的成员人数仍然在减少,人们对政党的信心持续下降,极端主义政党不断出现——反民主势力势头强劲。民主本身正受到民粹主义浪潮的威胁,因为党内动态的发展也会对外部环境产生影响。人们对主流政党的不满演变为对民主的不满,民粹主义和不负责任的新政党和领导人不断诞生。这大概是政党向社会开放、扩大党内民主时没有预料到的。

本 章 小 结

政党自诞生到现在已经超过两百多年。从最初仅仅作为社会的一部分,到引入国家视角,这反映了政党在历史发展中的角色和功能的演变。从最初的贵族型政党,到大众型政党,再到全方位政党及卡特尔政党,以及形形色色的公司型政党、数字政党等新型政党形式的出现,政党的组织形式和生存方式已经发生巨大变化。但人们对于政党的期待并没有发生大的改变,政党依旧被期望发挥国家和社会桥梁的作用。真实的情况是,在历史上,只有大众型政党在第二次世界大战前后的工业化时代最好地发挥了国家与社会之间桥梁的作用。如果说,当前人们对政党的不满集中表现在政党丧失了沟通社会和国家的功能,不如说社会和国家重构了政党生存的空间和方式。今天的政党已经不是20 世纪 60—80 年代西方工业化时代的社会联盟,政党面对的国家也不是凯恩斯主义时期的国家。全球化经济加上新自由主义信条、数字技术的发展,以及价值观、态度和生活方式的"流动性",改变了政党运作的背景,工业化时期形成的政党和社会联盟解体,政党与社会的联系减弱了。族群结构的变动及族群政治的出现,又使得政党与社会的联系方式发生改变。

政党为应对资本、族群结构和技术的变革,先是转向国家寻求财政的资源,同时在法律上确立自己的地位,其结果是政党日益成为国家的一部分,远离了社会。当政党逐渐脱离社会,政党的代表性和合法性遭到了削弱,政党成为少数人权力竞争的工具。面对这一局面,政党并非被动地适应,而是主动选择向社会开放,通过扩大基层民主和普通党员乃至基层民众的参与,寻求来自社会的授权。政党本应该在这一过程中重建与社会的联系,但其结果是新的社会联盟并未出现,政党也没有因此在组织上变得更加强大。这归根结底是政党已经从一个志同道合并为了促进国家利益而形成的政治组织,演变成了一个为了赢得选举而存在的政治机器。选举资金的压力使得政党要么向国家靠拢,要么向资本靠拢,其结果是无论如何政党都将疏离普通民众。族群结构的变动冲击了以阶级为基础的政治动员方式,政党越是与社会结盟,就越是受到族群政治的压力,结果是无论在公共政策的质量还是在政治整合的实现方面都产生了新的问题。技术的变革,既为政党创造了新的沟通渠道和机制,又使政党在基于技术而非意识形态或公共政策的沟通产生了路径依赖,其结果是政党成了技术统治的工具,丧失了引领重大思潮、政策辩论乃至社会变革的能力。

注释

1. Peter Mair，Party organizations：from civil society to the state. In Peter Mair and Richard Katz（eds.），*How Parties Organize：Change and Adaptation in Party Organizations in Western Democracies*，Sage，1994，pp.1—22.

2. 中共中央党校科学社会主义教研室国外社会主义问题教学组编：《社会党重要文件》选编，中共中央党校科研办公室刊印，1985 年，第 165 页。

3.《德国社会民主党章程》，王学东译，《当代世界社会主义问题》2002 年第 4 期。

4. Peter Mair，*Party System Change：Approaches and Interpretations*，Clarendon Press，1997.

5. Peter Mair and Ingrid van Biezen，"Party Membership in Twenty European Democracies，1980—2000"，*Party Politics*，Vol.7，2001.

6. Piero Ignazi，"The Four Knights of Intra-Party Democracy：A Rescue for Party Delegitimation"，*Party Politics*，Volume 26，Issue 1，2018.

7. Richard S. Katz and Peter Mair，"Changing Models of Party Organization and Party Democracy：The Emergence of the Cartel Party"，*Party Politics*，1（January，1995），pp.8—16.

8. Ibid.

9. Peter Mair，"Party Organizations：From Civil Society to the State"，in Richard S. Katz and Peter Mair（ed.），*How Parties Organize：Change and Adaptation in Party Organizations in Western Democracies*，p.11.

10. 参见 Ruud Koole，"Cadre，Catch-all or Cartel：A Comment on the Notion of the Cartel"，*Party Politics*，Vol.4，1996；Herbert Kitschelt，"Citizens，Politicians，and Party Cartellization：Political Representation and State Failure in Post-Industrial Democracies"，*European Journal of Political Research*，Vol.37，No.2，2000，pp.149—179。

11. Richard S. Katz and Peter Mair，*Democracy and the Cartelization of Political Parties*，Oxford University Press，2018，p.13.

12. 瓦尔迪默·奥兰多·基将政党的组织划分为选民中的政党（party in the electorate）、作为组织的政党（party as an organization）和政府中的政党（party in the government）。

13. Richard S. Katz，Peter Mair，"The Ascendancy of the Party in Public Office：Party Organizational Change in the 20th Century Democracies"，in Richard Gunther，Jose Ramon Montero，and Juan J. Linz eds.，*Political Parties：Old Concepts and New Challenges*，Oxford University Press，2002.

14. Richard S. Katz and Peter Mair，*Democracy and the Cartelization of Political Parties*，p.148.

15. Susan Scarrow，*Beyond Party Members：Changing Approaches to Partisan Mobilization*，Oxford University Press，2015，p.178.

16. Jean-Benoit Pilet and William P. Cross，"The Selection of Party Leaders in Comparative Perspective"，in Jean-Benoit Pilet and William P. Cross（eds），*The Selection of Political Party Leaders in Contemporary Parliamentary Democracies*，Routledge，p.457.

17. William P. Cross，Ofer Kenig，Scott Pruysers，and Gideon Rahat，*The Promise and Challenge of Party Primary Elections：A Comparative Perspective*，McGill-Queen's University Press，pp.40—42.

18. Richard S. Katz and Peter Mair，*Democracy and the Cartelization of Political*

Parties，p.66.

19. 李姿姿：《法国社会党执政经验教训及启示》，《当代世界与社会主义》2012 年第 2 期。

20. 周淑真、杜一菲：《当代左翼政党党内民主与中共之借鉴》，《理论探讨》2013 年第 5 期。

21. Joseph A. Pika and Richard A. Watson, *The Presidential Contest：With a Guide to the 1996 Presidential Race*, 5th ed., CQ Press, 1996, p.3.

22. 刁大明：《美国总统候选人提名制度的演进及争论》，《美国研究》2016 年第 3 期。

23. Barbara Norrander, *The Imperfect Primary：Oddities，Biases，and Strengths of U. S. Presidential Nomination Politics*, 2nd ed., p.170.

24. 刁大明：《美国总统候选人提名制度的演进及争论》。

25. National Conference of State Legislatures, *State Primary Election Systems*, https://www. ncsl. org/Portals/1/Documents/Elections/Primary％20Types％20Table_ 2021.pdf.

26. James W. Ceaser, *Reforming the Reforms：A Critical Analysis of the Presidential Selection Process*, Cambridge, MA：Ballinger, 1982, p.179.

27. Benjamin von dem Berge and Thomas Poguntke, "Varieties of Intra-Party Democracy：Conceptualization and Index Construction", in Susan Scarrow, Paul Webb, and Thomas Poguntke(eds), *Organizing Political Parties：Representation，Participation，and Power*, Oxford：Oxford University Press, 2017.

28. Gideon Rahat and Assaf Shapira, "An Intra-Party Democracy Index：Theory, Design and A Demonstration", *Parliamentary Affairs*, Volume 70, Issue 1, January 2017, pp.84—110.

29. Piero Ignazi, "The Four Knights of Intra-Party Democracy：A Rescue for Party Delegitimation".

30. Bipartisan Policy Center, *Governing in a Polarized America：A Bipartisan Blueprint to Strengthen our Democracy*, https://bipartisanpolicy. org/download/? file＝/wp-content/uploads/2019/03/BPC-CPR-Report.pdf.

31. William P. Cross and Richard S. Katz(eds), *The Challenges of Intra-Party Democracy：A Comparative Perspective*, Oxford University Press, 2013.

32. William Cross and Jean-Benoit Pilet(eds), *The Politics of Party Leadership：A Cross-National Perspective*, Oxford University Press, 2015, p.172.

33. Peter Mair, *Party System Change：Approaches and Interpretations*, Oxford University Press, 1997, pp.149—150.

34. Nicholas Aylott and Niklas Bolin, "Managed Intra-Party Democracy：Precursory Delegation and Party Leader Selection", *Party Politics*, Vol.23, No.1, 2017, pp.55—65.

35. Florence Faucher, "Leadership Elections：What is at Stake for Parties? A Comparison of the British Labour Party and the Parti Socialiste", *Parliamentary Affairs*, Volume 68, Issue 4, October 2015, pp. 794—820；Anika Gauja, "The Construction of Party Membership", *European Journal of Political Research*, Volume 54, Issue 2, May 2015, pp.232—248.

36. Piero Ignazi, "The Four Knights of Intra-Party Democracy：A Rescue for Party Delegitimation".

37. Frances McCall Rosenbluth and Ian Shapiro, *Responsible Parties：Saving Democracy from Itself*, Yale University Press, 2018, pp.71—73.

38. Ibid., p.94.

39. Ibid., p.229.

40. Daniel Ziblatt and Steven Levitsky, *How Democracies Die*, Crown, 2018, p.25.

41. Ibid., p.26.

42. Ibid., p.36.

结论

21 世纪的西方政党与民主政治

2016 年 7 月,《民主杂志》(*Journal of Democracy*)以"民主解体的危险"(The Danger of Deconsolidation)为专题,刊载了一系列集中讨论当代西方国家民主危机的文章。在标题为《解体的危险:民主的脱节》的文章中,世界价值观组织首席研究员罗伯托·斯特凡·福阿(Roberto Stefan Foa)和哈佛大学政府学院雅斯查·蒙克(Yascha Mounk)指出,过去 30 年,即使在世界上一些最富有和政治最稳定的地区,民主似乎也处于严重年久失修的状态。民主的发展不是朝着巩固下来的方向运动,而是为"民主解体"这一概念出现提供了空间。[1]

《民主杂志》的文章似乎为西方学者讨论民主的危机开了个头。时隔半年后,罗伯托·斯特凡·福阿和雅斯查·蒙克再次在《民主杂志》撰文,强调民主的解体是全球范围的普遍现象,当前西方社会的民粹主义是对自由民主制度的最大威胁,也是西方国家民主解体的一个严重的警告信号。[2]曾以"竞争性威权主义"[3]一词描述 20 世纪 90 年代以后第三波民主化走向的政治学家斯蒂芬·列维茨基,也在《外交事务》杂志撰文称特朗普的上台有可能使美国走向竞争性威权主义。[4]2018 年,他和同是哈佛大学政府学系教授的丹尼尔·齐布拉特出版《民主是如何死亡的》一书,重申了民主不是死于军人发动军事政变,而是死于通过民选领导人——总统或总理——之手的风险,并认为如果将美国当前的困境与世界其他地区和其他历史时刻的民主危机进行比较,美国与其他国家并没有太大的不同。[5]

《民主是如何死亡的》一书上市后不久,剑桥大学政治学教授戴维·朗西曼(David Runciman)出版了《民主是如何终结的》。在这本书中,朗西曼讨论了代议制民主的三重威胁:政变、自然灾难和技术。在他看来,西方代议制民主越来越不可能会遭遇政变,但自然灾难和技术的影响仍然是巨大且不确定的。成熟的西方代议制民主已经过了自己的鼎盛时期,正在最成功的地方逐渐衰落。用朗西曼的话说,"西方民主将度过中年危机。运气好的话,它会被它稍稍磨炼一下。它不太可能因此而复活。毕竟,这不是民主的终结。但民主就是这样结束的"[6]。

2019 年,著名的民主研究学者亚当·普沃斯基也加入了民主倒退的讨论。在《民主的危机》一书中,普沃斯基提到了当前西方国家民主危机的三重表现,包括传统政党体制的衰退、右翼民粹主义的兴起和民主支持率的下降。[7]虽然普沃斯基强调了他对西式民主政体的强大信心,认为民主的"危机"并不必然导向民主的"崩溃",但他用若干历史上许多小的反民主事件的"积累效应"缓慢侵蚀民主的危险,梳理过去民主存亡的案例,审视当下西方民主面临的危局。

不仅在政治学界,在历史学界,学者也在讨论民主的危机。2020年,美国普利策奖得主、历史学家,安妮·阿普勒鲍姆(Anne Applebaum)出版《民主的黄昏:威权主义的诱惑》(*Twilight of Democracy: The Seductive Lure of Authoritarianism*)。安妮·阿普勒鲍姆用波兰、英国和美国作为案例,研究了民主的衰落和具有威权倾向的右翼民粹主义政治的兴起这一现象。在她看来,威权统治的领导人不会单独统治;他们依靠政治盟友、官僚和媒体人物来铺平道路,支持他们的统治。现代民主国家中兴起的威权主义和民族主义政党为其追随者提供了通往财富或权力的新途径。阿普勒鲍姆描述了世界各国反自由主义的倡导者,展示了他们如何利用阴谋论、政治两极分化、社交媒体甚至怀旧之情来改变社会,颠覆民主政治。[8]

除了这些民主死亡、民主终结的言论外,自 2016 年以来,西方学术界还出现了大量关于民主倒退的讨论。在谷歌学术的搜索网站上,以"民主倒退"为关键词进行查找,可以发现,2016—2022 年间大约有16 000 篇文章讨论全球范围的民主倒退现象,而且还在继续增加。在《民主杂志》《政治科学年度评论》(*Annual Review of Political Science*)、《东欧政治》(*East European Politics*)、《美国政治科学杂志》(*American*

Journal of Political Science)、《牛津政治学百科全书》(*Oxford Research Encyclopedia of Politics*)、《欧洲政治科学杂志》(*Journal of European Public Policy*)、《民主化》(*Democratization*)等几乎涵盖了所有地区民主政治研究的杂志上,关于民主倒退的讨论比比皆是。

在这些关于民主倒退或死亡的讨论中,一个无法避免的话题就是政党政治的脆弱或衰落。在西方学者发出的关于民主倒退或民主死亡的警告中,他们都提到政党要么没有履行民主看门人的作用,要么成为威权领导人上台的工具。丹尼尔·齐布拉特与斯蒂芬·列维茨基批评美国政党政治的极化尤其是共和党的软弱导致了美国民主的危机。[9]罗纳德·英格尔哈特对民粹主义政党的挑战发出了警告。普沃斯基更是把传统政党体制的衰退视作当前西方民主危机的表现之一。在他看来,过去一个世纪里,西方国家一直有着非常稳定的政党体制,由一个中左政党和中右政党支配的政党体制几乎稳定不变地保持到最近。但在 2008 年金融危机以后,新政党不断出现,原有政党在退出,其政党纲领也在变化,所有这些趋势都显示传统的政党体制摇摇欲坠。人们并不确定,这究竟是历史上多次发生的正常的政党重组并将再次带来民主复兴的政党重组,还是旧政党体制的崩溃。但是,人们目睹的是,第二次世界大战后一成不变的旧政党体制即将崩塌,稳固的新的制度模式尚在襁褓之中。[10]

如果回到政党政治本身,西方政治学界关于政党危机或政党衰落的讨论就更是层出不穷。在大西洋两岸,传统政党的衰落、民粹主义政党的兴起、政党政治的极化、政党制度的解体等几乎都是学界的共同话题。特别是民粹主义政党、反体制政党的兴起,似乎成了政党危机发展的一个高潮。曾在 2016 年 7 月《民主杂志》关于民主解体风险的讨论中为民主进行辩护、认为对民主的支持下降只是美国的特殊现象的英格尔哈特,2019 年和哈佛大学的皮帕·诺里斯出版了《文化反弹:特朗普、英国脱欧和威权民粹主义》一书。在书中,英格尔哈特和诺里斯解释了为什么价值观革命引发了美国和欧洲威权民粹主义的反弹,并强调了这种威权民粹主义及政党的出现对西方民主制度的威胁。[11]以提出"卡特尔政党"概念闻名的政党研究专家理查德·卡茨和彼得·梅尔,时隔近20年后出版了《民主和政党的卡特尔化》,对西方政党和政党体制卡特尔化的趋势发展仍然悲观。在他们看来,政党的卡特尔化趋势几乎不可逆转,直接导致了民粹主义政党的兴起。[12]在重要的学术期刊上,关于民粹主义政党、政党危机之类的讨论也反复出现。

事实上,在西方民主危机的讨论中,关于政党的衰落、政党体制的瓦解并非新鲜话题。早在20世纪90年代开始,关于政党衰落的言论就已经开始出现。当时的人们看到政党的党员数量减少,政党与民众的关系疏远,政党的代表性功能下降。其本质是用工业化时代大众型政党的标准来评价后工业时代的西方政党。人们尽管关心政党组织结构的萎缩和代表性功能的下降,但对政党的制度性功能,也就是政党组织政府、治理国家的功能仍然抱有信心。自2008年金融危机以来,西方世界发生了巨大变化,难民危机、英国"脱欧"、特朗普当选等一系列发生在发达、成熟、稳定的民主国家的政治变局,动摇了人们对于政党制度性功能的信心。政党不仅失去了和社会的联系,越来越难以代表大多数人的利益,而且还在组织政府、治理国家的绩效方面不断退化。

西方学者关于政党和民主的讨论,直接指向一个问题,即当前西方国家的政治问题,究竟是民主的危机还是政党的危机?当学者在讨论民主的危机时,他们常常把责任归结到政党,认为政党利用了公众的偏见和短视,政党纵容和鼓励了极化政治,政党甚至不惜破坏民主的规则和程序以确保当选。回顾西方民主发展的历史,不难理解为何西方学者将民主的危机和政党联系在一起。政党是现代民主的基石,组建政党的自由和政党之间的竞争性选举被认为是现代政府权力来源的合法基础。政党是民主制度的实际运转者。三权分立体制、选举制度、自由和法治的基本原则,最终都是通过政党的行为才能得以实践。政党负责录用和选拔政治精英,组织公众参与选举赋予政治体系以合法性,将政治精英输送到国家机器的各个组成部分并使其运转起来。如果说民主制度是通过一套成文的宪法和各种不成文的习俗共同构成的体系,包含了正式的和非正式的结构、规范、规则、惯例,那么民主制度不仅约束着参与其中的行为者的行为,也同时被行为者的行为所塑造。

也就是说,民主制度约束了政党的行为,同时也被政党的行为所塑造。从民主制度约束政党行为来看,民主的价值、规范、标准、程序都决定了其中的行为者,尤其是政党该如何行动。西方民主从最初的人民的统治演化到每隔 4 年选择由谁来统治,早已失去其最初的理想价值。人民的统治这一抽象话语早已脱离西方的民主叙事,甚至人民这一抽象概念也受到西方学者的批判,将其视作一个和威权统治相联系的概念。如果说人民、人民的统治这些作为民主最高理想的规范价值已经不再是民主的指导思想,那么又怎么能指望在民主的现实运作中有人民参与其中呢? 从莫斯卡、帕累托、熊彼特等精英主义者对民主的改造,将人民从民主中剥离出去,再到达尔等多元主义者对民主的改造,将民主的价值与程序相剥离并基本上将民主视作一套选举机制,民主就已经变成每隔若干年由人民投票选举谁上台执政的一套竞选程序。在这种民主制度下,政治中的行为者,包括政党、政治家、利益团体、民众,都不得不根据选举的逻辑来行事。由于假定了只有竞争性的选举才是民主,政党的行为只需要符合竞争性选举的程序,就具有了天然的合法性。因而,对政党来说,根本目标不是为了增加公共利益和国家福祉,而是赢得选举。在理想的状态下,政党赢得了选举,然后以促进公共利益和国家福祉为己任。但在实际情况下,公共利益的多样性和复杂性、国家的长远福祉和短期利益,都会影响政党选举的前景和目标。政党甚至不得不以牺牲公共利益和国家福祉为代价来赢得当下的选举。由于只有通过竞争性的选举才能获得上台执政的合法性,所有政党都不得不服从这套选举逻辑,政治家、利益团体、普通民众都在这套逻辑下被政党动员到选举过程中。

从民主制度被政党行为塑造来看,现代民主政治本质上就是政党政治,民主的过程就是政党统治的过程,民主的理念是什么,民主的制度如何运转,都是政党活动的结果。政党的意识形态、政策纲领、精英遴选和政治动员,政党政府的组成和政策制定过程、政党政治的运作方式,决定了民主的运转。政党如何动员民众、组织选举,政党如何代表民众进行利益表达和利益集合,政党如何设定公共利益和国家发展目标,就是民主如何进行统治的过程。由于政党以竞争性选举为首要目标,甚至不惜为了赢得选举制造冲突、分裂社会,因此破坏了民主制度赖以正常运转的外部环境。政党以赢得当下的选举为第一要义,甚至不惜为了在当下的选举中获得更多选票而牺牲国家和社会长远发展的目标,因此又破坏了民主制度的治理绩效,降低了民众对民主制度的信任。

在《责任政党:从自身拯救民主》中,弗朗西斯·罗森布鲁斯和伊恩·夏皮罗通过对拉丁美洲、东欧这些有着脆弱的政党制度的国家的分析,以及对新西兰、日本、意大利选举制度改革的分析,提出脆弱的政党制度(包括不存在能够拥有多数地位的大党、小党众多且分散)是这些国家政治衰败、治理混乱的重要原因。他们指出,要恢复人们对代议制民主的信心,必须加强代议制民主的核心制度——政党——的权力。[13]问题是,他们虽然指出了强大的政党对民主发展的重要性,以及政党民主化和分权化改革对责任政党的削弱,却几乎没有说明如何让政党变得更加强大。除了要克服进行选举制度改革以鼓励大党出现和责任政党的障碍,政党加强自身责任的改革在当下的西方国家也存在困难。特别是当前西方政党领导人要能超越选举的短期利益,达成集体行动,重新赋予政党责任和使命。在短期内,这看上去是不太可能的。

进入21世纪以来,欧美国家的经济社会结构发生了巨大变化。资本的影响力上升,经济不平等日益将社会分裂成两大对立的群体;族群结构的多样化及族群政治的出现,鼓励了以族群身份而非国民身份的政治认同;数字技术的发展放大了政党内部技术官僚而非政治精英的作用,同时也为那些原本处于极端边缘的政党提供了机会。这些都意味着政治中的冲突在加剧。不仅如此,当前欧美国家的外部国际政治经济环境也成为国内政治冲突的来源。对于民主制度而言,只有政党能够成功管控冲突、达成共识,政治冲突才能得到和平处理,代议制政府才能进行有效的治理。然而,真实的情况是,不仅许多国家的政治冲突发生在政党政治管控之外,不能在政党政治的范围内解决,而且许多政党甚至无法控制自己的支持者,这导致政党政治成了冲突的来源之一。还有一些国家,政党虽然可以依靠支持者的选票当选,却不能在当选后根据实际需要进行政策调整、妥协,因为这极有可能引发支持者的不满,从而给本党未来的选举带来灾难性的后果。所有这些都对政党造成挑战,同时也给民主带来了危机。

如果说,早期关于政党衰落研究的学者还抱有从民主出发拯救政党的幻想,那么当前关于政党衰落研究的学者,似乎难以说清这究竟是民主的危机还是政党的危机,以及究竟应该从政党出发拯救民主,还是从民主出发拯救政党于混乱中。政党为什么没有能够成为民主的看门人呢?事实上,西方政党在过去的两三百年时间里,已经从最初围绕着权贵人物产生的小团体,演变成了竞争国家权力机构职位的大规模社会组织。这个组织存在的主要目的就是选举,为选举的需要集合政治精英、获取金钱和影响力、动员大众支持并最终将其转变为选举中的选票和最终的职位。在这种逻辑的趋势下,政党几乎不能抵抗那些能够为其带来选票的外在资源的压力。金钱、族群等社会结构,以及数字技术的发展,深刻影响并改变了当代西方资本主义国家的经济和社会结构,同时也在很大程度上规定了西方代议制民主政治运作的空间。在这种大背景下,西方政党的发展必然呈现特殊的发展形态,政党政治也必然表现出特定的发展趋势。在某种程度上说,当代西方民主的危机正是政党政治的危机。

注释

1. Roberto Stefan Foa and Yascha Mounk, "The Danger of Deconsolidation: The Democratic Disconnect", *Journal of Democracy*, Volume 27, Number 3, July 2016.

2. Roberto Stefan Foa and Yascha Mounk, "The Signs of Deconsolidation", *Journal of Democracy*, Volume 28, Number 1, January 2017.

3. Steven Levitsky and Lucan A. Way, *Competitive Authoritarianism: Hybrid Regimes After the Cold War*, Cambridge University Press, 2018.

4. Robert Mickey, Steven Levitsky, and Lucan Ahmad Way, "Is America Still Safe for Democracy? Why the United States Is in Danger of Backsliding", *Foreign Affairs*, May/June 2017.

5. Steven Levitsky and Daniel Ziblatt, *How Democracies Die*, Crown, 2018, p.122.

6. David Runciman, *How Democracy Ends*, Profile Books Ltd, p.161.

7. [美]亚当·普沃斯基:《民主的危机》,周建勇译,上海人民出版社 2022 年版,第 74 页。

8. Anne Applebaum, *Twilight of Democracy: The Seductive Lure of Authoritarianism*, Doubleday, 2021.

9. Daniel Ziblatt and Steven Levitsky, *How Democracies Die*, Crown, 2018, p.36.

10. ［美］亚当·普沃斯基:《民主的危机》,第 77 页。

11. Pippa Norris, Ronald Inglehart, *Cultural Backlash : Trump, Brexit, and Authoritarian Populism*, Cambridge University Press, 2019.

12. Richard S. Katz, Peter Mair, *Democracy and the Cartelization of Political Parties*, Oxford University Press, p.127.

13. Frances McCall Rosenbluth and Ian Shapiro, *Responsible Parties : Saving Democracy from Itself*, Yale University Press, 2018.

参 考 文 献

一、中文文献

（一）中文著作

［美］阿尔温·托夫勒：《创造一个新的文明：第三次浪潮的政治》，陈峰译，上海：上海三联书店 1996 年版。

［美］阿莉·拉塞尔·霍赫希尔德：《故土的陌生人》，夏凡译，北京：社会科学文献出版社 2020 年版。

［英］埃里克·霍布斯鲍姆：《极端的年代》，郑明萱译，南京：江苏人民出版社 1999 年版。

［英］埃德蒙·柏克：《自由与传统：柏克政治论文选》，蒋庆等译，北京：商务印书馆 2001 年版。

［英］安东尼·史密斯：《民族认同》，王娟译，南京：译林出版社 2018 年版。

［英］安东尼·史密斯：《民族主义：理论、意识形态和历史》，叶江译，上海：上海人民出版社 2006 年版。

［美］安东尼·唐斯：《民主的经济理论》，姚洋等译，上海：上海人民出版社 2005 年版。

［美］保罗·罗伯茨：《冲动的美国》，鲁冬旭等译，北京：中信出版社 2021 年版。

［美］大卫·哈维：《新自由主义简史》，王钦译，上海：上海译文出版社 2010 年版。

［美］丹尼·罗德里克：《全球化的悖论：民主与世界经济的未来》，廖丽华译，北京：中国人民大学出版社 2011 年版。

［美］弗朗西斯·福山：《身份政治：对尊严与认同的渴求》，北京：中译出版社 2021 年版。

郭定平:《西方政党政治与民主危机》,上海:复旦大学出版社 2023 年版。

郭定平:《政党与政府》,杭州:浙江人民出版社 1998 年版。

郭定平:《中国政党创新理论读本》,上海:复旦大学出版社 2021 年版。

[德]海因里希·盖瑟尔伯格编:《我们时代的精神状况》,孙柏等译,上海:上海人民出版社 2018 年版。

[德]赫伯特·马尔库塞:《单向度的人》,刘继译,上海:上海译文出版社 2003 年版。

[德]赫伯特·马尔库塞:《工业社会和新左派》,任立译,北京:商务印书馆 1982 年版。

[德]霍尔特曼:《德国政党国家:解释、发展与表现形式》,程迈译,北京:中国政法大学出版社 2015 年版。

[美]加布里埃尔·A.阿尔蒙德、西德尼·维巴:《公民文化:五个国家的政治态度和民主制度》,北京:商务印书馆 2014 年版。

[美]简·迈耶:《金钱暗流:美国激进右翼崛起背后的隐秘富豪》,黎爱译,北京:新星出版社 2018 年版。

[美]杰克·斯奈德:《从投票到暴力:民主化和民族主义冲突》,吴强译,北京:中央编译出版社 2017 年版。

[美]凯斯·桑斯坦:《网络共和国:网络社会中的民主问题》,黄维明译,上海:上海人民出版社 2003 年版。

[美]拉里·戴蒙德、理查德·冈瑟:《政党与民主》,徐琳译,上海:上海人民出版社 2012 年版。

李路曲:《当代东亚政党政治的发展》,上海:学林出版社 2005 年版。

李路曲:《政党政治与政治发展》,北京:中央编译出版社 2016 年版。

李少文:《西方政党初选机制比较研究》,上海:上海三联书店 2018 年版。

[美]理查德·S.卡茨、威廉·克罗蒂:《政党政治研究指南》,南京:江苏人民出版社 2020 年版。

[美]利昂·D.爱泼斯坦:《西方民主国家的政党》,何文辉译,北京:商务印书馆 2014 年版。

林尚立:《政党政治与现代化》,上海:上海人民出版社 1998 年版。

刘红凛:《信息化时代的政党重塑与党的建设》,北京:人民出版社 2019 年版。

刘红凛:《政党政治与政党规范》,上海:上海人民出版社 2010 年版。

[美]罗伯特·达尔:《多头政体》,谭君久、刘惠荣译,北京:商务印书馆 2021 年版。

[美]罗伯特·达尔:《论民主》,李柏光、林猛译,北京:商务印书馆 1999 年版。

[美]罗伯特·达尔:《民主及其批评者》,曹海军、佟德志译,北京:中国人民大学出版社 2016 年版。

[美]罗纳德·英格尔哈特:《静悄悄的革命:西方民众变动中的价值与政治方式》,叶娟丽、韩瑞波译,上海:上海人民出版社 2017 年版。

[美]迈特·格罗斯曼、戴维·霍普金斯:《美国政党政治——非对称·极端化·不妥协》,苏淑民译,北京:当代世界出版社 2021 年版。

[美]曼瑟·奥尔森:《集体行动的逻辑》,陈郁等译,上海:上海人民出版社 2011 年版。

[美]米尔顿·M.戈登:《美国生活中的同化:种族、宗教和族源的角色》,马戎译,南京:译林出版社 2015 年版。

[意]乔万尼·萨托利:《政党与政党体制》,王明进译,北京:商务印书馆 2006 年版。

[美]塞缪尔·亨廷顿:《文明的冲突及世界秩序的重建》,周琦等译,北京:新华出版社 1998 年版。

[美]史蒂芬·E.弗兰泽奇:《技术年代的政党》,李秀梅译,北京:商务印书馆 2010 年版。

王长江:《政党论》,北京:人民出版社 2023 年版。

王沪宁主编,林尚立、孙关宏副主编:《政治的逻辑:马克思主义政治学原理》,上海:上海人民出版社 2004 年版。

[加]威尔·金里卡:《少数的权利:民族主义、多元文化主义和公民》,邓红风译,上海:上海译文出版社 2005 年版。

[美]威廉·多姆霍夫:《谁统治美国? 公司富豪的胜利》,杨晓婧译,北京:外语教学与研究出版社 2017 年版。

[加]文森特·莫斯可:《传播政治经济学》,胡春阳等译,上海:上海译文出版社 2013 年版。

吴国庆:《法国政党与政治制度》,北京:社会科学文献出版社 2008 年版。

[美]谢茨施耐德:《政党政府》,姚尚建、沈洁莹译,天津:天津人民出版社2016年版。

许良:《技术哲学》,上海:复旦大学出版社2004年版。

郇庆治:《当代欧洲政党政治》,济南:山东大学出版社2007年版。

[美]亚当·普沃斯基:《民主的危机》,周建勇译,上海:上海人民出版社2022年版。

阎照祥:《英国政党政治史》,河南:河南人民出版社2022年版。

[德]扬·维尔纳·米勒:《什么是民粹主义》,钱静远译,南京:译林出版社2020年版。

[德]尤尔根·哈贝马斯:《作为"意识形态"的技术与科学》,李黎、郭官义译,上海:学林出版社1999年版。

[英]约翰·密尔:《代议制政府》,汪瑄译,北京:商务印书馆2009年版。

张春满:《21世纪国外政党政治研究:理论、前沿与情势》,上海:复旦大学出版社2019年版。

张莉:《西欧民主制度的幽灵:右翼民粹主义政党研究》,北京:中央编译出版社2011年版。

张晓峰、赵鸿燕:《政治传播研究:理论、载体、形态、符号》,北京:中国传媒大学出版社2011年版。

赵忆宁:《探访美国政党政治:美国两党精英访谈》,北京:中国人民大学出版社2014年版。

中共中央党校科学社会主义教研室国外社会主义问题教学组编:《社会党重要文件选编》,北京:中共中央党校科研办公室1985年印。

周建勇:《国家治理的中国方案:以政党为中心的考查》,上海:上海社会科学院出版社2018年版。

周淑珍:《政党政治学》,北京:人民出版社2011年版。

（二）中文文章

包刚升:《西方政治的新现实——族群宗教多元主义与西方自由民主政体的挑战》,《政治学研究》2018年第3期。

岑树海:《民主危机时代政党组织的适应性变革——论卡兹和梅尔的政党理论》,《国外社会科学》2016年第3期。

陈家喜、陈硕:《数字时代的政党政治:变化、形态与争议》,《国外社会科学》2018 年第 6 期。

陈文胜:《社交媒体时代西方政党的调适性变革及其新困境》,《当代世界与社会主义》2017 年第 5 期。

丛日云:《为新兴右翼保守派量身定做的民粹主义概念——对米勒民粹主义理论的批评》,《教学与研究》2021 年第 2 期。

德国社会民主党组织章程:《王学东译》,《当代世界社会主义问题》2002 年第 4 期。

刁大明:《美国总统候选人提名制度的演进及争论》,《美国研究》2016 年第 3 期。

房宁、涂锋:《当前西方民粹主义辨析:兴起、影响与实质》,《探索》2018 年第 6 期。

弗朗西斯·福山、甄成、张淦:《信念式国民身份——应对身份政治带来的民主危机》,《国外社会科学前沿》2019 年第 11 期。

高建明、刘鑫:《民粹主义兴起后美国左翼的演变》,《当代世界社会主义问题》2022 年第 3 期。

孔元:《身份政治:文明的冲突与美国的分裂》,《中国图书评论》2017 年第 12 期。

李姿姿:《法国社会党执政经验教训及启示》,《当代世界与社会主义》2012 年第 2 期。

林一岚:《第一国际在世界社会主义运动史上的贡献——访中国国际共运史学会原副会长高放教授》,《上海党史与党建》2014 年第 11 期。

刘立群:《德国极右翼势力问题探究》,《欧洲研究》2003 年第 2 期。

柳亦博:《自由民主与民粹主义的共生、异变及民主改良》,《天津社会科学》2022 年第 3 期。

[美]皮帕·诺里斯:《全球民粹主义测量(上)》,岳春颖、王大鹏译,《国家现代化建设研究》2022 年第 3 期。

[美]皮帕·诺里斯:《全球民粹主义测量(下)》,岳春颖、王大鹏译,《国家现代化建设研究》2022 年第 4 期。

申华林:《试析德国政治中的右翼激进主义势力》,《西欧研究》1992 年第 5 期。

宋全成:《从民族国家到现代移民国家——论法国的移民历史进程》,《厦门大学学报(哲学社会科学版)》2006 年第 3 期。

宋全成:《论欧洲移民问题的成因》,《文史哲》2007 年第 4 期。

宋全成:《族群分裂与宗教冲突:欧洲多元文化主义面临严峻挑战》,《求是学刊》2004 年第 6 期。

王琳:《从民粹主义视角解读德国选择党的崛起与走向》,《国外理论动态》2020 年第 6 期。

肖河:《美国反建制主义和特朗普政策》,《国际政治科学》2017 年第 2 期。

俞可平:《现代化进程中的民粹主义》,《战略与管理》1997 年第 1 期。

张建伟:《公司型政党在西方的兴起:原因、影响与走势》,《政治学研究》2020 年第 5 期。

钟准:《不同政党制度下民粹主义政党的影响与局限》,《当代世界与社会主义》2020 年第 1 期。

周淑真、杜一菲:《当代左翼政党党内民主与中共之借鉴》,《理论探讨》2013 年第 5 期。

二、英文文献

(一) 英文著作

A. Abedi, *Anti-Political Establishment Parties: A Comparative Analyses*, London and New York: Routledge, 2004.

A. Alesina and E. L. Glaeser, *Fighting Poverty in the US and Europe: A World of Difference*, Oxford: Oxford University Press, 2004.

Alfred McClung Lee, *The Daily Newspaper in America*, New York: Macmillan, 1962.

Allan Nevins and Henry Steele Commager, *America: The History of a Free People*, Boston: Little, Brown and Co, 1942.

Andrew Rich, *Think Tanks, Public Policy, and the Politics of Expertise*, Cambridge: Cambridge University Press, 2004.

Anne Applebaum, *Twilight of Democracy: The Seductive Lure of Authoritarianism*, Doubleday, 2021.

Barbara Norrander, *The Imperfect Primary: Oddities, Biases, and Strengths of U.S. Presidential Nomination Politics*, New York: Routledge, 2020.

Barry N. Hague and Brian D. Loader, *Digital Democracy: Discourse and Decision Making in the Information Age*, London: Routledge, 1999.

Bob Jackman and Ross Miller, *Before Norms: Institutions and Civic Culture*, Ann Arbor: University of Michigan Press, 2005.

Carlos De La Torre, *Populist Seduction in Latin America: The Ecuadorian Experience*, Athens: Ohio University Press, 2000.

Charles Taylor, *The Sources of the Self: The Making of the Modern Identity*, Boston: Harvard University Press, 1989.

Christophe Jaffrelot, *Modi's India: Hindu Nationalism and the Rise of Ethnic Democracy*, Oxford: Princeton University Press, 2021.

Christopher Caldwell, *Reflections on the Revolution in Europe: Immigration, Islam, and the West*, New York: Doubleday, 2009.

Colin Crouch, *Post-democracy*, Cambridge: Polity, 2004.

Daniel W. Drezner, *The Ideas Industry: How Pessimists, Partisans, and Plutocrats are Transforming the Marketplace of Ideas*, Oxford University Press, 2017.

Daniel Ziblatt and Steven Levitsky, *How Democracies Die*, Crown, 2018.

Danielle Albertazzi and Duncan McDonnell(eds.), *Twenty-First Century Populism*, Palgrave Macmillan, 2008.

David Runciman, *How Democracy Ends*, London: Profile Books Ltd, 2018.

David W. Rohde, *Parties and Leaders in Postreform House*, Chicago: University of Chicago Press, 1991.

Dick Morris, *Vote.com: How Big-Money Lobbyists and the Media are Losing Their Influence and the Internet is Giving Power to the People*, New York: Renaissance Books, 1999.

Donald Horowitz, *Ethnic Groups in Conflict*, Berkeley and Los Angeles: University of California Press, 1985.

Edwin Emery, *The Press and America: An Interpretative History of*

Journalism, N.J.: Prentice Hall, 1962.

Frances McCall Rosenbluth and Ian Shapiro, *Responsible Parties: Saving Democracy from Itself*, New Haven: Yale University Press, 2018.

Frederick Jackson Turner, *The Frontier in American History*, New York: Henry Holt and Co., 1920.

G. Simmel, *Conflict: The Web of Group-affiliations*, Illinois: The Free Press, 1955.

George J. Borjas, *We Wanted Workers: Unraveling the Immigration Narrative*, New York: W. W. Norton & Company, 2016.

Graeme Browning, *Electronic Democracy: Using the Internet to Influence American Politics*, Wilton, CT: Pemberton Press, 1996.

Herbert E. Alexander, *Comparative Political Finance in the 1980s*, Cambridge: Cambridge Press, 1989.

Howard J. Wiarda, *Political Culture, Political Science, and Identity Politics: An Uneasy Alliance*, Burlington: Ashgate Publishing Company, 2014.

James Bryce, *Modern Democracy*, *Vol. 1*, New York: MacMillan Co., 1921.

James W. Ceaser, *Reforming the Reforms: A Critical Analysis of the Presidential Selection Process*, Cambridge, MA: Ballinger, 1982.

Jan Van Dijk and Kenneth Hacker, *Digital Democracy: Issues of Theory and Practice*, London: SAGE Publications, 2001.

John A. Booth and Patricia Bayer Richard, *Latin American Political Culture: Public Opinion and Democracy*, Washington, D. C.: CQ Press, 2014.

John Sides, Michael Tesler, and Lynn Vavreck, *Identity Crisis: The 2016 Presidential Campaign and the Battle for the Meaning of America*, Princeton and Oxford: Princeton University Press, 2018.

Joseph A. Pika and Richard A. Watson, *The Presidential Contest: With a Guide to the 1996 Presidential Race*, 5th ed., Washington, D. C.: CQ Press, 1996.

Julia Cagé, *The Price of Democracy: How Money Shapes Politics and What to Do about It*, Cambridge: Harvard University Press, 2020.

Kanchan Chandra, *Why Ethnic Parties Succeed: Patronage and Ethnic Head Counts in India*, Cambridge University Press, 2004.

Kristof Jacobs and Niels Spierings(eds.), *Social Media, Parties, and Political Inequalities*, Palgrave Macmillan, 2016.

L. A. Coser, *The Functions of Social Conflict*, Glencoe, IL: Free Press, 1956.

Lawrence Grossman, *The Electronic Republic*, New York: Viking, 1995.

Lise Esther Herman and James Muldoon, *Trumping the Mainstream: The Conquest of Democratic Politics by the Populist Radical Right*, London: Routledge, 2018.

M. Kazin, *The Populist Persuasion: An American History*, Ithaca: Cornell University Press, 2017.

Mark Lilla, *The Once and Future Liberal: After the Identity Politics*, New York: Harper, 2017.

Maurice Duverger and Barbara North, *Political Parties, Their Organization and Activity in the Modern State*, London: Methuen; New York: Wiley, 1959.

Melanie Phillips, *Londonistan*, San Francisco: Encounter Books, 2006.

Michael Koss, *The Politics of Party Funding: State Funding to Political Parties and Party Competition in Western Europe*, Oxford: Oxford University Press, 2010.

Michael Margolis and David Resnick, *Politics as Usual: The Cyberspace Revolution*, Thousand Oaks: Sage, 2000.

Morris Fiorina, Samuel J. Abrams, and Jeremy C. Pope, *Culture War? The Myth of Polarized America*, 1st ed., New York: Pearson Longman, 2004.

Nassmacher Karl-Heinz, *The Funding of Party Competition: Political Finance in 25 Democracies*, Baden: Nomos, 2009.

Nolan McCarty, Keith T. Poole, and Howard Rosenthal, *Polarized*

America: *The Dance of Ideology and Unequal Riches*, Cambridge, Mass.: The MIT Press, 2006.

Norris Pippa, *Democratic Deficit*: *Critical Citizens Revisited*, Cambridge: Cambridge University Press, 2011.

Oscar Barberà, Giulia Sandri, Patricia Correa, and Juan Rodríguez-Teruel, *Digital Parties*: *The Challenges of Online Organisation and Participation*, Springer, 2021.

P. Brass, *Theft of an Idol*, Princeton, NJ: Princeton University Press, 1997.

P. Warwick, *Government Survival in Western European Parliamentary Democracies*, New York: Cambridge University Press, 1994.

Paolo Gerbaudo, *Digital Barricades*: *Interventions in Digital Culture and Politics*, London: Pluto Press, 2019.

Peter Mair, *Party System Change*: *Approaches and Interpretations*, Oxford: Clarendon Press, 1997.

Peter Mair, *Ruling the Void*: *The Hollowing of Western Democracy*, London: Verso books, 2013.

Richard S. Katz and Peter Mair, *Democracy and the Cartelization of Political Parties*, Oxford: Oxford University Press, 2018.

Robert A. Dahl, and Charles E. Lindblom, *Politics*, *Economics*, *and Welfare*: *Planning and Politico-Economic Systems Resolved into Basic Social Processes*, New York: Routledge, 1953.

Roderic Ai Camp(ed.), *Citizen Views of Democracy in Latin America*, Pittsburgh: University of Pittsburgh Press, 2001.

Russell J. Dalton and Martin P. Wattenberg(eds.), *Parties without Partisans*: *Political Change in Advanced Industrial Democracies*, Oxford: Oxford University Press, 2002.

S. L. Woodward, *Balkan Tragedy*: *Chaos and Dissolution after the Cold War*, Washington, DC: Brookings Institution, 1995.

S. M. Lipset and S. Rokkan(eds.), *Party Systems and Voter Alignments*: *Cross-National Perspectives*, New York: Free Press, 1967.

Steven Levitsky and Kenneth M. Roberts, *The Resurgence of the Latin*

American Left, Baltimore: John Hopkins University Press, 2011.

Steven Levitsky and Lucan A. Way, *Competitive Authoritarianism: Hybrid Regimes After the Cold War*, Cambridge: Cambridge University Press, 2018.

Susan Scarrow, *Beyond Party Members: Changing Approaches to Partisan Mobilization*, Oxford: Oxford University Press, 2015.

Sylvain Crépon, Alexandre Dézé, and Nonna Mayer, *The Front National in France: Continuity and Change Under Jean-Marie Le Pen and Marine Le Pen*, New York: Palgrave Macmillan, 2018.

Tyler Cowen, Sebastian Mallaby, and Francis Fukuyama, *Plutocracy Democracy: How Money Corrupts Our Politics*, Washington: The American Interest, 2012.

Will Kymlicka, *Multicultural Citizenship: A Liberal Theory of Minority Rights*, Oxford: Clarendon Press, 1995.

William Cross and Jean-Benoit Pilet (eds.), *The Politics of Party Leadership: A Cross-National Perspective*, Oxford: Oxford University Press, 2015.

William P. Cross and Richard S. Katz(eds.), *The Challenges of Intra-Party Democracy: A Comparative Perspective*, Oxford: Oxford University Press, 2013.

William P. Cross, Ofer Kenig, Scott Pruysers, and Gideon Rahat, *The Promise and Challenge of Party Primary Elections: A Comparative Perspective*, Montreal: McGill-Queen's University Press, 2016.

(二) 英文文章

Alan Abramowitz, "Don't Blame Voters for Polarization," *The Forum: Politics of Presidential Selection*, Vol. 5, No. 4, 2008, https://themonkeycage.org/wp-content/uploads/2008/01/Abramowitz.Primary.Voters.pdf.

Alan I. Abramowitz and Kyle L. Saunders, "Ideological Realignment in the U.S. Electorate," *Journal of Politics*, Vol. 60, No. 3, 1998.

Alan I. Abramowitz and Kyle L. Saunders, "Is Polarization a Myth?" *The*

Journal of Politics, Vol.70, No.2, 2008.

Alan I. Abramowitz and Morris P. Fiorina, "Polarized or Sorted? Just What's Wrong With Our Politics. Anyway?" *American Interest*, March 11, 2013, https://www.the-american-interest.com/2013/03/11/polarized-or-sorted-just-whats-wrong-with-our-politics-anyway/.

Alan I. Abramowitz, "Long-Term Trends and Short-Term Forecasts: The Transformation of US Presidential Elections in an Age of Polarization," *Political Science & Politics*, Vol.47, No.2, 2014.

A. Alesina, E. L. Glaeser, and B. Sacerdote, "Why Doesn't the United States Have a European-Style Welfare State?" *Brookings Papers on Economic Activity*, 2001, No.2, https://www.brookings.edu/articles/why-doesnt-the-united-states-have-a-european-style-welfare-state/.

Andres Reiljan, "Fear and Loathing Across Party Lines' (also) In Europe: Affective Polarisation In European Party Systems," *European Journal of Political Research*, Vol.59, No.2, 2020.

Andrew Chadwick and Jennifer Stromer-Galley, "Digital Media, Power, and Democracy in Parties and Election Campaigns: Party Decline or Party Renewal?" *The International Journal of Press/Politics*, Vol.21, No.3, 2016.

Anika Gauja, "The Construction of Party Membership," *European Journal of Political Research*, Vol.54, No.2, 2015.

Arend Lijphart, "The Puzzle of Indian Democracy: A Consociational Interpretation," *American Political Science Review*, Vol.90, No.2, 1996.

Arnold Heidenheimer, "Major Modes of Raising, Spending and Controlling Political Funds during and between Election Campaigns," *Comparative Political Finance: The Financing of Party Organizations and Election Campaigns*, Lexington, MA: D.C. Heath and Co, 1970.

Arpino. B. Obydenkova, "Democracy and Political Trust Before and After the Great Recession 2008: The European Union and the United Nations," *Social Indicators Research*, Vol.148, 2020.

Azzam Tamimi, "Islam and Democracy from Tahtawi to Ghannouchi," *Theory, Culture and Society*, Vol.24, No.2, 2007.

Bafumi, Joseph and Robert Y. Shapiro, "A New Partisan Voter," *Journal of Politics*, Vol.71, No.1, 2009.

Benjamin von dem Berge and Thomas Poguntke, "Varieties of Intra-Party Democracy: Conceptualization and Index Construction," in *Organizing Political Parties: Representation, Participation, and Power*, Oxford: Oxford University Press, 2017.

Boxell Levi, Matthew Gentzkow, and Jesse M. Shapiro, "Cross-Country Trends in Affective Polarization," *The Review of Economics and Statistics*, 2022, https://www.nber.org/system/files/working_papers/w26669/w26669.pdf.

C. Kreuder-Sonnen, "An Authoritarian Turn in Europe and European Studies?" *Journal of European Public Policy*, Vol.25, No.3, 2018.

Cas Mudde, "The Populist Zeitgeist," *Government and Opposition*, Vol.39, No.4, 2004.

Dani Rodrik, "Populism and the Economics of Globalization," *Journal of International Business Policy*, 2018, https://drodrik.scholar.harvard.edu/files/dani-rodrik/files/populism_and_the_economics_of_globalization.pdf.

Dani Rodrik, "Why Does Globalization Fuel Populism? Economics, Culture, and the Rise of Right-Wing Populism," *The Annual Review of Economics*, Vol.13, 2021.

Daniel Steinmetz-Jenkins, "The Logic of Populism," *Dissent*, Vol. 64, No.2, 2017.

Di Norah Azpuru, "Can Latin American Political Culture Help Save Democracy?" *LASA Forum*, Vol.54, No.2, 2023.

Donald L. Horowitz, "Constitutional Design: Proposals versus Processes," in *The Architecture of Democracy: Constitutional Design, Conflict Management and Democracy*, Oxford: Oxford University Press, 2002.

Edward G. DeClair, "The French Extreme Right and the European Elections of 1994," in *Politics on the Fringe: The People, Policies, and Organization of the French National Front*, Durham and London: Duke University Press, 1999.

Eelco Harteveld and Markus Wagner, "Does Affective Polarisation

Increase Turnout? Evidence from Germany, The Netherlands and Spain," *West European Politics*, Vol.46, No.4, 2022.

Ephraim Yuchtman-Yaar and Yasmin Alkalay, "Political Attitudes in the Muslim World," *Journal of Democracy*, Vol.21, No.3, 2010.

Fernando Casal Bértoa and José Rama, "Polarization: What Do We Know and What Can We Do About It?" *Frontiers in Political Science*, Vol.3, 2021.

Florence Faucher, "Leadership Elections: What is at Stake for Parties? A Comparison of the British Labour Party and the Parti Socialiste," *Parliamentary Affairs*, Vol.68, No.4, 2015.

Friedman Milton, "Question and Answer Session with Milton Friedman," Discussion at the 18th Annual Institute for Liberty and Policy Analysis(ISIL) World Libertarian Conference, August 20—22, 1999, http://www.vdare.com/articles/vdare-q-a-session-with-milton-friedman.

Gary P. Freeman, "Migration and the Political Economy of the Welfare State," *The Annals of the American Academy of Political and Social Science*, Vol.485, 1986.

George J. Borjas, "Yes, Immigration Hurts American Workers," *Politico Magazine*, September/October 2016, https://www.politico.com/magazine/story/2016/09/trump-clinton-immigration-economy-unemployment-jobs-214216/.

Gideon Rahat and Assaf Shapira, "An Intra-Party Democracy Index: Theory, Design and A Demonstration," *Parliamentary Affairs*, Vol.70, No.1, 2017.

Hans George Betz, "The New Politics of Resentment: Radical Right-Wing Populist Parties in Western Europe," *Comparative Politics*, Vol.25, No.4, 1993.

Herbert Kitschelt, "Citizens, Politicians and Party Cartellization: Political Representation and State Failure in Post-Industrial Democracies," *European Journal of Political Research*, Vol.37, No.2, 2000.

Houssain Kettani, "Muslim Population in Europe: 1950—2020," *International Journal of Environmental Science and Development*, Vol.2, No.1, 2010.

Howard Philip and Muzammil M. Hussain, "The Role of Digital Media," *Journal of Democracy*, Vol.22, No.3, 2011.

Inglehart, Ronald, "How Solid Is Mass Support for Democracy and How Can We Measure It?" *Political Science & Politics*, Vol.36, No.1, 2003.

Ingrid van Biezen and Petr Kopecký, "The Cartel Party and the State: Party—State Linkage in European Democracies," *Party Politics*, Vol. 20, No.2, 2014.

Internet World Stats, "Internet Usage in the Middle East," *Database/Online*, June 30, 2011, https://www.internetworldstats.com/stats5.htm.

J. B. Allcock, "'Populism': A Brief Biography," *Sociology*, Vol. 5, No.3, 1971.

J. D. Fearon and D. D. Laitin, "Violence and the Social Construction of Ethnic Identity," *International Organization*, Vol.54, No.4, 2003.

Jacobson, Gary C., "The Electoral Origins of Polarized Politics: Evidence from the 2010 Cooperative Congressional Election Study," *American Behavioral Scientist*, Vol.56, No.12, 2012.

James R. Scarritt, and Shaheen Mozaffar, "The Specification of Ethnic Cleavages and Ethnopolitical Groups for the Analysis of Democratic Competition in Contemporary Africa," *Nationalism and Ethnic Politics*, Vol.5, No.1, 1999.

Jan Surotchak and Geoffrey Macdonald (eds.), *Political Parties in the Digital Age: A Comparative Review of Digital Technology in Campaigns Around the World*, Washington DC: Consortium for Elections and Political Process Strengthening (CEPPS) and International Republican Institute (IRI), 2020, https://www.cepps.org/wp-content/uploads/2021/06/CEPPS-IRI_GEPT-PPDA-final.pdf.

Jean Bethke Elshtain, "Religion and Democracy," *Journal of Democracy*, Vol.20, No.2, 2009.

Jean-Benoit Pilet and William P. Cross, "The Selection of Party Leaders in Comparative Perspective," in *The Selection of Political Party Leaders in Contemporary Parliamentary Democracies*, edited by Jean-Benoit Pilet and William P. Cross, London: Routledge, 2014.

Jeffrey Ghannam, "Digital Media in the Arab World One Year After the Revolutions," Washington, DC: Center for International Media Assistance and The National Endowment for Democracy, 2012.

Jennifer McCoy, Tahmina Rahman, and Murat Somer, "Polarization and the Global Crisis of Democracy: Common Patterns, Dynamics and Pernicious Consequences for Democratic Polities," *American Behavioral Scientist*, Vol.62, No.1, 2018.

Jerry Berman and Daniel J. Weitzner, "Technology and Democracy," *Social Research*, Vol.64, No.3, 1997.

Jonathan Hopkin and Caterina Paolucci, "The Business Firm Model of Party Organization: Cases from Spain and Italy," *European Journal of Political Research*, Vol.35, No.3, 1999.

Jörg Hebenstreit, "Voter Polarisation in Germany: Unpolarised Western but Polarised Eastern Germany?" *German Politics*, Vol.32, No.1, 2022.

Justin Vaïsse, "Eurabian Follies," *Foreign Policy*, January 4, 2010, https://foreignpolicy.com/2010/01/04/eurabian-follies/.

K. Weyland, "Clarifying a Contested Concept: Populism in the Study of Latin American Politics," *Comparative Politics*, Vol.34, No.1, 2001.

Katz. Richard S, "The Internal Life of Parties," in *Political Challenges in the New Europe: Political and Analytical Challenges*, edited by Kurt Richard Luther and Ferdinand Müller-Rommel, Oxford: Oxford University Press, 2002.

Keith T. Poole and Howard Rosenthal, "The Polarization of American Politics," *The Journal of Politics*, Vol.46, No.4, 1984.

Larry M. Bartels, "Partisanship and Voting Behavior: 1952—1996," *American Journal of Political Science*, Vol.44, No.1, 2000.

Liesbet Hooghe and Gary Marks, "A Post Functionalist Theory of European Integration: From Permissive Consensus to Constraining Dissensus," *British Journal of Political Science*, Vol.39, No.1, 2009.

Lim Merlyna, "Clicks, Cabs, and Coffee Houses: Social Media and Oppositional Movements in Egypt, 2004—2011," *Journal of Communications*,

Vol.62, No.2, 2012.

Mario Diani, "Social Movement Networks Virtual and Real," *Information, Communication & Society*, Vol.3, No.3, 2000.

Markus Pausch, "The Future of Polarisation in Europe: Relative Cosmopolitanism and Democracy," *European Journal of Futures Research*, Vol.9, No.12, 2021.

Maurice Isserman and Michael Kazin, "The Failure and Success of the New Radicalism," in *The Rise and Fall of the New Deal Order: 1930— 1980*, edited by Steve Fraser and Gary Gerstle, New Jersey: Princeton University Press, 1989.

Morris P. Fiorina and Samuel J. Abrams, "Political Polarization in the American Public," *The Annual Review of Political Science*, Vol.11, 2008.

Nicholas Aylott and Niklas Bolin, "Managed Intra-Party Democracy: Precursory Delegation and Party Leader Selection," *Party Politics*, Vol.23, No.1, 2017.

Nubia Evertsson, "Corporate Contributions to Electoral Campaigns—the Current State of Affairs," in *Handbook of Political Party Funding*, edited by Jonathan Mendilow and Eric Phélippeau, Cheltenham: Edward Elgar Publishing Limited, 2018.

Otto Kirchheimer, "The Transformation of the Western European Party Systems," in *Political Parties and Political Development*, edited by Joseph La Palombara and Myron Weiner, New Jersey: Princeton University Press, 1966.

Paul DiMaggio, John Evans, and Bethany Bryson, "Have Americans' Social Attitudes Become More Polarized?" *American Journal of Sociology*, Vol.102, No.3, 1996.

Piero Ignazi, "The Four Knights of Intra-Party Democracy: A Rescue for Party Delegitimation," *Party Politics*, Vol.26, No.1, 2018.

Rachel K. Gibson and Ian McAllister, "Normalising or Equalising Party Competition? Assessing the Impact of the Web on Election Campaigning," *Political Studies*, Vol.63, No.3, 2015.

Richard Groper, "Electronic Mail and the Reinvigoration of American Democracy," *Social Science Review*, Vol.14, No.2, 1996.

Richard S. Katz and Peter Mair, "Changing Models of Party Organization and Party Democracy: The Emergence of the Cartel Party," *Party Politics*, Vol.1, No.1, 1995.

Richard S. Katz and Peter Mair, "Parties, Interest Groups, and Cartels: A Comment," *Party Politics*, Vol.18, No.1, 2012.

Richard Thompson Ford, "Political Identity as Identity Politics," *Unbound: Harvard Journal of the Legal Left*, Vol. 1, Issue 53, 2005, https://legalleft.org/wp-content/uploads/sites/11/2015/09/1UNB053-Ford.pdf.

Robert Mickey, Steven Levitsky, and Lucan Ahmad Way, "Is America Still Safe for Democracy? Why the United States Is in Danger of Backsliding," *Foreign Affairs*, May/June 2017, https://www.foreignaffairs.com/articles/united-states/2017-04-17/america-still-safe-democracy.

Roberto Stefan Foa and Yascha Mounk, "The Danger of Deconsolidation: The Democratic Disconnect," *Journal of Democracy*, Vol.27, No.3, 2016.

Roberto Stefan Foa and Yascha Mounk, "The Signs of Deconsolidation," *Journal of Democracy*, Vol.28, No.1, 2017.

Rune Karlsen and Bernard Enjolras, "Social Media Campaigning and Influence in a Hybrid Political Communication System: Linking Candidate Survey Data with Twitter Data," *The International Journal of Press/Politics*, Vol.21, No.3, 2016.

Ruud Koole, "Cadre, Catch-all, or Cartel: A Comment on the Notion of the Cartel," *Party Politics*, Vol.4, 1996.

Sahar Khamis and Katherine Vaughn, "Cyber Activism in the Egyptian Revolution: How Civic Engagement and Citizen Journalism," *Arab Media and Society*, May 29, 2011, https://www.arabmediasociety.com/cyberactivism-in-the-egyptian-revolution-how-civic-engagement-and-citizen-journalism-tilted-the-balance/.

Shaheen Mozaffar and James R. Scarritt, "The Puzzle of African Party Systems," *Party Politics*, Vol.11, No.4, 2005.

Shanto Iyengar and Sean J. Westwood, "Fear and Loathing across Party Lines: New Evidence on Group Polarization," *American Journal of Political Science*, Vol.59, No.3, 2015.

Stacey Y. Abrams, John Sides, Michael Tesler, Lynn Vavreck, Jennifer A. Richeson, and Francis Fukuyama, "E Pluribus Unum? The Fight Over Identity Politics," *Foreign Affairs*, March/April 2019, https://www.foreignaffairs.com/articles/2019-02-01/stacey-abrams-response-to-francis-fukuyama-identity-politics-article.

Stephen Ward, Rachel Gibson, and Paul Nixon, "Parties and the Internet: An Overview," in Stephen Ward(ed.), *Political Parties and the Internet: Net gain*, London: Routledge, 2003.

Vanessa Williamson, Theda Skocpol, and John Coggin, "The Tea Party and the Remaking of Republican Conservatism," *Perspectives on Politics*, Vol.9, No.1, 2011.

William T. Barndt, "Corporation-Based Parties: The Present and Future of Business Politics in Latin America," *Latin American Politics and Society*, Vol.56, No.3, 2014.

Z. Paltiel Khayyam, "The Impact of Election Expenses Legislation in Canada, Western Europe, and Israel," in Herbert E. Alexander (ed.), *Political Finance*, London: Sage, 1979.

后　记

从进入学术研究开始，我的兴趣主要集中在政党政治的比较研究领域。在广大的发展中地区尤其是南亚地区，政党政治一直是观察这些国家民主质量、经济增长和国家治理绩效的重要视角。宗教、族群、语言等多元社会结构，庇护网络盛行的权力格局和长盛不衰的家族政治传统，使得这些国家的政党常常受到社会集团、资本势力和大家族的影响，政党政治难以承载改造传统社会结构、塑造现代民主政治和建立责任政府的压力。这些也被认为是发展中地区的政党政治与西方发达国家政党政治的区别所在。

然而，在过去的十来年中，西方发达国家的政党政治也发生了深刻变化。形形色色的极左和极右翼政党、反体制政党、民粹主义政党出现在政治舞台上，传统的建制政党经历转型，左右边界变得模糊。选举越来越昂贵，政党政治越来越受到族群问题的困扰，数字技术的发展赋予了精英诉诸大众的新形式。在资本、族群和技术的冲击下，当前欧美国家政党政治发展面临巨大挑战。在资本的驱动下，欧美国家的阶级政治在政党政治中回潮；各国人口构成的变化尤其是白人和少数族群、外来移民在政治上的分裂，导致政党竞争的极化。阶级政治与族群政治的结合，使得欧美国家身份政治盛行；政党政治中的复杂经济和社会议题被简单归结为身份差异，从而降低了政党政府的治理绩效。互联网技术的发展，又鼓励了大批依赖技术空间生存的民粹主义政党的出现。许多西方知名学者都对西方政党政治与西方民主的前景忧心忡忡。

作为一个比较政党研究的学者，研究西方政党在近 20 年来所发生的变化，无论是在理论方面还是现实方面都对发展中地区的政党政治具有重要意义。这是因为现代政党发源于西方，西方国家的政党仍然是当代世界各国政党的重要参考对象；研究西方政党最近的变化有助于我们更好地认识当代世界政党政治的复杂现象，并为审视以多党竞争为基础的西方民主政治提供参考。本书正是本人从发展中地区政党政治的研究出发，重新反思当代西方国家政党政治的一些观察。本书也是国家社会科学基金"欧美政党体制面临的问题与挑战"的结项成果，出版过程中还获得了上海市哲学社会科学中青班课题的资助，一并致谢。

陈金英

2024 年 9 月于上海

图书在版编目(CIP)数据

21世纪西方政党与民主政治 / 陈金英著. --上海 ：
上海人民出版社，2024. -- (政治学与国际公共管理丛书
). -- ISBN 978-7-208-19209-6

Ⅰ. D564；D502

中国国家版本馆 CIP 数据核字第 2024DV3392 号

责任编辑　史桢菁
封面设计　王小阳

政治学与国际公共管理丛书

21世纪西方政党与民主政治

陈金英　著

出　　版　上海人民出版社
　　　　　（201101　上海市闵行区号景路 159 弄 C 座）
发　　行　上海人民出版社发行中心
印　　刷　上海商务联西印刷有限公司
开　　本　635×965　1/16
印　　张　17
插　　页　3
字　　数　240,000
版　　次　2024 年 12 月第 1 版
印　　次　2024 年 12 月第 1 次印刷
ISBN 978 - 7 - 208 - 19209 - 6/D・4408
定　　价　85.00 元

政治学与国际公共管理丛书